国家一流本科专业（南京师范大学－法学）建设点系列教材

新世纪法学教材

Casebook on Civil Law

民法案例教程

眭鸿明　包俊　主编

图书在版编目(CIP)数据

民法案例教程/眭鸿明,包俊主编. —北京:北京大学出版社,2020.12
新世纪法学教材
ISBN 978-7-301-31837-9

Ⅰ. ①民… Ⅱ. ①眭… ②包… Ⅲ. ①民法—案例—中国—高等学校—教材 Ⅳ. ①D923.05

中国版本图书馆 CIP 数据核字(2020)第 224150 号

书　　名	民法案例教程 MINFA ANLI JIAOCHENG
著作责任者	眭鸿明　包俊　主编
责任编辑	徐音
标准书号	ISBN 978-7-301-31837-9
出版发行	北京大学出版社
地　　址	北京市海淀区成府路 205 号　100871
网　　址	http://www.pup.cn　新浪微博:@北京大学出版社
电子信箱	sdyy_2005@126.com
电　　话	邮购部 010-62752015　发行部 010-62750672　编辑部 021-62071998
印 刷 者	河北滦县鑫华书刊印刷厂
经 销 者	新华书店
	787 毫米×1092 毫米　16 开本　15.75 印张　226 千字 2020 年 12 月第 1 版　2024 年 1 月第 3 次印刷
定　　价	49.00 元

未经许可,不得以任何方式复制或抄袭本书之部分或全部内容。
版权所有,侵权必究
举报电话:010-62752024　电子信箱:fd@pup.pku.edu.cn
图书如有印装质量问题,请与出版部联系,电话:010-62756370

第一章 民法总则

第一节 胎儿利益保护 …………………………………… 1
    常某甲诉北京仁和医院医疗损害赔偿案 …………………………… 1

第二节 法人人格否认 …………………………………… 10
    云南桂族经贸有限公司诉金顺公司、廖贵琴、洪俊博合同
    纠纷案 ……………………………………………………………… 10

第三节 非法人组织法律人格 …………………………… 18
    山东北方纺织集团诉潍坊新东方艺术学校建设用地使用权
    纠纷案 ……………………………………………………………… 18

第四节 民事法律行为 …………………………………… 27
    陈洪亮诉张建峰、杨淑敏、乔明齐房产转让合同纠纷案 ……… 27

第五节 代理行为 ………………………………………… 40
    理建营造股份有限公司诉周宜宏确认股权转让协议无效
    合同纠纷案 ………………………………………………………… 40

第二章 物权法

第一节 相邻关系 ………………………………………… 49
    韩某某诉南京医科大学相邻采光、日照案 ……………………… 49

第二节　共有人的优先购买权 …… 56
张某甲诉耿某某、张某乙共有人优先购买权案 …… 56

第三节　质权客体 …… 61
福建海峡银行股份有限公司福州五一支行诉长乐亚新污水处理有限公司、福州市政工程有限公司金融借款合同纠纷案 …… 61

第四节　抵押权与主债权 …… 76
王军诉李睿抵押合同纠纷案 …… 76

第三章　合同法

第一节　格式条款的效力 …… 91
丁某诉浙江天猫网络有限公司、深圳市启怡华嘉科技信息有限公司买卖合同纠纷案 …… 91

第二节　先履行抗辩权 …… 102
昆山宽宝兴业环保设备有限公司诉无锡三鑫压铸有限公司买卖合同案 …… 102

第三节　合同的解除 …… 108
葛某某诉天成润华集团有限公司商品房销售合同案 …… 108

第四节　债权人的代位权 …… 115
淮安鼎力大件起重有限公司诉江苏开通建设工程有限公司债权人代位权纠纷案 …… 115

第四章　人格权法

第一节　具体人格权与一般人格权 …… 123
彭某某诉江某某一般人格权纠纷案 …… 123

第二节　人格权精神损害赔偿与违约责任 …………………… 129
　　蔡某某诉榆树市殡仪馆侵权责任案 ………………………… 129
第三节　肖像权保护 …………………………………………… 137
　　马某某诉上海零图影视文化传媒有限公司肖像权纠纷案 … 137
第四节　英烈名誉、荣誉利益保护 …………………………… 143
　　葛长生、宋福保诉洪振快名誉权、荣誉权纠纷案 ………… 143
第五节　特定纪念物的人格意蕴 ……………………………… 155
　　林某涛、林某琴诉仙游县鲤城蒙娜丽莎婚纱摄影中心侵权
　　责任案 ………………………………………………………… 155
第六节　个人信息保护 ………………………………………… 164
　　刘某某诉中国工商银行股份有限公司上海市分行侵犯个人
　　信息案 ………………………………………………………… 164

第五章　婚姻家庭法与继承法

第一节　夫妻共同财产 ………………………………………… 175
　　裘某某诉叶某某夫妻共同财产纠纷案 ……………………… 175
第二节　离婚协议的效力 ……………………………………… 183
　　张某某诉黄某某离婚后财产分割案 ………………………… 183
第三节　遗产继承 ……………………………………………… 192
　　戴某甲诉钱某红、钱某甲、钱某乙、戴某乙遗产继承案 …… 192

第六章　侵权责任法

第一节　过错与责任分配 ……………………………………… 203
　　洪某甲、刘某诉简某甲、简某乙、广州市某经济合作社人身
　　损害侵权纠纷案 ……………………………………………… 203

第二节　过错与因果关系的认定标准 …………………… 214
　　　　蒋某、曾某甲诉覃某甲、苏某人身损害侵权纠纷案 ……… 214
　　第三节　损益相抵规则 ……………………………………… 220
　　　　珠海万泰投资有限公司诉林某某等劳动争议案 …………… 220
　　第四节　饲养动物致害 ……………………………………… 230
　　　　沈某某诉朱某某饲养动物损害责任纠纷案 ………………… 230
　　第五节　环境污染侵权 ……………………………………… 239
　　　　袁某某诉广州嘉富房地产发展有限公司噪声污染责任
　　　　纠纷案 …………………………………………………… 239

后　记 …………………………………………………………… 248

第一章 民法总则

第一节 胎儿利益保护

■■■ 常某甲诉北京仁和医院医疗损害赔偿案

【要点提示】

《中华人民共和国民法典》[①](以下简称《民法典》)明确规定了对胎儿民事利益进行保护。构成侵权行为需要满足四个要件：客观上有侵权行为，存在损害后果，侵权行为与损害后果之间存在因果关系，行为人主观上存在过错。本案的关键在于确定仁和医院的诊疗行为对于原告的损害应承担的赔偿比例。

【案例索引】

一审：北京市大兴区人民法院（2016）京 0115 民初 6581 号。

---

① 《中华人民共和国民法典》于 2020 年 5 月 28 日由中华人民共和国第十三届全国人民代表大会第三次会议通过，2020 年 5 月 28 日公布，自 2021 年 1 月 1 日起施行。《中华人民共和国婚姻法》（以下简称《婚姻法》）、《中华人民共和国继承法》（以下简称《继承法》）、《中华人民共和国民法通则》（以下简称《民法通则》）、《中华人民共和国收养法》《中华人民共和国担保法》（以下简称《担保法》）、《中华人民共和国合同法》（以下简称《合同法》）、《中华人民共和国物权法》（以下简称《物权法》）、《中华人民共和国侵权责任法》（以下简称《侵权责任法》）、《中华人民共和国民法总则》（以下简称《民法总则》）同时废止。

二审：北京市第二中级人民法院（2018）京02民终2428号。

【基本案情】

原告：常某甲，法定代理人为倪某（常某甲之母）、常某乙（常某甲之父）。

被告：北京市仁和医院。

倪某和常某乙为夫妻。2013年7月17日，倪某入住被告仁和医院待产，并于2013年7月19日分娩一女婴（即常某甲）。常某甲自出生至2013年8月2日在仁和医院住院治疗，其病情经被告仁和医院诊断为：新生儿缺氧缺血性脑病、新生儿惊厥、新生儿肺炎、颅内出血、心肌损害、新生儿黄疸、新生儿轻度窒息、代谢性酸中毒、先天性卵圆孔未闭、头颅血肿。2015年7月至2017年11月，常某甲在北京尔康百旺医院康复治疗，常某甲的病情经北京尔康百旺医院诊断为脑性瘫痪（痉挛型）。

常某甲诉至北京市大兴区人民法院，要求：（1）判令被告赔偿原告医疗费83965.30元、康复器具费1200元、交通费5000元、营养费73000元、护理费114550元、住院伙食补助费45200元、鉴定费20000元，以上共计342915.30元；（2）本案诉讼费用由被告承担。

仁和医院辩称，产妇倪某因"停经40＋3周，发现羊水偏少半天"于2013年7月17日入住仁和医院待产，2013年7月19日经引产分娩一女婴（即常某甲）。新生儿因有宫内窘迫史，生后轻度窒息，医院诊断为新生儿肺炎、新生儿轻度窒息、代谢性酸中毒、心肌损害、头颅血肿、新生儿惊厥、新生儿黄疸、颅内出血等，医院给予相应的治疗。故仁和医院认为，对产妇倪某及常某一的诊疗过程符合规范，无过错，医疗行为与患儿目前情况之间无因果关系，不构成医疗损害责任。请求法院依法全部驳回原告的诉讼请求。一审法院于2016年4月15日立案后，依法适用简易程序，公开开庭进行了审理。

一审中，常某甲提出申请，对仁和医院的医疗行为是否构成医疗过错、过错与损害结果之间的因果关系及参与度、伤残等级、康复期、护理期、营养期等进行鉴定。经一审法院委托,2017年11月16日,北京天平司法鉴定中心作出鉴定意见:(1)仁和医院对常某甲的诊疗行为存在过失,其过失与常某甲脑性瘫痪的损害后果之间存在因果关系,医方起主要作用;(2)被鉴定人常某甲目前暂不宜进行伤残等级评定,其康复期建议以实际发生时间为准;(3)被鉴定人常某甲的护理期、营养期建议为24个月。原告常某甲与被告仁和医院对鉴定意见无异议。在治疗过程中,原告常某甲支付医疗费86771.23元,支付鉴定费20000元、康复器具费1200元。一审法院依法作出裁判,仁和医院应承担相应的赔偿责任,根据案件事实并参考鉴定意见,酌定仁和医院的责任比例为75%。

【法院审判】

北京市大兴区人民法院审理后认为:自然人的生命权、健康权、身体权受法律保护。患者在诊疗活动中受到损害,医疗机构及其医务人员有过错的,由医疗机构承担赔偿责任。鉴定意见认定仁和医院对常某甲实施的诊疗行为存在过失,其过失与常某甲脑性瘫痪的损害后果之间存在因果关系,医方起主要作用。原、被告双方对鉴定意见均无异议,结合案件相关事实,本院对该鉴定结论的真实性、关联性、合法性予以确认,仁和医院应承担相应的赔偿责任,本院根据案件事实并参考鉴定意见,酌定仁和医院的责任比例为75%。常某甲主张的经济损失,其合理部分本院予以确认。根据医疗机构出具的医疗费票据,结合病历、诊断证明、住院费用结算单等相关证据确定医疗费为86771.23元;康复器具费1200元;交通费根据受害人及其必要的陪护人员就医或转院治疗实际发生的费用计算,综合考虑原告常某甲的就医诊治情况,酌情确定为4500元;营养费,根据受害人身体情况参照医疗机构鉴定意见确定营养期为24个月,每日50元,共计36500元;护理费参照医疗机构鉴定意见,护理期为24个月,因原告方未提交护理人员收入证明,本院参照本地护工收费水平,确定护理费每月按 3500 元计算，共计 84000 元；住院伙食补助费参照当地国家机关一般工作人员出差伙食补助标准予以确定，每日 100 元，共计 45200 元。综上，常某甲的各项损失共计 258171.23 元。被告北京市仁和医院赔偿原告常某甲医疗费、康复器具费、交通费、营养费、护理费、住院伙食补助费共计 193628.42 元；如果未按本判决指定的期间履行金钱给付义务，应当依照《中华人民共和国民事诉讼法》（以下简称《民事诉讼法》）第二百五十三条之规定，加倍支付迟延履行期间的债务利息。案件受理费 3222 元，由原告常某甲负担 1262 元，由被告北京市仁和医院负担 1960 元。鉴定费用 20000 元，由原告常某甲负担 5000 元，由被告北京市仁和医院负担 15000 元。

常某甲不服一审判决，向北京市第二中级人民法院提起上诉称：（1）一审法院对常某甲的残疾等级未予查明；（2）常某甲从出生开始就接受各种药物治疗和康复训练，身心势必受到严重创伤，精神受到严重打击，仁和医院应当赔偿常某甲精神损害抚慰金 20 万元；（3）常某甲在医疗过程中不存在任何过错，一审法院确定的赔偿责任比例过低，仁和医院应当承担全部赔偿责任；（4）一审法院确定的护理费、营养费数额过低。

仁和医院答辩称：一审法院判令仁和医院承担 75% 的赔偿责任与鉴定机构认定的过错责任大小一致。一审中，鉴定机构在观察常某甲后认为不适合做残疾鉴定是合理的，精神损害抚慰金与残疾情况是存在关联的，在残疾情况未确定的情况下，不处理精神损害抚慰金是正确的。关于护理费、营养费，上诉人并未提供证据，一审判决确定的护理费数额适当。

经审核，一审法院查明的事实清楚，证据确实充分，二审法院予以确认。另，北京天平司法鉴定中心 2017 年 11 月 16 日作出的法医学鉴定意见书载明："被鉴定人之母倪某在 2013 年 7 月 19 日的胎心监护图示：14：15—14：34 胎心轻度变异减速；15：00 宫口开全，15：03—15：57 可见频发的胎心中—重度变异减速及延长减速，提示胎儿存在宫内窘迫，医方未及时给予产妇左侧卧位、停用催产素、阴道检查等措施，未及时终止妊娠，对胎儿宫内窘迫的处置存在过失，15：57 胎儿娩出，胎儿宫内窘迫时间过长。……被鉴定人常某甲目前年龄较小,不能配合进行查体,暂不宜进行伤残等级评定。"

二审中,常某甲及其法定代理人申请增加判令仁和医院赔偿常某甲精神损害抚慰金20万元的诉讼请求,申请法院委托司法鉴定机构鉴定常某甲的残疾等级,仁和医院不同意上述两项申请。经调解,双方当事人未能达成一致意见。

二审法院认为,关于常某甲及其法定代理人所提增加判令仁和医院赔偿常某甲精神损害抚慰金20万元诉讼请求的申请,根据《最高人民法院关于适用〈中华人民共和国民事诉讼法〉的解释》第三百二十八条的规定,在第二审程序中,原审原告增加独立的诉讼请求或者原审被告提出反诉的,第二审人民法院可以根据当事人自愿的原则就新增加的诉讼请求或者反诉进行调解;调解不成的,告知当事人另行起诉。双方当事人同意由第二审人民法院一并审理的,第二审人民法院可以一并裁判。本案中,常某甲及其法定代理人在一审中未提出精神损害抚慰金的诉讼请求,在第二审程序中申请增加判令仁和医院赔偿常某甲精神损害抚慰金20万元的诉讼请求,经本院进行调解,双方当事人并未达成一致意见,仁和医院亦未同意在二审中对上述新增诉讼请求一并审理,故常某甲及其法定代理人所提增加判令仁和医院赔偿常某甲精神损害抚慰金20万元诉讼请求的申请,本院不予处理,常某甲及其法定代理人可另行起诉。

关于常某甲及其法定代理人所提对常某甲进行残疾等级鉴定的申请,一审法院已经应常某甲及其法定代理人的申请,委托北京天平司法鉴定中心对常某甲的伤残等级进行鉴定。北京天平司法鉴定中心于2017年11月16日作出鉴定意见,认为被鉴定人常某甲目前年龄较小,不能配合进行查体,暂不宜进行伤残等级评定,故一审法院对常某甲的伤残等级未予确认。常某甲及其法定代理人在二审中再次提出残疾等级鉴定,依据不足,本院不予支持。根据《侵权责任法》第五十四条①的规定,患者在诊疗活

---

① 参见《民法典》(侵权责任编)第一千二百一十八条。

动中受到损害，医疗机构及其医务人员有过错的，由医疗机构承担赔偿责任。本案中，双方当事人对北京天平司法鉴定中心的鉴定意见均无异议。鉴定意见已认定仁和医院对常某甲的诊疗行为存在过失，其过失与常某甲脑性瘫痪的损害后果之间存在因果关系，仁和医院起主要作用。在案无证据证明分娩过程中，胎儿出现胎心减速的情况系仁和医院的诊疗行为造成，综合考虑胎儿在分娩过程中的自身情况及仁和医院在诊疗过程中的过错，一审法院判令仁和医院承担75%的赔偿责任并无不当。常某甲及其法定代理人坚持主张一审法院确定的赔偿责任比例过低，仁和医院应当承担全部赔偿责任，缺乏事实和法律依据，本院不予支持。

关于赔偿数额，根据《侵权责任法》第十六条①的规定，侵害他人造成人身损害的，应当赔偿医疗费、护理费、交通费等为治疗和康复支出的合理费用，以及因误工减少的收入。根据《最高人民法院关于审理人身损害赔偿案件适用法律若干问题的解释》第二十一条的规定，护理费根据护理人员的收入状况和护理人数、护理期限确定。护理人员有收入的，参照误工费的规定计算；护理人员没有收入或者雇佣护工的，参照当地护工从事同等级别护理的劳务报酬标准计算。本案中，常某甲及其法定代理人并未提供证据证明常某甲的护理人员有收入，一审法院根据北京天平司法鉴定中心在鉴定意见中建议的护理期，参照本地护工收费水平，对护理费数额所作确定并无不当。常某甲被诊断为脑性瘫痪（痉挛型），营养费的支出确属必要，一审法院根据北京天平司法鉴定中心在鉴定意见中建议的营养期，综合考虑常某甲的身体状况，对营养费数额所作确定亦属适当。常某甲及其法定代理人坚持主张一审法院确定的护理费、营养费数额过低，缺乏事实和法律依据，本院亦不予支持。

依照《民事诉讼法》第一百七十条第一款第（二）项规定，北京市第二中级人民法院于2018年4月23日作出（2018）京02民终2428号判决：维持北京市大兴区人民法院（2016）京0115民初6581号民事判决；

---

① 参见《民法典》（侵权责任编）第一千一百七十九条。

驳回常某甲的其他诉讼请求。

【争议焦点】

本案的争议焦点在于被告仁和医院的诊疗行为与原告常某甲的脑性瘫痪（痉挛型）是否存在因果关系以及仁和医院应当承担的责任比例大小。这实际上涉及侵权行为的认定标准和责任份额的确定问题。

【法理评析】

胎儿人身损害的认定

（一）论胎儿人身损害的认定和责任承担问题

《民法典》第十六条规定：涉及遗产继承、接受赠与等胎儿利益保护的，胎儿视为具有民事权利能力。但是，胎儿娩出时为死体的，其民事权利能力自始不存在。该条确定了胎儿遭受人身损害后可以通过法律途径得到救济，胎儿在出生后可以就其在母体内遭受的损害主张侵权损害赔偿。被侵权人不满十八周岁的，其法定代理人代为主张权利。

（二）侵权行为的认定

1. 侵权行为的构成要件

某行为被认定为侵权行为需要满足违法行为、损害事实、行为与事实之间的因果关系、行为人的过错四个要件。本案中，北京市大兴区人民法院委托北京天平司法鉴定中心对仁和医院的医疗行为是否构成医疗过错、过错与损害结果之间的因果关系及参与度、伤残等级、康复期、护理期、营养期等进行鉴定。鉴定意见表明：（1）仁和医院对常某甲的诊疗行为存在过失，其过失与常某甲脑性瘫痪的损害后果之间存在因果关系，医方起主要作用；（2）被鉴定人常某甲目前暂不宜进行伤残等级评定，其康复期建议以实际发生时间为准；（3）被鉴定人常某甲的护理期、营养期建议为二十四个月。因此仁和医院的诊疗行为造成常某甲脑性瘫痪（痉挛型），属侵权行为。

2. 侵权行为所应承担的责任大小

一审法院酌情判定仁和医院承担75%的责任比例。原告不服一审法院的判决,向北京市第二中级人民法院提起上诉,请求法院判定仁和医院对常某甲的人身损害承担全部责任。二审法院综合考虑在分娩过程中本就存在一定风险和不确定因素、胎儿在分娩过程中的自身情况及仁和医院在诊疗过程中的过错,维持了一审法院的判决。

(三)主张精神损害赔偿的依据

《最高人民法院关于确定民事侵权精神损害赔偿责任若干问题的解释》第八条规定:"因侵权致人精神损害,但未造成严重后果,受害人请求赔偿精神损害的,一般不予支持,人民法院可以根据情形判令侵权人停止侵害、恢复名誉、消除影响、赔礼道歉。因侵权致人精神损害,造成严重后果的,人民法院除判令侵权人承担停止侵害、恢复名誉、消除影响、赔礼道歉等民事责任外,可以根据受害人一方的请求判令其赔偿相应的精神损害抚慰金。"

本案中原告常某甲目前年龄较小,不能配合鉴定机关进行查体,暂不宜进行伤残等级评定,因此暂时无法主张精神损害赔偿。由于常某甲需要接受持续治疗,仁和医院的诊疗行为造成的损害一直存在,因此可等到常某甲能够配合鉴定机关进行伤残鉴定时再主张精神损害赔偿。

【法条指引】

《中华人民共和国民法典》

第一千一百七十九条 侵害他人造成人身损害的,应当赔偿医疗费、护理费、交通费、营养费、住院伙食补助费等为治疗和康复支出的合理费用,以及因误工减少的收入。造成残疾的,还应当赔偿辅助器具费和残疾赔偿金;造成死亡的,还应当赔偿丧葬费和死亡赔偿金。

第一千二百一十八条 患者在诊疗活动中受到损害,医疗机构或者其医务人员有过错的,由医疗机构承担赔偿责任。

《最高人民法院关于审理人身损害赔偿案件适用法律若干问题的解释》

第十七条　受害人遭受人身损害，因就医治疗支出的各项费用以及因误工减少的收入，包括医疗费、误工费、护理费、交通费、住宿费、住院伙食补助费、必要的营养费，赔偿义务人应当予以赔偿。

受害人因伤致残的，其因增加生活上需要所支出的必要费用以及因丧失劳动能力导致的收入损失，包括残疾赔偿金、残疾辅助器具费、被扶养人生活费，以及因康复护理、继续治疗实际发生的必要的康复费、护理费、后续治疗费，赔偿义务人也应当予以赔偿。

受害人死亡的，赔偿义务人除应当根据抢救治疗情况赔偿本条第一款规定的相关费用外，还应当赔偿丧葬费、被扶养人生活费、死亡补偿费以及受害人亲属办理丧葬事宜支出的交通费、住宿费和误工损失等其他合理费用。

第十九条　医疗费根据医疗机构出具的医药费、住院费等收款凭证，结合病历和诊断证明等相关证据确定。赔偿义务人对治疗的必要性和合理性有异议的，应当承担相应的举证责任。

医疗费的赔偿数额，按照一审法庭辩论终结前实际发生的数额确定。器官功能恢复训练所必要的康复费、适当的整容费以及其他后续治疗费，赔偿权利人可以待实际发生后另行起诉。但根据医疗证明或者鉴定结论确定必然发生的费用，可以与已经发生的医疗费一并予以赔偿。

第二十条　误工费根据受害人的误工时间和收入状况确定。

误工时间根据受害人接受治疗的医疗机构出具的证明确定。受害人因伤致残持续误工的，误工时间可以计算至定残日前一天。

受害人有固定收入的，误工费按照实际减少的收入计算。受害人无固定收入的，按照其最近三年的平均收入计算；受害人不能举证证明其最近三年的平均收入状况的，可以参照受诉法院所在地相同或者相近行业上一年度职工的平均工资计算。

第二十二条　交通费根据受害人及其必要的陪护人员因就医或者转院治疗实际发生的费用计算。交通费应当以正式票据为凭；有关凭据应当与就医地点、时间、人数、次数相符合。

第二十三条 住院伙食补助费可以参照当地国家机关一般工作人员的出差伙食补助标准予以确定。

受害人确有必要到外地治疗，因客观原因不能住院，受害人本人及其陪护人员实际发生的住宿费和伙食费，其合理部分应予赔偿。

第二十四条 营养费根据受害人伤残情况参照医疗机构的意见确定。

第二节 法人人格否认

云南桂族经贸有限公司诉金顺公司、廖贵琴、洪俊博合同纠纷案

【要点提示】

法人人格否认制度在实践中需要慎重使用，因为公司之所以在社会经济中发挥重要作用，正是因为其有限责任制度成为鼓励投资者创业的利器。法人人格否认制度是在承认整个法人制度实在性的基础上，对个案中的公司人格予以相对的否定，但公司的法人地位不受影响。在实际使用中我们需要明确适用的条件以正确适用这一制度。

【案例索引】

一审：昆明市中级人民法院（2014）昆民四初字第 148 号。
二审：云南省高级人民法院（2015）云高民二终字第 84 号。

【基本案情】

原告：云南桂族经贸有限公司（以下简称"桂族公司"）。

被告：金顺公司、廖贵琴、洪俊博。

金顺公司系自然人出资的有限责任公司，股东为廖贵琴、洪俊博，二人系夫妻关系，廖贵琴担任金顺公司法定代表人。2012年11月27日，桂族公司与金顺公司签订《借用资质贷款协议书》，约定以桂族公司名义向工行借款2000万元，由金顺公司实际使用，金顺公司应按照桂族公司与工行所签借款合同约定的还款期限将借款本息汇至桂族公司贷款账户以清偿借款，桂族公司收到金顺公司汇款后应及时向工行还款；如因双方未按期归还借款造成损失，责任由逾期方承担。桂族公司于2012年11月26日、2013年3月11日分别与工行签订两份《小企业借款合同》，借款金额分别为1000万元、800万元。桂族公司收到上述借款后，于2012年12月11日将1000万元转入金顺公司账号为5300194504505250××××的建行昆明东聚支行账户，2013年3月13日将800万元转入金顺公司账号为250201081902453××××的工行昆明圆通支行账户。收到桂族公司转款后，金顺公司于2012年12月13日、17日分两笔500万元将上述借款1000万元、于2013年3月15日分两笔金额分别为399万元、4005547.73元将上述借款800万元中的7995547.73元转入其账号为10083602570001××××的邮储银行昌宏路支行账户。2013年3月15日，金顺公司向廖贵琴邮储银行昌宏路支行账户转款两次，金额分别为250万元、200万元，合计450万元，廖贵琴于2013年3月18日向金顺公司账户转出该450万元用于增资扩股；2013年4月7日，金顺公司向廖贵琴招行账户转款25万元、4月12日转款三次，金额分别为136万元、136万元、138万元，四笔金额合计435万元。后因金顺公司未按时还款，桂族公司代为向银行偿还借款本金850万元（其中2013年12月6日偿还1000万元借款中的本金750万元，2014年1月11日、2月11日分两次50万元合计偿还800万元借款中的本金100万元）、利息138888.85元（桂族公司自认其中11593.28元系归还1000万元借款利息，其余均为归还800万元借款利息），合计还款8638888.85元。

桂族公司一审的诉讼请求为：（1）金顺公司立即偿还借款8638888.85

元以及违约金（违约金按银行同期贷款利率四倍为标准计算至款项全部清偿之日止，分两段计算：7511593.28 元自 2013 年 12 月 6 日起计算、1127295.57 元自 2014 年 1 月 11 日起计算）；（2）廖贵琴、洪俊博对金顺公司的债务承担连带清偿责任。

【法院审判】

一审法院认为，桂族公司与金顺公司签订的《借用资质贷款协议书》系双方当事人真实意思表示，内容不违反相关法律规定，协议合法有效，双方当事人应按合同约定履行各自权利义务。协议约定金顺公司应当按时归还借款本息，但金顺公司违反该约定，造成桂族公司垫款，金顺公司应当向桂族公司归还垫款及按协议约定支付违约金。金顺公司对桂族公司主张的垫款金额及违约金起算点均无异议，但认为违约金标准只应按银行同期贷款利率计算。双方在协议中未约定违约金金额或计算方法，参照《最高人民法院关于人民法院审理借贷案件的若干意见》第九条"公民之间的定期无息借贷，出借人要求借款人偿付逾期利息，或者不定期无息借款经催告不还，出借人要求偿付催告后利息的，可参照银行同类贷款的利率计息"之规定，桂族公司主张按银行贷款利率四倍为标准计算违约金没有事实及法律依据，本院对违约金按中国人民银行同期贷款利率计算予以支持，金顺公司该项抗辩主张成立。

桂族公司认为廖贵琴、洪俊博用于增加金顺公司注册资本的出资系挪用了 800 万元借款中的资金，以及自金顺公司转入廖贵琴个人账户的 435 万元系挪用 1000 万元借款中的资金，反映了二人系两笔借款的实际使用人及股东个人财产与金顺公司财产混同的事实，二人应当对金顺公司的债务承担连带清偿责任。《中华人民共和国公司法》（以下简称《公司法》）第二十条规定："公司股东应当遵守法律、行政法规和公司章程，依法行使股东权利，不得滥用股东权利损害公司或者其他股东的利益；不得滥用公司法人独立地位和股东有限责任损害公司债权人的利益。……公司股东滥用公司法人独立地位和股东有限责任，逃避债务，严重损害公司债权人利益的，应当对公司债务承担连带责任。"该条系对公司法人人格否认制度及其适用条件作出的规定。从金顺公司邮储银行昌宏路支行账户明细可以看出，2012年12月17日1000万元借款全部到账后，金顺公司随即对外发生了多笔转账，至2012年12月20日，该账户余额仅为4万余元，故桂族公司主张在2013年4月份金顺公司自该账户向廖贵琴转账435万元系来源于1000万元借款不能成立；但桂族公司提供的证据仍能反映廖贵琴侵占金顺公司资金885万元的事实，廖贵琴未就该两笔款项作出合理抗辩并提供证据予以证实。廖贵琴及洪俊博作为金顺公司各持股50%的股东，廖贵琴本人同时还担任公司法定代表人，二人又系夫妻关系，对金顺公司形成绝对控制权，二人身份符合前述法律规定之行为主体要件。在行为事实及结果要件方面，金顺公司注册资本金金额为1088万元，廖贵琴在没有任何合法依据的情况下侵占金顺公司资金达885万元，侵占资金比例超过公司资本80%以上，该行为具有掏空金顺公司资金、形骸化公司独立人格之嫌，在结果上也造成了桂族公司合法债权无法实现之实。另外，廖贵琴、洪俊博与金顺公司在人员、公司经营行为及财产方面存在混同。综上情形符合前述法条所规定公司法人人格否认原则及具体法律适用要求，桂族公司主张由二人承担连带清偿责任的诉讼请求有事实及法律依据，对该项主张予以支持。廖贵琴抗辩其用于增资的款项系个人款项，但从其账户反映，在挪用公司资金前，其账户余额明显不足，故其该项抗辩主张不能成立。

综上，桂族公司的诉讼请求部分成立，对成立部分予以支持。依照《民法通则》第八十四条、《合同法》第一百零七条①、《公司法》第二十条之规定判决：（1）金顺公司于判决生效之日起十日内归还桂族公司款项8638888.85元，并支付该款按中国人民银行同期贷款利率为标准计算至款项全部清偿之日止的违约金（分两段计算：其中7511593.28元自2013

---

① 参见《民法典》（合同编）第五百七十七条。

年12月6日起算、1127295.57元自2014年1月11日起算）；（2）廖贵琴、洪俊博对金顺公司的债务承担连带清偿责任；（3）驳回桂族公司的其他诉讼请求。案件受理费78790元，由桂族公司承担8790元，金顺公司、廖贵琴、洪俊博共同承担70000元。

二审庭审审理中，廖贵琴、洪俊博及金顺公司对原审认定廖贵琴于2013年3月18日从金顺公司账户转出450万元用于增资扩股有异议，认为用于增资扩股的是另外一笔450万元，对其余事实均无异议；桂族公司对原审认定的事实无异议。二审法院对各方当事人均无异议的事实，予以确认。归纳各方当事人的诉辩主张，二审法院确定的争议焦点是：廖贵琴、洪俊博是否应对金顺公司的债务承担连带清偿责任？

根据一、二审查明的事实，围绕各方当事人的诉辩主张，二审法院对当事人的争议焦点综合评述如下：

《公司法》第二十条规定："公司股东应当遵守法律、行政法规和公司章程，依法行使股东权利……不得滥用公司法人独立地位和股东有限责任损害公司债权人的利益……公司股东滥用公司法人独立地位和股东有限责任，逃避债务，严重损害公司债权人利益的，应当对公司债务承担连带责任。"本案中，廖贵琴、洪俊博作为金顺公司的股东，是否存在滥用公司法人独立地位和股东有限责任损害债权人桂族公司利益的情形，能否适用公司法人人格否认法理要求其二人对金顺公司的债务承担连带清偿责任，应从以下几方面予以考察：

其一，主体要件，公司法人人格否认法理适用的主体是实施了滥用公司人格和股东有限责任行为的控制股东，即实际参与公司经营管理，并能对公司的主要决策活动施加影响的股东。本案中，廖贵琴、洪俊博作为金顺公司唯一的两名股东，实际参与了金顺公司的日常管理和经营决策，是金顺公司的实际控制股东，故廖贵琴、洪俊博具备作为适用公司法人人格否认法理的责任主体资格。

其二，行为要件，是指控制股东实施了滥用公司法人人格的行为，主要表现为公司的人格混同，即公司与股东不分或者合一，具体指股东与公司之间资产不分、人事交叉、业务相同，与其交易的第三人无法分清是与股东还是公司进行交易。本案中，廖贵琴、洪俊博作为金顺公司各持股50％的自然人股东，其股东财产与公司财产是否存在混同，致使金顺公司缺乏独立的财产和作为独立人格存在的基础是认定廖贵琴、洪俊博是否实施滥用公司法人人格行为的重要判断标准。从本案查明的事实来看：首先，金顺公司的经营场所是股东廖贵琴名下的个人房产；其次，2013年3月18日，廖贵琴将涉案800万元贷款，即2013年3月13日桂族公司从工行贷出后转汇金顺公司的800万元款项，从金顺公司账户转出其中的450万元用于其股东个人增资扩股；再次，2013年4月，廖贵琴又从金顺公司账户多次转款共计435万元；最后，从金顺公司、廖贵琴、洪俊博一审提交的《云南金顺进出口有限公司支付云南桂族经贸有限公司款项明细表》可以看出，从2012年12月17日至2013年11月13日期间，金顺公司与廖贵琴分别多次从公司账户和个人账户转款至桂族公司账户用于偿还涉案贷款。综上，从本案贷款行为发生起，金顺公司账户与股东廖贵琴的账户之间出现多次转款，金顺公司和股东廖贵琴亦均向出借人桂族公司多次还款，由此可见，金顺公司违反公司财产与股东财产分离原则，故可以证实金顺公司的财产与股东廖贵琴的个人财产存在混同。

其三，结果要件，是指滥用公司人格的行为对债权人利益或者社会公共利益造成了严重损害。本案中，从2013年3月18日起，在无合法依据的情形下，廖贵琴从金顺公司账户转出款项至其个人账户共计885万元，占金顺公司1088万元注册资本金的80％以上，其挪用公司财产的行为已构成对债权人桂族公司利益的严重损害。

综上，结合公司法人人格否认的具体适用条件，金顺公司的实际控制股东廖贵琴，其个人财产与公司财产混同，并最终严重损害了本案债权人桂族公司的利益，应对金顺公司尚欠桂族公司的债务承担连带清偿责任。洪俊博作为金顺公司的另一名股东，与廖贵琴各持金顺公司50％的股权，二者又为夫妻关系，原审在认定廖贵琴应对金顺公司的债务承担连带责任的情况下，判决洪俊博对此亦承担连带责任并无不妥。廖贵琴、洪俊博关于其对金顺公司债务不承担连带清偿责任的主张，无事实与法律依据，不予支持。

另，廖贵琴、洪俊博主张桂族公司超出举证期限提交调证申请构成程序违法，对此，本院认为，桂族公司第一次提交调证申请时间为2014年3月18日，并未超过2014年3月17日举证通知书送达之日起的30日，即2014年4月17日，桂族公司后于2014年7月28日再次提交调证申请，申请法院调取相应证据，为查明案件事实，法院依职权主动调取证据，并不构成程序违法。廖贵琴、洪俊博关于桂族公司申请调证超出法定时限及原审法院调取证据违反法定程序的主张，无事实与法律依据，不予支持。原审判决认定事实清楚，适用法律正确，实体处理得当，应予维持。根据《民事诉讼法》第一百七十条第一款第（一）项的规定，判决驳回上诉，维持原判。一审案件受理费按原判执行；二审案件受理费78790元，由廖贵琴、洪俊博共同负担。

【争议焦点】

本案的争议焦点是廖贵琴、洪俊博是否应对金顺公司的债务承担连带清偿责任。

【法理评析】

法人人格否认的适用条件

股东利用特定身份通过对公司实际控制行为使公司独立地位完全丧失，使公司经营与股东经营、公司财产与股东财产无法区分，又以公司独立法人地位规避债务，其行为构成对公司独立人格和股东有限责任的滥用，严重损害了债权人合法利益的，股东应对公司外部债务承担连带责任。

本案中，金顺公司的实际控制股东廖贵琴，其个人财产与公司财产混同，并最终严重损害了本案债权人桂族公司的利益，应对金顺公司尚欠桂族公司的债务承担连带清偿责任。洪俊博作为金顺公司的另一名股东，与廖贵琴各持金顺公司50%的股权，二者又为夫妻关系，故廖贵琴、洪俊博应对金顺公司的债务承担连带责任。

【法条指引】

《中华人民共和国民法典》

第八十三条　营利法人的出资人不得滥用出资人权利损害法人或者其他出资人的利益；滥用出资人权利造成法人或者其他出资人损失的，应当依法承担民事责任。

营利法人的出资人不得滥用法人独立地位和出资人有限责任损害法人债权人的利益；滥用法人独立地位和出资人有限责任，逃避债务，严重损害法人债权人的利益的，应当对法人债务承担连带责任。

第五百七十七条　当事人一方不履行合同义务或者履行合同义务不符合约定的，应当承担继续履行、采取补救措施或者赔偿损失等违约责任。

《中华人民共和国公司法》

第二十条　公司股东应当遵守法律、行政法规和公司章程，依法行使股东权利，不得滥用股东权利损害公司或者其他股东的利益；不得滥用公司法人独立地位和股东有限责任损害公司债权人的利益。

公司股东滥用股东权利给公司或者其他股东造成损失的，应当依法承担赔偿责任。

公司股东滥用公司法人独立地位和股东有限责任，逃避债务，严重损害公司债权人利益的，应当对公司债务承担连带责任。

第三节 非法人组织法律人格

■■■ 山东北方纺织集团诉潍坊新东方艺术学校建设用地使用权纠纷案

【要点提示】

"非法人组织"这一概念在《民法典》中被规定为除了自然人、法人之外的第三类民事主体,这是我国民事立法的一个较为重大的突破。非法人组织在现实中广泛存在,而除了我们常见的个人独资企业、合伙企业、不具有法人资格的专业服务机构外,也存在类似企业集团这样的非法人组织。此时,我们需要明确这类非法人组织的诉讼权利能力与民事权利能力以及其民事权利能力与民事行为能力的问题,这样才能避免在现实生活中出现类似本案的纠纷。

【案例索引】

一审:潍坊市中级人民法院(2006)潍民一初字第95号。

二审:山东省高级人民法院(2008)鲁民一终字第145号。

再审:山东省高级人民法院(2009)鲁民监字第85号。

【基本案情】

原告:山东北方纺织集团。

被告:潍坊新东方艺术学校。

2006年4月26日,山东北方纺织集团与潍坊新东方艺术学校签订协议书一份,约定:(1)潍坊新东方艺术学校将其享有使用权的位于潍坊东风东街东首的土地 29050 平方米（土地证号：潍国用（2004）第 E115 号）及潍坊新东方艺术学校所有房产 12635.××平方米（房产证号：潍房权证市属字第×××××号和潍房权证市属字第×××××号）及其他地上附着物和有关的教学资产总价值 2700 万元转让给山东北方纺织集团。潍坊新东方艺术学校呈报的潍坊新东方双语学校由山东北方纺织集团使用。（2）双方签字日为双方产权交接基准日，潍坊新东方艺术学校尚未收缴的部分学费归潍坊新东方艺术学校所有。自双方资产交接之日起，山东北方纺织集团在近期内仍按潍坊新东方艺术学校的业务运转，所发生的一切费用由山东北方纺织集团承担。双方资产交接日以前，学校所发生的费用及对外的一切债务由潍坊新东方艺术学校承担。（3）双方共同到有关部门办理房产及土地过户手续，过户费由双方各承担一半。过户费由山东北方纺织集团先垫付，在山东北方纺织集团向潍坊新东方艺术学校支付价款时折抵扣除。（4）关于潍坊新东方艺术学校在潍坊市奎文区农村信用合作社联合社贷款 1500 万元事宜，自双方签字后由山东北方纺织集团承接并取得潍坊市奎文区农村信用合作社联合社认可。潍坊新东方艺术学校协助山东北方纺织集团针对在潍坊市奎文区农村信用合作社联合社现有的抵押物在原有 1500 万元贷款基础上再增加 500 万元贷款，使之达到贷款总数为 2000 万元。（5）鉴于潍坊新东方艺术学校的现实状况，双方商定在资产交接当日，山东北方纺织集团付给潍坊新东方艺术学校 200 万元。该 200 万元的用途为：① 付清潍坊新东方艺术学校在银行的欠息；② 潍坊新东方艺术学校另 500 余平方米的房产因欠款 69 万元被潍坊市奎文区人民法院查封，由潍坊新东方艺术学校将该债务付清，到潍坊市奎文区人民法院办理解除查封手续，并将解除查封后的房产为山东北方纺织集团办理房产证，办证及过户费用各承担一半；③ 付清基准日以前的教职工工资及全部外欠。（6）除不可抗力外，潍坊新东方艺术学校协助山东北方纺织集团完成本协议第七条。在过户手续呈报登记部门取得认可当日山东北方纺织集团付给潍坊新东方艺术学校 600 万元，剩余款项待潍坊新东方艺术学校履行完第八条中的义务后付清。（7）关于潍坊新东方艺术学校北侧的租赁地，潍坊新东方艺术学校同意，自本协议签订后由山东北方纺织集团使用，并协助山东北方纺织集团协调与东金马村等有关单位的关系，使上述租赁地按原租赁合同的条款外加中间土地一并由山东北方纺织集团租赁使用。山东北方纺织集团须积极配合，原地及外加租地所发生的费用由山东北方纺织集团承担。(8)山东北方纺织集团购买潍坊新东方艺术学校的上述房地产，因土地用途为教育用地，潍坊新东方艺术学校承诺自土地过户完毕之日起六个月内协助山东北方纺织集团办理完毕将土地用途变更为商住用途的审批手续（依据政府下达的教育用地变更为商住用地的批文）。山东北方纺织集团按程序要求积极配合，所发生的合法费用由山东北方纺织集团承担。若因潍坊新东方艺术学校六个月内未办理完毕由教育用地变更为商住用地的政府批文，视为潍坊新东方艺术学校违约，余款自动放弃。

协议签订当天，山东北方纺织集团向潍坊新东方艺术学校付款（存折）100万元，双方办理了学校的交接手续，山东北方纺织集团开始对学校进行管理。此后，山东北方纺织集团于2006年6月23日前又以九笔现金先后付款102万元。

2006年6月23日，潍坊新东方艺术学校（甲方）、山东北方纺织集团（乙方）与潍坊市奎文区农村信用合作社联合社（丙方）签订协议书，山东北方纺织集团、潍坊新东方艺术学校在该协议书上签字盖章，潍坊市奎文区农村信用合作社联合社虽在协议上签字但未加盖公章。该协议书约定：(1)甲方在丙方现有借款1500万元，以甲方的房产及土地作抵押，丙方同意乙方承接贷款本金1500万元，在按原协议承接贷款或全部房产证和土地证办理完毕后乙方可承担从2006年4月26日以后产生的正常贷款利息。(2)甲方承诺在丙方出具"解除原房、地产抵押证明"当天，将截止到2006年4月26日的贷款利息430453.89元结清。(3)为解除抵押办理过户手续，乙方已于2006年6月5日存入农信乙方账户1500万元作为丙方解除抵押的保证金。于2006年7月31日前办理完全部房产、土地过户手续后，乙方取得两证同时，丙方监督乙方将此款划入甲方账户，用于收回甲方借款 1500 万元。若在 2006 年 7 月 31 日不能完成房产、土地过户，乙方有权使用 1500 万元保证金，原贷款 1500 万元及利息仍由甲方负担。(4) 乙方应于近期内将应付给甲方的 600 万元存入乙方认可的丙方账户，在完成 511.95 平方米的房产补证、过户后，由丙方付款给乙方。甲方应在法定日期内完成，若不能及时完成，丙方应将 600 万元退回乙方，待完成时，乙方可直接付给甲方 600 万元。(5) 甲、乙、丙三方共同协作，在法定时间之内到有关部门办理房产、土地过户手续（房产证：潍房权证市属字第××××××、××××××号；土地证：潍国用(2004) 第×××号）。因甲方原因不能过户的，重新抵押所产生的费用、损失由甲方承担。(6) 乙方可指定上述土地、房产过户给张亮平。(7) 乙方如指定上述资产过户至任何第三方，均视同甲方已完全履行完毕过户至乙方的法律义务，乙方承担由此产生的法律责任。(8) 为过户方便，在房地产过户期间，所涉及的所有文字性资料均不作为甲、乙双方法律依据，双方均以 2006 年 4 月 26 日双方签订的合同为准。(9) 若过户完毕，因乙方所涉及的法律问题均与甲方无关，法律后果由乙方自行承担。(10) 办理土地、房产过户的全部费用由甲、乙双方各承担一半，办理过程中费用先由乙方垫付。(11) 甲、乙双方任何一方违约，则支付违约金 100 万元。

上述协议签订后，山东北方纺织集团未履行第四条约定的于近期内将应付给潍坊新东方艺术学校的 600 万元存入潍坊市奎文区农村信用合作社联合社账户。对潍坊新东方艺术学校 511.95 平方米房产的查封，潍坊市奎文区人民法院已于 2006 年 7 月 7 日裁定予以解除。

山东北方纺织集团为证明其已履行了上述协议第三条规定的义务，提交了潍坊市奎文区农村信用合作社联合社出具的山东北方纺织集团有限公司对账单，该对账单记载，在山东北方纺织集团有限公司的账户上 2006 年 6 月 5 日存款余额 1600 万元，6 月 30 日存款余额 1500 万元，7 月 18 日存款余额 1200 万元，7 月 21 日存款余额 1500 万元，7 月 26 日存款余额 1200 万元，7 月 28 日至 7 月 31 日存款余额 500 万元。潍坊新东方艺术学校质证认为，山东北方纺织集团有限公司的银行账户不是山东北方纺织集团账户，该对账单与本案无关。

2006年9月7日，山东北方纺织集团、潍坊新东方艺术学校为了尽快办理房产过户手续，签订补充协议一份，约定：山东北方纺织集团必须先在潍坊市奎文区农村信用合作社联合社账户存入1000万元作为保证金，由潍坊新东方艺术学校出具手续从潍坊市奎文区农村信用合作社联合社将土地使用证借出，在三天内办理房产过户手续，否则山东北方纺织集团可动用存入账户的1000万元的保证金。办完房产过户手续当天潍坊新东方艺术学校必须将土地使用证交还潍坊市奎文区农村信用合作社联合社。山东北方纺织集团在接到自己房产证并且确定潍坊新东方艺术学校已交还银行土地使用证时，按协议规定付给潍坊新东方艺术学校600万元。若潍坊新东方艺术学校办完房产证两天内交不回土地证，视同自愿放弃原协议第六条，即放弃600万元。

该协议签订后，山东北方纺织集团未将1000万元保证金存入潍坊市奎文区农村信用合作社联合社账户。

因北方纺织集团未能按时完成上述三项合同约定义务，潍坊新东方艺术学校提出解除购买协议。因山东北方纺织集团对通知置之不理，潍坊新东方艺术学校遂于2006年10月30日在《山东商报》发布公告，限山东北方纺织集团于十日内将所占房地产恢复原状交回，支付占用期间费用并赔偿潍坊新东方艺术学校损失。以上事实有潍坊市公证处（2006）潍证民字第1620号公证书为证。

山东北方纺织集团是以山东北方纺织集团有限公司为母公司联结三家子公司组建而成的企业集团，潍坊市工商行政管理局于2005年4月18日为其发放《企业集团登记证》，登记证内容为：企业集团名称为山东北方纺织集团，简称北方纺织集团；母公司名称为山东北方纺织集团有限公司。

【法院审判】

一审法院认为,国家工商行政管理局《企业集团登记管理暂行规定》第三条规定,"企业集团不具有企业法人资格。"第十四条第三款规定:"经核准的企业集团名称可以在宣传和广告中使用,但不得以企业集团名义订立经济合同,从事经营活动。"《民法通则》第五十八条第一款第(一)项①规定:无民事行为能力人实施的民事行为无效。山东北方纺织集团虽然取得了企业集团登记证,但是没有营业执照,故不具备民事行为能力,其与潍坊新东方艺术学校签订的合同为无效合同,其无权请求潍坊新东方艺术学校继续履行合同。据此,潍坊市中级人民法院于2007年11月1日作出(2006)潍民一初字第95号民事判决:驳回山东北方纺织集团的诉讼请求。

二审法院认为,涉案争议的焦点问题是山东北方纺织集团与潍坊新东方艺术学校签订的合同是否有效。我国《民法通则》规定,无民事行为能力人实施的民事行为无效。《合同法》规定,当事人订立合同,应当具有相应的民事权利能力和民事行为能力。国家工商行政管理局《企业集团登记管理暂行规定》规定,企业集团不具有企业法人资格。经核准的企业集团名称可以在宣传和广告中使用,但不得以企业集团名义订立经济合同,从事经营活动。一审判决认定山东北方纺织集团虽然取得了企业集团登记证,但是没有领有营业执照,故不具备民事行为能力,其以企业集团的名义与潍坊新东方艺术学校签订的合同为无效合同是正确的。一审法院在审理过程中,已经向山东北方纺织集团释明,因合同无效,山东北方纺织集团可以变更诉讼请求,但山东北方纺织集团没有变更其诉讼请求,一审判决驳回其诉讼请求并无不当。故山东省高级人民法院于2008年7月7日作出(2008)鲁民一终字第145号民事判决:驳回上诉,维持原判。

再审法院认为,本案双方的争议问题为:焦点一,山东北方纺织集团

---

① 参见《民法典》(总则编)第一百四十四条。

能否成为适格诉讼主体；焦点二，双方合同是否有效及能否继续履行。

关于焦点一，这涉及非法人组织的诉讼权利能力与民事权利能力的问题。《民事诉讼法》第四十八条第一款规定："公民、法人和其他组织可以作为民事诉讼的当事人。"《最高人民法院关于适用〈中华人民共和国民事诉讼法〉的解释》第五十二条对其他组织的范围进行了界定，即指合法成立、有一定的组织机构和财产，但又不具备法人资格的组织。本案中，山东北方纺织集团是依照国家工商行政管理局颁布的《企业集团登记管理暂行规定》成立的企业集团，有组织机构，并有财产承担民事责任，故其应属《最高人民法院关于适用〈中华人民共和国民事诉讼法〉的解释》第五十二条中的"其他组织"的范围，其作为民事诉讼主体的资格妥当，应予支持。

关于焦点二中的合同效力问题，这涉及非法人组织的民事权利能力与民事行为能力。山东北方纺织集团是根据《企业集团登记管理暂行规定》的规定，以山东北方纺织集团有限公司为母公司，联合三家子公司组建而成的企业集团，是企业法人之间的联合体，不具备法人资格。根据《企业集团登记管理暂行规定》的规定，各集团成员以自己的名义自主经营，独立承担民事责任，各集团成员可以在宣传和广告中使用经核准的企业集团名称，但不得以企业集团的名义订立经济合同，从事经营活动。本案中，山东北方纺织集团在其不具备民事权利能力与行为能力的前提下，与潍坊新东方艺术学校签订协议书的行为违反了《企业集团登记管理暂行规定》和《民法通则》第五十八条①的规定，导致合同当然无效。山东北方纺织集团辩称其具备民事权利能力与行为能力，但未能提供证据证实；而且在本案中是山东北方纺织集团的母公司山东北方纺织集团有限公司与潍坊新东方艺术学校履行的合同义务，这也证实山东北方纺织集团不具备民事权利与行为能力，故本院对其辩解不予支持。

关于焦点二中双方合同能否继续履行的问题。因涉案合同是无效合

---

① 参见《民法典》（总则编）第一百四十四条。

同，山东北方纺织集团要求继续履行不具备事实和法律依据，故原审判决驳回其诉讼请求并无不当。

综上，原审上诉人山东北方纺织集团的申诉无事实和法律依据，本院不予支持。原审判决认定事实、适用法律正确，应予维持。本案经本院审判委员会研究决定，根据《民事诉讼法》第一百七十条第一款第（一）项、第一百七十五条、第二百零七条之规定，判决维持（2008）鲁民一终字第145号民事判决。

【争议焦点】

本案的争议焦点为：第一，山东北方纺织集团能否成为适格诉讼主体；第二，双方合同是否有效及能否继续履行。

【法理评析】

非法人组织的法律人格问题

（一）非法人组织能否成为适格诉讼主体

非法人组织是不具有法人资格，但是能够依法以自己的名义从事民事活动的组织。本案中，山东北方纺织集团是根据《企业集团登记管理暂行规定》的规定，以山东北方纺织集团有限公司为母公司，联合三家子公司组建而成的企业集团，是企业法人之间的联合体，不具备法人资格，因而属于非法人组织。然而在本案诉讼过程中，《民法总则》尚未颁行，因此当时基于《最高人民法院关于适用〈中华人民共和国民事诉讼法〉的解释》第五十二条，将北方纺织集团定义为"其他组织"（即指合法成立、有一定的组织机构和财产，但又不具备法人资格的组织），并判定其具有诉讼资格。

（二）双方合同是否有效及能否继续履行

关于本案中山东北方纺织集团与潍坊新东方艺术学校签订的协议是否有效以及能否继续履行，要考虑到具体非法人组织的资格问题。本案中山东北方纺织集团根据《企业集团登记管理暂行规定》的规定，各集团成员以自己的名义自主经营，独立承担民事责任，各集团成员可以在宣传和广告中使用经核准的企业集团名称，但不得以企业集团的名义订立经济合同，从事经营活动。因此，山东北方纺织集团与潍坊新东方艺术学校签订的协议属于无效合同，也无法继续履行。

【法条指引】

《中华人民共和国民法典》

第一百零三条　非法人组织应当依照法律的规定登记。

设立非法人组织，法律、行政法规规定须经有关机关批准的，依照其规定。

第一百四十四条　无民事行为能力人实施的民事法律行为无效。

《中华人民共和国民事诉讼法》

第四十八条第一款　公民、法人和其他组织可以作为民事诉讼的当事人。

《最高人民法院关于适用〈中华人民共和国民事诉讼法〉的解释》

第五十二条　民事诉讼法第四十八条规定的其他组织是指合法成立、有一定的组织机构和财产，但又不具备法人资格的组织，包括：

（一）依法登记领取营业执照的个人独资企业；

（二）依法登记领取营业执照的合伙企业；

（三）依法登记领取我国营业执照的中外合作经营企业、外资企业；

（四）依法成立的社会团体的分支机构、代表机构；

（五）依法设立并领取营业执照的法人的分支机构；

（六）依法设立并领取营业执照的商业银行、政策性银行和非银行金融机构的分支机构；

（七）经依法登记领取营业执照的乡镇企业、街道企业；

（八）其他符合本条规定条件的组织。

《企业集团登记管理暂行规定》

第二条第一款 在中国境内组建企业集团,应当依照本规定办理登记。未经登记不得以企业集团名义从事活动。

第三条 企业集团是指以资本为主要联结纽带的母子公司为主体,以集团章程为共同行为规范的母公司、子公司、参股公司及其他成员企业或机构共同组成的具有一定规模的企业法人联合体。企业集团不具有企业法人资格。

第四节 民事法律行为

陈洪亮诉张建峰、杨淑敏、乔明齐房产转让合同纠纷案

【要点提示】

《民法典》第一百三十三条规定:"民事法律行为是指民事主体通过意思表示设立、变更、终止民事法律关系的行为。"民事法律行为以设立、变更、终止民事权利和民事义务为目的,具有法律约束力。

【案例索引】

一审:济宁市市中区人民法院(2006)济中民初字第2274号。

二审:济宁市中级人民法院(2007)济民三终字第835号。

再审:山东省高级人民法院(2008)鲁民提字第230号。

提审:最高人民法院(2013)民提字第61号。

【基本案情】

原告:陈洪亮。

被告：张建峰、杨淑敏、乔明齐。

2002年11月29日，济宁市食品总公司（甲方）（以下简称"食品公司"）与陈洪亮（乙方）签订了房地产转让合同，约定食品公司将坐落于山东省济宁市市中区车站东路××号的房地产转让给陈洪亮。合同约定："二、双方商定乙方以现金形式付给甲方房地产转让金420万元（双方认可，甲方净收），土地转让税费、房产过户费、交易税、评估费、办证费等所有费用均由乙方承担。三、合同签字时，乙方付给甲方20万元，房地产过户手续办理完毕，一个月内甲方向乙方移交房产、地产和房地产证时，乙方一次性付清转让款项"。

2003年2月28日，陈洪亮与济宁市国土资源局就该宗土地签订了国有土地租赁合同书。2005年6月6日，陈洪亮（甲方）与张建锋（乙方）签订了房地产转让合同，转让标的与陈洪亮与食品公司签订的房地产转让合同中的标的相同。合同约定："二、双方商定以现金及存折形式，付给甲方房地产转让金及费用总计800万元，包括土地房产所有过户费、交易税、出让金、评估费、办证费等费用全部由甲方承担。合同签订后五日内乙方付给甲方20万元作为定金，甲方给乙方直接办理土地过户手续完毕后，由乙方向甲方交纳所欠土地出让金约100万元，乙方备足甲方所欠食品公司的资金，向甲方或食品公司出示资金证明，由乙方出资交甲方与食品公司办理房产过户所交纳的过户费用，由食品公司将房产过户甲方完毕，乙方资金到户食品公司，甲方必须同时将房产过户至乙方的名下，剩余款乙方三月内分期付清。"

2005年6月8日，陈洪亮向张建锋出具收据一份，载明："今收到张建锋买房款叁万元整"（注明购买食品公司定金）；同年7月21日，陈洪亮又向张建锋出具收据一份，载明："今收到张建锋购买陈洪亮房地产款壹佰柒拾柒万贰仟伍佰贰拾元整"。同时，陈洪亮还出具了承诺书一份，载明："陈洪亮承诺，将坐落在济宁市市中区车站东路××号的地产2582平方米、房产3401.35平方米，按照甲乙双方2005年6月6日签订的房地产转让合同的约定，保证按时过户至张建锋名下，若违反约定，自愿承担张建锋所支付给陈洪亮所有购买房地产款项的双倍罚款"。2005年8月17日，陈洪亮向张建锋出具了收条，载明："今收到张建锋交房地产定金叁万元整"。2006年9月29日，陈洪亮取得了坐落于济宁市市中区车站东路××号土地的国有土地使用权证，证号为"济中国用（2006）第080206××××号"，地类（用途）为"商业"，使用权类型为"出让"，使用权面积为2582平方米。

2006年10月25日，张建锋、杨淑敏、乔明齐作为原告起诉至山东省济宁市市中区人民法院，要求判令陈洪亮履行合同义务，将济宁市市中区车站东路××号土地使用权过户至原告名下，诉讼费用全部由陈洪亮承担。

【法院审判】

（一）济宁市市中区人民法院一审

判决主要围绕以下几个问题展开：食品公司与陈洪亮的转让合同是否有效；陈洪亮和张建锋的转让合同是否有效；陈洪亮和张建锋双方对转让合同有无解除的意思表示，是否已经解除并发生法律效力。

食品公司与陈洪亮于2002年11月29日签订的房地产转让合同系当事人真实意思表示，合法有效，予以采信；对于陈洪亮与张建锋、杨淑敏、乔明齐于2005年6月6日签订的房地产转让合同，该份合同的标的是确定的，即坐落于济宁市市中区车站东路××号的房地产，在陈洪亮取得相关权属证书的情况下，则应将该宗房地产过户给张建锋。因此，该份合同符合当事人具有合同行为能力、意思表示真实、不违反国家法律和社会公共利益、合同标的确定等合同生效的四要件，故对该份合同予以采信。鉴于在食品公司与陈洪亮签订的房地产转让合同履行过程中，在房地产的所有权人仍为食品公司的情况下，国土部门已经将土地过户至陈洪亮名下。因此，陈洪亮以"未依法登记领取权属证书的房地产不得对外转让"为由，认为该房地产转让合同因为违反法律规定而为无效合同，该辩解理由欠妥，不予采信。

合同双方当事人应按照合同的约定履行各自义务，实际交付的定金数额多于或少于约定数额的，视为变更定金合同。收受定金一方提出异议并拒绝接受定金的，定金合同不生效。当事人双方虽然约定了20万元的定金，但陈洪亮分两次收取了张建锋实际交付的定金6万元，应视为双方对定金进行了变更。因此，张建锋没有按照约定给付20万元定金的行为，并不导致双方签订的房地产转让合同无法履行。

"当事人应当遵循诚实信用原则，根据合同的性质、目的和交易习惯履行通知、协助、保密等义务。"因此，在张建锋向陈洪亮交付了定金、应缴纳的170余万元的土地出让金，且陈洪亮已取得了该宗土地的"国有土地使用权证"后，陈洪亮应按照合同约定及其本人在2005年7月21日出具的"承诺书"所作的承诺，及时协助将该宗土地过户到张建锋的名下。对于双方约定的房产，鉴于该房产所有权人现仍为食品公司，应在张建锋交付相关费用，该房产过户到陈洪亮名下后，方可继续履行该合同。对于陈洪亮以张建锋出具的26万元的借条及杨淑敏、乔明齐两人出具的合计6万元收条，来证明双方正在履行解除协议的行为：张建锋出具的26万元的借条，明确注明是借郑本芹的现金，证人郑本芹也认可张建锋为其出具借条的事实，故应认定该借条与本案无关。杨淑敏、乔明齐两人对于出具的合计6万元收条，称收取的是陈洪亮代替他人偿还的借款，而该收条亦未注明"收回房地产款或定金"等字样。因此，陈洪亮称双方正在履行解除协议的行为，理由欠妥，不予采信。

综上所述，张建锋、杨淑敏、乔明齐请求法院判令陈洪亮履行合同义务，证据充分，理由正当，应予支持。

陈洪亮不服上述判决，提起上诉称：（1）其与张建锋签订合同时尚未取得土地使用权证，违反了《中华人民共和国城市房地产管理法》（以下简称《城市房地产管理法》）中有关"未依法领取权属证书的"不得转让的规定，故该合同无效；（2）张建锋等未能出示有效的资金证明，严重违约，致使双方签订的合同无法继续履行；（3）双方签订的合同未能载明土地使用权取得的方式，违反《城市房地产管理法》的有关规定，故合同无效；(4) 双方约定的定金为成约定金，张建锋等仅交纳定金 6 万元，未交足约定的 20 万元，故转让合同不成立；(5) 张建锋等未交纳土地出让金，其交纳的 170 余万元为"房地产款"，而非土地出让金；(6) 郑本芹给付张建锋的 26 万元实质上是退回的转让金，陈洪亮也已将 6 万元定金退给杨淑敏和乔明齐，双方解除合同的行为已在履行中。

(二) 济宁市中级人民法院二审

二审法院在判决中集中回答了这些问题。二审法院认为陈洪亮与食品公司签订的合同合法有效，正在履行中，陈洪亮已取得该宗土地的使用权证（使用权类型为出让）。陈洪亮与张建锋签订合同中约定的价款包含土地出让金，说明双方约定转让的土地使用权性质为出让；虽然陈洪亮与张建锋签订合同时尚未取得权属证书，但陈洪亮此前已与权利人食品公司签订转让合同，在张建锋起诉前陈洪亮也已取得该宗土地的使用权证（使用权类型为出让），故陈洪亮关于与张建锋签订的合同无效的上诉理由不能成立，不予采纳。

虽然陈洪亮与张建锋在合同中约定定金 20 万元，张建锋仅交纳 6 万元，但双方并未约定以交付定金作为主合同成立或生效要件，且陈洪亮又收取了 170 余万元的房地产转让款，根据《最高人民法院关于适用〈中华人民共和国担保法〉若干问题的解释》第一百一十九条"实际交付的定金数额多于或者少于约定数额的，视为变更定金合同"的规定，应视为陈洪亮与张建锋变更了定金合同。根据双方的约定，在双方办理土地过户手续完毕后，张建锋才需要出示资金证明，现陈洪亮尚未为张建锋办理土地过户手续，故陈洪亮关于因张建锋未出示资金证明而造成合同无法继续履行的上诉理由，亦不能成立。

陈洪亮主张已与张建锋协商解除合同，并已退给张建锋 32 万元，提供的证据为：张建锋 2005 年 7 月 11 日向郑本芹出具的 26 万元的借条、乔明齐 2006 年 4 月 10 日出具的 2 万元的收条、杨淑敏 2006 年 4 月 26 日向陈洪亮出具的 4 万元的收条。而张建锋 2005 年 7 月 21 日才向陈洪亮交款 1772520 元，其 2005 年 7 月 11 日向郑本芹出具的 26 万元的借条显然不能证明陈洪亮向张建锋退款。杨淑敏和乔明齐出具的收条上未写明收回定金或房地产款，二人主张该 6 万元是陈洪亮代翁宽银偿还的借款，并提供了代为还款的相关证据及杨淑敏与陈洪亮还存在其他经济往来的证据。陈洪亮已收取张建锋 1832520 元，其主张协商解除合同并退款，而截止到张建锋 2006 年 10 月 25 日起诉时，陈洪亮提供的退款证据仅是双方存有争议的 2006 年 4 月的 6 万元的收条，其主张也不符合常理。综上，陈洪亮关于双方已协商解除合同的上诉理由，亦不能成立，不予支持。

济宁市中级人民法院作出（2007）济民三终字第 835 号民事判决：驳回上诉，维持原判。

陈洪亮申请再审称，对于 2005 年 6 月 6 日与张建锋签订的房地产转让合同，原审认定有效属主观臆断，继续履行缺乏相应的证据。且双方在签订该合同时，恰在其与济宁市国土资源局订立的租赁合同正在履行期间，未经国土局同意，租赁的土地不得转让、转租和抵押。根据《城市房地产管理法》的规定，未依法登记领取权属证书的房产不得对外转让。陈洪亮与张建锋签订房地产转让合同时，尚未取得权属证书，故双方签订的房地产转让合同是无效的。双方所签合同的标的物，已由济宁市主管部门以济建拆管冻字〔2007〕10 号文予以冻结，属政府行政行为，不可抗力，故不能依据双方所签合同再进行房地产转让。原判对此置之不理，仍判继续履行，两个月内过户，与济宁市政府 10 号文相违背。原判决认定定金变更，而实际是定金交纳违约，因此请求撤销原判，判令被申请人赔偿因违约造成的损失 460 万元。

（三）山东省高级人民法院再审

再审法院认为，陈洪亮和张建锋于 2005 年 6 月 6 日签订的房地产转让合同的标的物，即济宁市市中区车站东路××号的房地产，是食品公司的财产。陈洪亮于 2002 年 11 月 29 日和食品公司签订了该房地产的转让合同，根据该合同的约定，陈洪亮已于 2006 年 9 月 29 日取得了坐落于济宁市市中区车站东路××号土地的国有土地使用权证，证号为济中国用

(2006)第0802062167号。鉴于陈洪亮和张建锋于2005年6月6日签订的房地产转让合同是双方的真实意思表示,亦不违反法律的禁止性规定,依法应认定有效,双方均应恪守履行。陈洪亮为了表示履行该合同的诚意,于2005年7月21日向张建锋出具了承诺书,如违反约定,自愿承担张建锋所支付给陈洪亮所有购买房地产款项的双倍罚款。虽然张建锋根据合同约定应向陈洪亮支付20万元定金,其仅支付定金6万元,但双方并未以支付定金作为合同成立或生效要件,且陈洪亮在此期间收取了张建锋1772520元的房地产转让款,依法应视为变更定金合同,主合同应继续履行。杨淑敏、乔明齐并未在张建锋和陈洪亮于2005年6月6日签订的房地产转让合同中签字或盖章,原一、二审分别将其列为原告和被上诉人,一是张建锋称他与杨淑敏、乔明齐是合伙人,是杨淑敏、乔明齐委托张建锋与陈洪亮签订的房地产转让合同,对杨淑敏、乔明齐参与诉讼,张建锋不持异议,二是即使杨淑敏、乔明齐参与诉讼,也不损害陈洪亮的利益,故原一、二审将杨淑敏、乔明齐列为当事人参与诉讼并无不当。

陈洪亮关于双方签订房地产转让合同时,恰在其与济宁市国土资源局订立的租赁合同正在履行期间,未经国土局同意,租赁的土地不得转让、转租或抵押,再就是根据《城市房地产管理法》的规定,未依法登记领取权属证书的房产不得对外转让,故双方签订的房地产转让合同是无效合同的再审申请理由:一是虽然双方在签订房地产转让合同时,涉案房地产正在租赁期间,但陈洪亮已在2002年11月29日即与食品公司签订了房地产转让合同,且现已取得涉案土地的使用权,根据双方签订的房地产转让合同的约定,判决陈洪亮将涉案土地使用权过户到张建锋名下并无不当;二是涉案房产虽然还未取得权属证书,但陈洪亮应根据与食品公司签订的房地产转让合同的约定办理过户手续;三是虽然未取得权属证书的房产不得对外转让,但涉案房产与陈洪亮和食品公司签订的房地产转让合同及陈洪亮与张建锋签订的房地产转让合同是同一标的物,如果陈洪亮未与食品公司签订房地产转让合同,张建锋即不会与陈洪亮签订房地产转让合同;四是陈洪亮为了保证将涉案房产过户到张建锋名下,向张建锋出具了承诺书，如果陈洪亮不履行与张建锋签订的房地产转让合同，也与陈洪亮的承诺相悖，故该申请再审理由不能成立，不予支持。

综上，原判决认定事实清楚，应予维持。山东省高级人民法院作出(2008)鲁民提字第 230 号民事判决：维持原判。

陈洪亮不服，向最高人民法院申诉。

（四）最高人民法院提审

最高人民法院认为，针对陈洪亮的申诉理由和原审裁判焦点，本案主要涉及以下几个问题：(1)陈洪亮和张建锋于 2005 年 6 月 6 日签订的房地产转让合同的效力问题；(2)该合同是否已经解除；(3)该合同是否能够继续履行。

1. 关于陈洪亮和张建锋于 2005 年 6 月 6 日签订的房地产转让合同的效力问题

2002 年 11 月 29 日，陈洪亮与食品公司签订了合同标的物为济宁市市中区车站东路××号的房地产转让合同，约定陈洪亮以现金形式付给食品公司房地产转让金 420 万元，合同签订时陈洪亮支付 20 万元，房地产过户手续办理完毕一个月内食品公司向陈洪亮移交房产、地产和房地产证时，陈洪亮一次性付清转让款项。后合同未能如约履行，陈洪亮为解决资金问题于 2005 年 6 月 6 日与张建锋签订房地产转让合同，将上述房地产以 800 万元价格转让给张建锋。2006 年 9 月 29 日，陈洪亮取得了上述土地的国有土地使用权证。

《城市房地产管理法》第三十二条规定："房地产转让、抵押时，房屋的所有权和该房屋占用范围内的土地使用权同时转让、抵押。"但本案的实际情况是，所涉土地的使用权登记在陈洪亮名下，而土地上所建房屋的产权却属于食品公司，即土地使用权和房屋产权的权属分离。2002 年 11 月 29 日陈洪亮就与食品公司签订了房地产转让合同，2005 年 6 月 6 日其又与张建锋就同一标的物签订房地产转让合同，张建锋、杨淑敏、乔明齐作为原告于 2006 年 10 月 25 日起诉至山东省济宁市市中区人民法院时，陈洪亮已经于 2006 年 9 月 29 日取得涉案土地的国有土地使用权证书。根据《最高人民法院关于审理涉及国有土地使用权合同纠纷案件适用法律问题的解释》第九条"转让方未取得出让土地使用权证书与受让方订立合同转让土地使用权，起诉前转让方已经取得出让土地使用权证书或者有批准权的人民政府同意转让的，应当认定合同有效"的规定，陈洪亮与张建锋所签房地产转让合同中有关土地使用权的转让是有效的。由于土地上所建房屋的产权属于食品公司，食品公司早在2002年11月29日就与陈洪亮签订房地产转让合同，此后双方未能按约履行，陈洪亮无法依照合同约定及承诺将房屋产权过户至张建锋名下，从而导致本案的纠纷。

2. 关于陈洪亮与张建锋签订的房地产转让合同是否已经解除的问题

陈洪亮称双方已经口头解除房地产转让合同，并退还定金6万元及张建锋借郑本芹的26万元，共计退还32万元，尚欠151万余元。其提供的主要证据为：张建锋2005年7月11日向郑本芹出具的26万元的借条、乔明齐2006年4月10日出具的2万元的收条、杨淑敏2006年4月26日向陈洪亮出具的4万元的收条。但张建锋2005年7月21日才向陈洪亮交款1772520元，其2005年7月11日向郑本芹出具的26万元的借条显然不能证明陈洪亮向张建锋退还房地产转让款，且张建锋向郑本芹出具借条的事实与本案纠纷属于两个不同的法律关系。

关于杨淑敏和乔明齐所出具收条的性质，因收条上未写明收回定金或房地产转让款，是否属于解除合同后退回的款项，双方当事人说法不一。杨淑敏和乔明齐主张该6万元是陈洪亮代翁宽银偿还的借款，陈洪亮主张是其退回的定金，截止到张建锋等2006年10月25日起诉时，陈洪亮提供的退款证据仅是双方存有争议的6万元收条。陈洪亮一方面主张所涉房地产转让合同无效，另一方面又主张双方已经口头解除了房地产转让合同，在合同无效时当然不存在解除合同的问题，陈洪亮的主张自相矛盾。其没有提供充分的证据佐证双方当事人已口头解除房地产转让合同这一事实，一、二审及再审判决对陈洪亮提出房地产转让合同已经解除的主张不予认定亦无不当。

3. 关于陈洪亮与张建峰签订的房地产转让合同是否能够继续履行的

问题

　　陈洪亮与张建峰签订房地产转让合同的前提是陈洪亮与食品公司签订了同一标的物的转让合同，本案合同能否继续履行取决于前一转让合同是否如约履行。但从张建锋、杨淑敏、乔明齐在一审的诉讼请求来看，其要求山东省济宁市市中区人民法院判令陈洪亮履行的是部分合同义务，即将济宁市市中区车站东路××号土地使用权过户至原告名下，诉讼费用全部由陈洪亮承担。由此可知，张建锋、杨淑敏、乔明齐主张的是将涉案土地使用权过户至其名下，并没有主张将属于食品公司所有的房产过户至其名下，一审法院也未将食品公司列为本案当事人。但一审判决第一项，即"被告陈洪亮应继续履行与原告张建锋、杨淑敏、乔明齐于 2005 年 6 月 6 日签订的房地产转让合同"超出了当事人的诉讼请求范围，山东省济宁市中级人民法院（2007）济民三终字第 835 号判决维持一审判决，山东省高级人民法院（2008）鲁民提字第 230 号判决又维持二审判决，显属不当，本院予以纠正。

　　根据陈洪亮 2005 年 7 月 21 日出具的承诺书，其承诺："保证按时过户张建锋的名下，若违反约定，自愿承担张建锋所支付给陈洪亮所有购买房地产款项的双倍罚款。"如果陈洪亮不能按照房地产转让合同及承诺的内容履行合同义务，张建锋、杨淑敏、乔明齐可以另案起诉要求陈洪亮承担相应的违约责任。

【争议焦点】

　　本案的争议焦点在于陈洪亮与张建锋之间买卖房地产的法律行为是否成立和有效。

【法理评析】

民事法律行为成立的要件

（一）民事法律行为成立的实质要件

处理本案的关键在于正确把握陈洪亮与张建锋之间买卖房地产的法律

行为是否成立和有效这一中心环节。《民法典》第一百四十三条规定,具备下列条件的民事法律行为有效:(1)行为人具有相应的民事行为能力;(2)意思表示真实;(3)不违反法律、行政法规的强制性规定,不违背公序良俗。以上规定中的三个方面是民事法律行为必不可少的成立要件,民事法律行为只有具备法律规定的要件才能成立,并依法产生法律约束力。

1. 行为人具有相应的民事行为能力

我国《民法典》将行为人具有相应的民事行为能力作为民事法律行为成立的要件之一,这对于保护无行为能力人和限制行为能力人的利益、维护社会经济秩序是十分必要的。无论是限制民事行为能力人还是无民事行为能力人,凡是从事依法不能独立实施的行为,都不能产生预期的法律效果,不具有法律效力。无论是自然人还是法人,从事民事法律行为都必须具有处分能力,由于处分行为将直接导致既存的财产权发生变更和消灭,处分行为往往要发生财产权的转移。因此,为维护社会经济秩序,保护民事主体的合法权益,法律要求从事处分行为的人必须具有处分权。本案中,无论是陈洪亮还是张建锋都具有相应的民事行为能力,在这一要件上,民事行为无疑是符合法律规定的,能够成立,自不待言。

2. 意思表示真实

行为人的意思表示是否真实,这是法律能否赋予民事行为以行为人预期的法律后果的关键,意思表示真实包括两个方面的内容:一是行为的效果意思是行为人自觉自愿产生的;二是行为人的内心意思与其行为所表达的意思一致。本案中陈洪亮、张建锋二人签订房地产转让合同的民事法律行为意思表示是真实的,经法院证实,陈洪亮为促成与张建锋的合同,自愿承诺在无法履行时退赔双倍价款,而张建锋等人直至向法院起诉都以请求判决陈洪亮履行合同为诉求,而不是着眼于违约金,因此,可以看出在订立合同时,陈洪亮、张建锋的意思表示真实,都是希望促成此买卖合同。

3. 不违背法律或者社会公共利益

这一要件又称内容合法要件,它体现了民事法律行为的合法性特征。

不合法的民事行为显然不能受到法律保护，不可能产生当事人预期的法律效果。民事主体实施的民事行为不违反法律是指不得违反法律的强行性规定，不得违反社会公共利益，不得侵害全体人民的共同利益，不得侵犯为法律法规所保护的社会秩序，这也是本案的争议焦点。陈洪亮与张建锋订立买卖合同的时间是 2005 年 6 月 6 日，虽然陈洪亮于 2003 年 2 月 28 日就签订国有土地租赁合同取得了土地的使用权，但此时由于其与食品公司的合同未得到有效履行，其尚未取得该土地上房屋的所有权。双方的一大争议点就是陈洪亮处分权的缺失是否导致买卖合同无效。在此，我们认为，合同依然有效。从《民法典》的规定来看，陈洪亮是处分了自己本应通过合法的买卖程序已经可以获得所有权的房屋，没有损害到国家、集体、他人的合法权益，因此，处分这一民事法律行为有效。另外，就《民法典》的相关规定而言，《民法典》第一百五十三条规定："违反法律、行政法规的强制性规定的民事法律行为无效。但是，该强制性规定不导致该民事法律行为无效的除外。违背公序良俗的民事法律行为无效。"第一百五十四条规定："行为人与相对人恶意串通，损害他人合法权益的民事法律行为无效。"

综上看来，即便在订立合同时（2005 年 6 月 6 日）房屋仍然登记在食品公司的名下，然而陈洪亮的处分不存在损害国家利益、公共利益，或者与他人恶意串通的情形，没有什么非法目的，也没有违反法律行政法规的强制性规定，因此，此合同当然不可能是无效合同。《最高人民法院关于审理买卖合同纠纷案件适用法律问题的解释》第三条规定："当事人一方以出卖人在缔约时对标的物没有所有权或者处分权为由主张合同无效的，人民法院不予支持。出卖人因未取得所有权或者处分权致使标的物所有权不能转移，买受人要求出卖人承担违约责任或者要求解除合同并主张损害赔偿的，人民法院应予支持。"因此，即使订立合同时的所有权人食品公司不予追认，合同并非就是无效合同，况且，事实上，陈洪亮也在 2006 年 9 月 29 日取得了涉案土地的国有土地使用权证书，因而，二人的买卖合同不仅合法有效，而且具备了履行条件。

（二）民事法律行为成立的形式要件

以上是民事法律行为成立的实质要件，除此以外，还应具备形式要件。《民法典》第一百三十五条规定："民事法律行为可以采用书面形式、口头形式或者其他形式；法律、行政法规规定或者当事人约定采用特定形式的，应当采用特定形式。"民事法律行为的形式，实质上就是意思表示的形式，有些民事法律行为需要具备特殊的法定形式，如公证、鉴证、审批、登记等形式；有些则只需要具备一般的法定形式。根据意思表示的方式不同，可以把民事法律行为分为明示形式和默示形式两种。人民法院通过审理，查明事实真相后，认定该民事行为是合法有效的，因此纵跨一审、二审、再审和提审，判决大致没有发生过改变。

【法条指引】

《中华人民共和国民法典》

第一百四十三条　具备下列条件的民事法律行为有效：

（一）行为人具有相应的民事行为能力；

（二）意思表示真实；

（三）不违反法律、行政法规的强制性规定，不违背公序良俗。

第一百五十三条　违反法律、行政法规的强制性规定的民事法律行为无效。但是，该强制性规定不导致该民事法律行为无效的除外。

违背公序良俗的民事法律行为无效。

第一百五十四条　行为人与相对人恶意串通，损害他人合法权益的民事法律行为无效。

《最高人民法院关于审理涉及国有土地使用权合同纠纷案件适用法律问题的解释》

第九条　转让方未取得出让土地使用权证书与受让方订立合同转让土地使用权，起诉前转让方已经取得出让土地使用权证书或者有批准权的人民政府同意转让的，应当认定合同有效。

《最高人民法院关于审理买卖合同纠纷案件适用法律问题的解释》

第三条　当事人一方以出卖人在缔约时对标的物没有所有权或者处分权为由主张合同无效的，人民法院不予支持。

出卖人因未取得所有权或者处分权致使标的物所有权不能转移，买受人要求出卖人承担违约责任或者要求解除合同并主张损害赔偿的，人民法院应予支持。

第五节　代 理 行 为

■■■理建营造股份有限公司诉周宜宏确认股权转让协议无效合同纠纷案

【要点提示】

民法中的代理是平等民事主体之间发生的一种民事法律关系，即代理人以被代理人的名义，在代理权限内与第三人（又称相对人）实施民事行为，其法律后果直接由被代理人承受的一种民事法律制度。

民事法律行为的委托代理，可以用书面形式，也可以用口头形式。法律规定用书面形式的，应当用书面形式。所有这一系列的法律规定都是为了确保代理法律关系的合法有效实施。

【案例索引】

一审：福建省高级人民法院（2010）闽民终字第156号。
再审：最高人民法院（2012）民申字第1212号。

【基本案情】

原告：理建营造股份有限公司（以下简称"理建公司"）。

被告：周宜宏。

申请再审人理建公司系在我国台湾地区注册成立的公司，因与被申请人周宜宏确认股权转让协议无效纠纷一案，不服福建省高级人民法院（2010）闽民终字第156号民事判决，向本院申请再审。本院依法组成合议庭对本案进行了审查，现已审查终结。

理建公司申请再审称：（1）本案《关于厦门鸿翔房地产开发有限公司股权转让协议》（以下称《股权转让协议》）中第四条是仲裁条款，本案在一审法院审理前曾提交厦门仲裁委员会进行仲裁，该仲裁委员会以《股权转让协议》无效为由撤销该案。此后理建公司向一审法院提起诉讼。正是因为上述仲裁条款无效，一审法院才受理本案。然而，一审法院在审理后又认为《股权转让协议》有效，若该协议有效则上述仲裁条款也应当有效，一审法院对本案就不具有管辖权。（2）原审法院违反法定程序影响案件正确判决，没有向理建公司释明并征求是否变更诉讼请求、是否愿意放弃仲裁而接受法院管辖。（3）《股权转让协议》和《理建公司董事会决议》（以下称《董事会决议》）的签字人中，李政雄签名非其本人所签，当时李政雄不是理建公司董事长，林武雄、吴政成也并非理建公司董事，两份文件上的理建公司印章系周宜宏利用其保管之便利，擅自使用伪造，因此他们签署的《股权转让协议》和《董事会决议》不具备法律效力。另，李政雄出具的《确认书》系周宜宏通过欺骗手段取得，不具有证据效力。李政雄作为理建公司股东，无权将厦门鸿翔房地产开发有限公司（以下简称"鸿翔公司"）资产为其个人债务担保。李政雄在2000年就已将与周宜宏的债权债务关系全部清偿，不存在为了抵偿债务将鸿翔公司股权转让给周宜宏的情况。原审法院认定《股权转让协议》和《董事会决议》合法有效，缺乏证据证明。（4）本案《股权转让协议》和《董事会决议》系伪造，这一事实已经由厦门仲裁委员会的《撤案决定书》确认，该决定书是生效的法律文书，依法应当予以确认。

周宜宏提交意见认为：（1）原审法院对本案具有管辖权；（2）本案不存在需要法院告知、释明的情形；（3）原审判决认定事实清楚，适用法律正确;(4)厦门仲裁委员会的《撤案决定书》自认对本案无权管辖,其对案件"事实"的认定无事实和法律依据。理建公司再审申请理由不成立,依法应当裁定驳回。

【法院审判】

最高人民法院认为:本案系涉台的确认股权转让协议无效纠纷案件,因本案《股权转让协议》中并未约定适用法律,且双方当事人对原审适用大陆地区法律并未提出异议,故原审判决适用大陆地区法律审理本案并无不当,本院予以确认。针对理建公司申请再审的理由,归纳本案焦点是:原审法院管辖是否错误、《股权转让协议》是否有效。

(一)关于原审法院管辖是否错误的问题

理建公司就本案争议向厦门仲裁委员会提出仲裁申请后,该仲裁委员会经审查认为仲裁庭没有管辖依据,故作出《撤案决定书》撤销该仲裁案并终止仲裁程序。由于《撤案决定书》明确了仲裁庭对本案争议无管辖权,故该决定书不影响法院对本案行使管辖权。本案中,理建公司向一审法院提起诉讼,周宜宏也应诉予以答辩且未提出管辖权异议,应当视为双方当事人均接受法院管辖。本案《股权转让协议》的履行地点在厦门,一审法院依法对本案行使管辖权,并无不当。理建公司在接受了法院管辖的情况下,又以原审法院对本案不具有管辖权为由申请再审,缺乏法律依据,不能予以支持。

(二)关于本案《股权转让协议》是否有效的问题

首先,根据原审查明的事实,虽然《股权转让协议》和《董事会决议》中的印章与理建公司在台北市商业管理处登记备案留存的印章有所不同,但是理建公司与中国航空技术进出口公司厦门工贸中心合作兴建"鸿翔大厦"项目时多次使用该印章,在鸿翔公司设立后,理建公司委派周宜宏为董事长时,也使用过该枚印章。对于李政雄在大陆长期使用该印章代表理建公司进行上述民事行为,理建公司并没有提出异议,原审法院认定该印章系理建公司在大陆地区实际使用的印章,应当被认定足以代表理建公司的真实意思表示,并无不当。理建公司并无证据证明本案《股权转让协议》上加盖的印章系周宜宏利用职务之便伪造而成,其据此主张《股权转让协议》无效,本院不予支持。其次,李政雄作为理建公司的股东、董事、总经理,曾代表理建公司在大陆合作兴建"鸿翔大厦",被委派担任过"理建公司驻厦门代表处"的副首席代表,且仅凭个人签名即可代表理建公司向外资主管部门申请设立鸿翔公司,还以理建公司董事长的名义出具《任命书》任命周宜宏为鸿翔公司董事长。李政雄于 2003 年 4 月出具的《确认书》,对《股权转让协议》和《董事会决议》中由他人代签的签名予以确认。据此,原审法院根据《合同法》第四十九条①的规定,认定李政雄的行为构成表见代理,周宜宏完全有理由相信李政雄有权代表理建公司转让鸿翔公司股权,并无不当,本院予以确认。

根据原审查明,理建公司于 2002 年 7 月 1 日出具《确认书》,确认鸿翔公司系李政雄以理建公司的名义与他人合伙投资设立,理建公司并未实际投资,该《确认书》加盖了理建公司在台北正式备案的印章及公司法定代表人廖大雄印章。而李政雄本人在其 2003 年 4 月出具的《确认书》中,确认其和周宜宏为鸿翔公司的实际出资人,李政雄投资 60%,周宜宏投资 40%。虽然理建公司主张李政雄不是理建公司董事长,在未经理建公司授权情况下,其无权代表理建公司转让鸿翔公司股权,但是由于李政雄系理建公司的董事及股东,其与理建公司之间是否具有授权、李政雄是否为鸿翔公司实际投资人系理建公司内部争议,可以通过另案诉讼予以解决,并不影响本案构成表见代理的认定,以及周宜宏与理建公司之间《股权转让协议》效力的认定。

本案《股权转让协议》已经厦门市外商投资工作委员会厦外资审〔2000〕510 号《关于同意厦门鸿翔房地产开发有限公司增资及变更投资者等事项的批复》予以确认,厦门市工商行政管理局亦根据鸿翔公司的申

---

① 参见《民法典》(总则编)第一百七十二条。

请以及《股权转让协议》和《董事会决议》等资料办理工商变更登记手续。原审查明，李政雄于 1999 年 12 月 14 日出具的《承诺书》中确认其与周宜宏存在债务关系，并承诺如到期未予归还，将以鸿翔公司的股权及获利予以保证。因此，理建公司在无证据证明周宜宏与李政雄存在恶意串通侵害理建公司合法权益的情况下，主张《股权转让协议》不具有法律效力，缺乏事实依据，不能予以支持。

综上，理建公司的再审申请不符合《民事诉讼法》第一百七十九条规定的再审情形。依照《民事诉讼法》第一百八十一条第一款之规定，裁定如下：驳回理建公司的再审申请。

【争议焦点】

本案的争议焦点在于原审法院管辖是否错误，以及《股权转让协议》是否有效。

【法理评析】

表见代理认定的关键点

本文的争议焦点除了程序上的问题以外，实体上则落在了代理行为是否构成表见代理上。代理行为作为一种民事法律行为，法律保护参与其中的三方的意思自治，代理人根据被代理人的授权与相对人进行民事活动，三方意思表示清楚，自不待言。而问题的产生在于当代理人超出被代理人授权的范畴进行民事行为时，代理行为是否有效。首先，需要指出的是，从《民法典》角度来看无权代理的合同如无法定无效事由，并不因为无权代理的性质而当然无效，因此合同就成为一种效力待定、悬而未决的状态，被代理人一旦拒绝或不予追认合同便自始无效。换言之，合同有效与否、合同目的能否达到完全无法掌握在相对人的手中，虽然相对人也拥有催告权和撤销权，但无法左右被代理人的意志。法律虽然规定相对人可以向无权代理的代理人追偿，但这无疑将追偿的困难转移到了相对人一方。

因此，在法律如此规定的情况下不难看出这是要求相对人处在一种"谨慎理性的相对人"的要求下，对代理人的代理资格、代理权限进行仔细审查，而代理人仔细审查的回报便是表见代理中对其的保护。《民法典》第一百七十二条规定，"行为人没有代理权、超越代理权或者代理权终止后，仍然实施代理行为，相对人有理由相信行为人有代理权的，代理行为有效"。代理权有效，意味着被代理人需要承担代理人与相对人合意的法律后果，相对的，由于法律保护"谨慎理性"的人，此时，向代理人追偿的便是被代理人了。这样的规定也循环刺激着合同中的每一环节趋于严谨，被代理人需要更谨慎地控制约束代理人的代理权限和外部权利表征，当然，代理人受到法律约束面临作出无权代理后被追偿的风险。

案例中，再审法院指出："虽然《股权转让协议》和《董事会决议》中的印章与理建公司在台北市商业管理处登记备案留存的印章有所不同，但是理建公司与中国航空技术进出口公司厦门工贸中心合作兴建'鸿翔大厦'项目时多次使用该印章，在鸿翔公司设立后，理建公司委派周宜宏为董事长时，也使用过该枚印章。对于李政雄在大陆长期使用该印章代表理建公司进行上述民事行为，理建公司并没有提出异议。"代理人长期使用公司印章进行民商事活动而（被代理人）不产生异议，这本就是合适的代理人权利外观。再审法院还指出："李政雄作为理建公司的股东、董事、总经理，曾代表理建公司在大陆合作兴建'鸿翔大厦'，被委派担任过'理建公司驻厦门代表处'的副首席代表，且仅凭个人签名即可代表理建公司向外资主管部门申请设立鸿翔公司，还以理建公司董事长的名义出具《任命书》任命周宜宏为鸿翔公司董事长。李政雄于 2003 年 4 月出具的《确认书》，对《股权转让协议》和《董事会决议》中由他人代签的签名予以确认。据此，原审法院根据《合同法》第四十九条的规定，认定李政雄的行为构成表见代理，周宜宏完全有理由相信李政雄有权代表理建公司转让鸿翔公司股权，并无不当。"即代理人是在公司间来往的"老面孔"，且具有经过登记和委任的职称、职位，由此，纵使作为一个"谨慎理性的相对人"，也无法找出合理怀疑质疑李政雄的代理权限，法院因此以表见代理为代理行为定性。

【法条指引】

《中华人民共和国民法典》

第一百四十五条 限制民事行为能力人实施的纯获利益的民事法律行为或者与其年龄、智力、精神健康状况相适应的民事法律行为有效；实施的其他民事法律行为经法定代理人同意或者追认后有效。

相对人可以催告法定代理人自收到通知之日起三十日内予以追认。法定代理人未作表示的，视为拒绝追认。民事法律行为被追认前，善意相对人有撤销的权利。撤销应当以通知的方式作出。

第一百六十一条 民事主体可以通过代理人实施民事法律行为。

依照法律规定、当事人约定或者民事法律行为的性质，应当由本人亲自实施的民事法律行为，不得代理。

第一百六十二条 代理人在代理权限内，以被代理人名义实施的民事法律行为，对被代理人发生效力。

第一百六十三条 代理包括委托代理和法定代理。

委托代理人按照被代理人的委托行使代理权。法定代理人依照法律的规定行使代理权。

第一百六十四条 代理人不履行或者不完全履行职责，造成被代理人损害的，应当承担民事责任。

代理人和相对人恶意串通，损害被代理人合法权益的，代理人和相对人应当承担连带责任。

第一百六十五条 委托代理授权采用书面形式的，授权委托书应当载明代理人的姓名或者名称、代理事项、权限和期限，并由被代理人签名或者盖章。

第一百六十六条 数人为同一代理事项的代理人的，应当共同行使代理权，但是当事人另有约定的除外。

第一百六十七条　代理人知道或者应当知道代理事项违法仍然实施代理行为，或者被代理人知道或者应当知道代理人的代理行为违法未作反对表示的，被代理人和代理人应当承担连带责任。

第一百六十八条　代理人不得以被代理人的名义与自己实施民事法律行为，但是被代理人同意或者追认的除外。

代理人不得以被代理人的名义与自己同时代理的其他人实施民事法律行为，但是被代理的双方同意或者追认的除外。

第一百六十九条　代理人需要转委托第三人代理的，应当取得被代理人的同意或者追认。

转委托代理经被代理人同意或者追认的，被代理人可以就代理事务直接指示转委托的第三人，代理人仅就第三人的选任以及对第三人的指示承担责任。

转委托代理未经被代理人同意或者追认的，代理人应当对转委托的第三人的行为承担责任；但是，在紧急情况下代理人为了维护被代理人的利益需要转委托第三人代理的除外。

第一百七十条　执行法人或者非法人组织工作任务的人员，就其职权范围内的事项，以法人或者非法人组织的名义实施的民事法律行为，对法人或者非法人组织发生效力。

法人或者非法人组织对执行其工作任务的人员职权范围的限制，不得对抗善意相对人。

第一百七十一条　行为人没有代理权、超越代理权或者代理权终止后，仍然实施代理行为，未经被代理人追认的，对被代理人不发生效力。

相对人可以催告被代理人自收到通知之日起三十日内予以追认。被代理人未作表示的，视为拒绝追认。行为人实施的行为被追认前，善意相对人有撤销的权利。撤销应当以通知的方式作出。

行为人实施的行为未被追认的，善意相对人有权请求行为人履行债务或者就其受到的损害请求行为人赔偿。但是，赔偿的范围不得超过被代理人追认时相对人所能获得的利益。

相对人知道或者应当知道行为人无权代理的,相对人和行为人按照各自的过错承担责任。

第一百七十二条　行为人没有代理权、超越代理权或者代理权终止后,仍然实施代理行为,相对人有理由相信行为人有代理权的,代理行为有效。

第一百七十三条　有下列情形之一的,委托代理终止:

(一)代理期限届满或者代理事务完成;

(二)被代理人取消委托或者代理人辞去委托;

(三)代理人丧失民事行为能力;

(四)代理人或者被代理人死亡;

(五)作为代理人或者被代理人的法人、非法人组织终止。

第一百七十四条　被代理人死亡后,有下列情形之一的,委托代理人实施的代理行为有效:

(一)代理人不知道且不应当知道被代理人死亡;

(二)被代理人的继承人予以承认;

(三)授权中明确代理权在代理事务完成时终止;

(四)被代理人死亡前已经实施,为了被代理人的继承人的利益继续代理。

作为被代理人的法人、非法人组织终止的,参照适用前款规定。

第一百七十五条　有下列情形之一的,法定代理终止:

(一)被代理人取得或者恢复完全民事行为能力;

(二)代理人丧失民事行为能力;

(三)代理人或者被代理人死亡;

(四)法律规定的其他情形。

第二章

物 权 法

第一节 相邻关系

■■■ 韩某某诉南京医科大学相邻采光、日照案

【要点提示】

相邻建筑物的权利人之间对于妨碍通风、采光和日照的行为负有一定的容忍义务,权利人行使权利时应保持在合理限度之内,即只有在日照、采光和通风妨碍超出社会一般人的容忍限度时,权利人才可以主张民事赔偿。

【案例索引】

一审:南京市鼓楼区人民法院(2016)苏0106民初6586号。
二审:江苏省南京市中级人民法院(2017)苏01民终2234号。

【基本案情】

原告:韩某某。
被告:南京医科大学。

涉案房屋于1996年建成,建筑面积为93平方米,韩某某于1998年

通过买受方式取得该房屋所有权。南京医科大学于1998年在房屋南侧建设图书馆，并于1999年建成。图书馆建成后，导致该房屋在大寒日的日照时间减少至一小时以内。2014年，南京医科大学在该房屋南侧建设综合楼，并于2015年年底封顶。综合楼封顶后，该房屋在大寒日的日照时间仍为一小时以内。韩某某因为日照时间减少要求南京医科大学赔偿损失未果，遂诉至南京市鼓楼区人民法院。韩某某向一审法院提出诉讼请求：南京医科大学赔偿韩某某因采光、日照受侵害造成的各项损失465000元（按照每平方米5000元计算）。南京医科大学辩称：（1）图书馆系2016年之前建成，当时并无日照时间规定，因此不应赔偿；（2）韩某某的起诉已超过诉讼时效。

【法院审判】

一审法院认为，《物权法》第八十四条①规定："不动产的相邻权利人应当按照有利生产、方便生活、团结互助、公平合理的原则，正确处理相邻关系。"第八十九条②规定："建造建筑物，不得违反国家有关工程建设标准，妨碍相邻建筑物的通风、采光和日照。"从上述规定可以看出，基于相邻关系制度的固有功能，相邻建筑物的权利人之间对于妨碍通风、采光和日照的行为负有一定的容忍义务，权利人行使权利时应保持在合理限度内，即只有在日照、采光和通风妨碍超出社会一般人的容忍限度时，权利人才可以主张民事赔偿。因此，判断南京医科大学建造的图书馆和综合楼对涉案房屋的日照和采光妨碍是否超出社会一般人的容忍限度，是韩某某诉请能否得到支持的关键所在。关于如何判断日照和采光妨碍是否超出社会一般人的容忍限度，一审法院认为，我国建设部于2002年颁布的《城市居住区规划设计规范》对城市居住区建筑物的日照时间作出明确要求，该规范可以作为判断日照妨碍是否超出容忍限度的重要依据。

---

① 参见《民法典》（物权编）第二百八十八条。
② 参见《民法典》（物权编）第二百九十三条。

《城市居住区规划设计规范》第 5.0.2.1 条规定了各类气候区及各类城市的住宅建筑日照标准,根据该条规定,南京市的住宅建筑日照应满足大寒日大于等于两小时的标准。本案中,南京医科大学建设的图书馆造成涉案房屋的日照时间减少,且低于上述规范规定的大寒日日照时间两小时以上的标准,故应认定南京医科大学的日照妨碍行为超出了社会一般人的容忍限度,韩某某可以向南京医科大学主张民事赔偿。

关于南京医科大学辩称图书馆系 2016 年前建成,当时并无日照时间规定因此不应赔偿的辩解意见,一审法院认为,图书馆建造时,正是由于当时并无日照时间的强制性标准,所以图书馆才能得以立项并建造完成,但是行政许可获得通过,并不必然免除民事侵权责任。故对南京医科大学该辩解意见,一审法院不予采纳。关于南京医科大学辩称韩某某诉请超过诉讼时效的辩解意见,一审法院认为,南京医科大学建造的图书馆导致涉案房屋日照时间减少的侵权行为存续至今,韩某某此时提起民事诉讼并未超过诉讼时效。故对南京医科大学该辩解意见,一审法院不予采纳。

关于韩某某主张的赔偿数额问题,一审法院结合涉案房屋日照时间减少的程度以及日照、采光减少对韩某某家庭生活、房屋价值的影响等相关因素,酌定赔偿数额为 10 万元。依据《民法通则》第五条,《物权法》第八十四条、第八十九条,《民事诉讼法》第六十四条以及《最高人民法院关于适用〈中华人民共和国民事诉讼法〉的解释》第九十条规定,判决:南京医科大学于判决生效之日起十日内一次性赔偿韩某某 10 万元。如果未按判决指定的期间履行给付金钱义务,应当依照《民事诉讼法》第二百五十三条之规定,加倍支付迟延履行期间的债务利息。案件受理费 4137.5 元,由韩某某负担 2987.5 元,南京医科大学负担 1150 元(此款韩某某已预付,南京医科大学负担部分在支付上述款项时直接给付韩某某)。

南京医科大学不服一审判决,提起上诉。江苏省南京市中级人民法院认定原审法院根据查明的事实所作判决正确,判决驳回上诉,维持原判。

【争议焦点】

本案的争议焦点，一是 2002 年建设部颁布的《城市居住区规划设计规范》能否在本案中作为采光权侵权认定的依据，二是原告的起诉是否超过诉讼时效，三是原告主张的赔偿数额如何认定。

【法理评析】

侵害采光权的认定依据

采光的保护，起源于罗马法上的"限制加高役权"。[①] 目前我国社会生活中存在两种性质不同的采光权，即相邻关系中的采光权和契约性采光权（采光地役权）。本案所涉纠纷系相邻关系中的采光、日照纠纷。《民法典》第二百八十八条规定："不动产的相邻权利人应当按照有利生产、方便生活、团结互助、公平合理的原则，正确处理相邻关系。"该条规定揭示了处理相邻关系中采光、日照纠纷的基本原则是"有利生产、方便生活、团结互助、公平合理"，即在具体适用过程中，应当综合平衡相邻诸方的权益，综合考虑上述原则中蕴含的精神实质，从有利生产、方便生活出发，本着团结互助的精神，公平合理地处理采光、日照纠纷。

本案中，根据原被告的诉辩意见及依现有证据查明的事实，本案审理的核心在于认定南京医科大学是否构成对韩某某相邻采光、日照权利的侵犯。《民法典》第二百九十三条规定："建造建筑物，不得违反国家有关工程建设标准，不得妨碍相邻建筑物的通风、采光和日照。"由此可见，相邻建筑物的权利人之间对于妨碍通风、采光和日照的行为负有一定的容忍义务，权利人行使权利时应保持在合理限度内，即只有在日照、采光和通风妨碍超出社会一般人的容忍限度时，权利人才可以主张民事赔偿。故一

---

① 限制加高役权是光役权的一种，指需役地的所有主为保障本地域的采光而要求供役地的所有主不要在该地建造超过一定高度的建筑物的权利。参见黄风编著：《罗马法词典》，法律出版社 2002 年版，第 228 页。

审法院认为,判断南京医科大学建造的图书馆和综合楼对涉案房屋的日照和采光妨碍是否超出社会一般人的容忍限度,是韩某某诉请能否得到支持的关键所在。建设部于 2002 年颁布的《城市居住区规划设计规范》对城市居住区建筑物的日照时间作出明确要求,该规范可以作为判断日照妨碍是否超出容忍限度的重要依据。

由此,本案的审理可以衍生为对三个方面法律问题的判断,第一是有关法的溯及力的问题,即 2002 年建设部颁布的《城市居住区规划设计规范》能否在本案中作为采光权侵权认定的依据。本案中,南京医科大学认为图书馆于 1999 年规划设计完成,并得到合法的规划和建设许可,2000 年就已经建设完成,关于阳光权的强制性规定制定于 2002 年,《物权法》也是 2007 年才实施,所以不能适用上述规定。法不溯及既往是一项法律适用原则,其理论基础在于法的指引与预测作用,如果法具有溯及力,则新的法律规定可以规制之前的行为,这无疑是有失公平的,所以,在此意义上,南京医科大学的主张是合乎法理的。但是,法不溯及既往并非是绝对的。《中华人民共和国立法法》第九十三条规定,法律、行政法规、地方性法规、自治条例和单行条例、规章不能溯及既往,但为了更好地保护公民、法人和其他组织的权利和利益而作的特别规定除外。该法条确立了法不溯及既往原则,也强调了法不溯及既往并非是一项绝对的原则。① 由此也可见,我国法律只限制不利于行为人的溯及既往,不限制有利于行为人的溯及既往。就本案而言,主要涉及的是物权法的相关规定,原被告双方存在利益冲突,无论是否适用法不溯及既往的原则,其中一方的利益必然受到损害,解决此问题需要进行利益权衡。在此案件中,应侧重保护原告的利益。原因在于,首先,相对于被告,原告属于弱势的一方;其次,采光是个人生活所必需的,涉及生活最基本的问题,需要侧重保护;最后,即使适用法不溯及既往的原则,也只证明了南京医科大学建造图书馆

---

① 参见兰晓为:《〈物权法〉适用与"法不溯及既往"原则之例外》,载《大连海事大学学报(社会科学版)》2008 年第 6 期。

的合法性,并不能据此否认其妨碍他人采光的事实。权利的边界在于他人的权利,相邻纠纷同样如此。南京医科大学合法建造建筑物,并不等于他人的权利就该因此受损而不能获得任何赔偿。如果南京医科大学并非合法建造建筑物,则原告的诉请就不再是采光权受损的赔偿请求,而是拆除违法建筑、排除妨碍的请求了。故本案一审法院对南京医科大学的抗辩意见不予采纳。本案中,现有证据已可证明南京医科大学建设的图书馆、综合楼造成涉案房屋的日照时间减少,且低于上述规范规定的大寒日日照时间不少于两小时以上的标准,应当认定该建筑物妨碍了涉案原告方房屋的采光、日照权利。

第二是关于诉讼时效的问题。本案中,由于图书馆一直存在,所以原告方的相邻权一直受到侵害,属于持续性侵权。关于持续性侵权之债诉讼时效的起算,理论界较为统一的观点认为,持续性侵权之债的债权请求权的诉讼时效应自侵权行为终了之日起算。本案中一审法院亦采该观点,故对于南京医科大学主张韩某某诉请超过诉讼时效的辩解意见不予采纳。

第三是关于赔偿数额的认定问题。韩某某提交的公证书复印件中虽然记载了案外人之间关于阳光权受侵害的补偿标准,但该标准系案外人之间协商的结果,并非法律规定,不能作为韩某某主张赔偿损失的依据,一审法院对该份证据不予采信。一审法院在综合涉案房屋日照时间减少的程度以及对被上诉人家庭生活、房屋价值的影响等因素的基础上酌定赔偿数额为10万元。但这一酌定数额的依据仍令人存疑。如果通过专业的房产评估部门去评估,或者以同地段、同样结构及房屋新旧,但采光没有问题的房产单价与案涉房屋之间的差价,来求得原告应获得的赔偿数额,或许更有说服力。

【法条指引】

《中华人民共和国民法典》

第一百七十九条 承担民事责任的方式主要有:

（一）停止侵害；

（二）排除妨碍；

（三）消除危险；

（四）返还财产；

（五）恢复原状；

（六）修理、重作、更换；

（七）继续履行；

（八）赔偿损失；

（九）支付违约金；

（十）消除影响、恢复名誉；

（十一）赔礼道歉。

法律规定惩罚性赔偿的，依照其规定。

本条规定的承担民事责任的方式，可以单独适用，也可以合并适用。

第二百八十八条　不动产的相邻权利人应当按照有利生产、方便生活、团结互助、公平合理的原则，正确处理相邻关系。

第二百九十条　不动产权利人应当为相邻权利人用水、排水提供必要的便利。

对自然流水的利用，应当在不动产的相邻权利人之间合理分配。对自然流水的排放，应当尊重自然流向。

第二百九十一条　不动产权利人对相邻权利人因通行等必须利用其土地的，应当提供必要的便利。

第二百九十二条　不动产权利人因建造、修缮建筑物以及铺设电线、电缆、水管、暖气和燃气管线等必须利用相邻土地、建筑物的，该土地、建筑物的权利人应当提供必要的便利。

第二百九十三条　建造建筑物，不得违反国家有关工程建设标准，不得妨碍相邻建筑物的通风、采光和日照。

第二百九十六条　不动产权利人因用水、排水、通行、铺设管线等利用相邻不动产的，应当尽量避免对相邻的不动产权利人造成损害。

第二节 共有人的优先购买权

■■■ 张某甲诉耿某某、张某乙共有人优先购买权案

【要点提示】

不动产按份共有人行使优先购买权须符合约定或法定期间。侵害优先购买权的合同属有效的合同,对于以侵害优先购买权为由请求撤销合同的主张,人民法院依法不予支持。

【案例索引】

一审:北京市平谷区人民法院(2016)京0117民初6284号。
二审:北京市第三中级人民法院(2016)京03民终11969号。

【基本案情】

原告:张某甲。
被告:耿某某、张某乙。

张某甲于1966年6月出生,1967年,张某甲之母熊某某与北京市平谷区南独乐河镇甘营村村民张某丙再婚,张某甲即随其母一起与张某丙生活,其户口亦迁至张某丙处。张某丙与熊某某婚后生有一女张某丁。1969年,熊某某去世,张某甲到平谷区夏各庄镇安固村生活,1985年左右与甘营村村民霍某某结婚。

1989年6月1日,张某丙与耿某某结婚,二人婚后在涉案房屋居住生活。耿某某原与王某某生有三子,长子王某甲(1958年11月出生)、次子王某乙、三子王某丙,王某甲因患精神发育迟滞伴发精神障碍,随母亲耿

某某再婚后和继父张某丙共同生活。2001年8月，张某丙去世，耿某某与王某甲在涉案房屋居住。2006年1月13日，耿某某将王某甲杀害，因此耿某某被判处有期徒刑十二年，现已刑满释放。

2008年5月21日，耿某某以自己看病用钱为由，委托其子王某丙将涉案房屋以20000元价格卖给张某乙。同年，张某乙在该宅院新建了南房。经法院向王某丙核实，王某丙亦认可该房屋买卖行为。

2010年，张某丁起诉耿某某要求继承张某丙的遗产，北京市平谷区人民法院判决确定涉案房屋由张某丁享有四分之一份额。2011年，北京市平谷区人民法院决定对该案进行再审。2012年8月6日，北京市平谷区人民法院作出再审判决，确定张某甲对涉案房屋享有四分之一的继承份额，王某丙对涉案房屋享有四分之一的继承份额，耿某某对涉案房屋享有二分之一的继承份额，现该判决已发生法律效力。

2013年9月16日，张某甲向北京市平谷区人民法院提起诉讼，要求确认耿某某、张某乙签订的房屋买卖协议无效，经北京市平谷区人民法院审理认定张某乙已合法取得涉案房屋，且耿某某、张某乙签订的房屋买卖协议有效。此后，张某甲不服一审判决结果，上诉至北京市第三中级人民法院，北京市第三中级人民法院经审理后判决驳回上诉，维持原判。现张某甲诉至本案一审法院，请求确认其对涉案房屋享有优先购买权；撤销耿某某、张某乙所签订的房屋买卖协议。耿某某、张某乙的答辩意见均不同意张某甲的诉讼请求。

【法院审判】

一审法院认为，按份共有人可以转让其享有的共有的不动产或者动产份额，其他共有人在同等条件下享有优先购买的权利。在优先购买权的行使期间，在转让人未通知，且无法确定其他按份共有人知道或者应当知道最终确定的同等条件的，为共有份额权属转移之日起六个月。本案中，耿某某、张某乙之间就诉争房屋的买卖行为已经生效判决确认为合法有效。

张某丙于 2001 年死亡后，涉案房屋未被分割继承，即处于继承人共同共有状态。2010 年，张某丁起诉要求确认其对诉争房屋的份额时，张某甲亦未参加诉讼，张某甲作为同村村民称其不知房屋买卖事宜，与常理相悖；法院确定张某丁享有房屋份额判决生效后，张某甲此时以继承人的身份主张涉案房屋的权益。因张某甲的家庭关系复杂，张某乙作为张某甲家庭之外的村民，难以知晓涉案房屋所有权人的详细情况。且自 1989 年 6 月 1 日起，耿某某与张某丙在涉案房屋以夫妻关系居住生活，距离 2008 年涉案房屋买卖合同签订已长达十九年。在此情况下，张某乙有理由相信耿某某享有该房产的处分权利，其与耿某某的委托代理人签订该房屋买卖合同，张某乙主观上没有过错。另外，涉案房屋已以合理的价格转让，涉案房屋所在地并没有房屋登记的习惯，涉案房屋已实际交付张某乙使用多年，且该房屋买卖合同签订在权利人主张房屋权益之前。并且，王某丙现亦认可该房屋买卖行为有效，对于该房产的买卖行为已经达到了三分之二以上共有人的同意。

从张某甲主张优先购买权的时间看，张某甲自 2013 年起就耿某某和张某乙的买卖合同提出异议，但从未主张过优先购买权。现张某甲主张优先购买权已超过最长六个月的主张期间。

综上考虑，张某甲要求确认其优先购买权，且撤销耿某某、张某乙之间签订的房屋买卖协议，缺乏事实及法律依据，法院均难以支持。依据《物权法》第一百零一条①、《最高人民法院关于适用〈中华人民共和国物权法〉若干问题的解释（一）》第十一条第（四）项、《民事诉讼法》第一百四十四条之规定，一审法院于 2016 年 8 月判决：驳回张某甲的诉讼请求。

张某甲不服一审判决，提起上诉。北京市第三中级人民法院认定一审法院根据查明的事实所作判决正确，判决驳回上诉，维持原判。

---

① 参见《民法典》（物权编）第三百零五条。

【争议焦点】

本案的争议焦点,一是耿某某和张某乙的房屋买卖协议是否有效,二是张某甲可否主张优先购买权。

【法理评析】

优先购买权的认定及其行使期间

本案涉及共有人的优先购买权的认定问题。根据已查明的事实,张某丙于 2001 年死亡后,涉案房屋未被分割继承,即处于继承人共同共有状态。后张某丁、张某甲等人与耿某某继承纠纷一案经法院审理,并于 2012 年 8 月判决张某甲对涉案房屋享有四分之一的继承份额,耿某某享有二分之一的份额,王某丙享有四分之一的份额,即基于法院生效的形成判决,涉案房屋为各继承人按份共有。《民法典》第三百零一条规定,处分共有的不动产或者动产以及对共有的不动产或者动产作重大修缮、变更性质或者用途的,应当经占份额三分之二以上的按份共有人或者全体共同共有人同意,但是共有人之间另有约定的除外。耿某某、王某丙均同意出售涉案房屋,对房产的处分已达到三分之二以上共有人的同意,故所签买卖合同合法有效。张某甲于 2013 年 9 月 16 日起诉要求确认耿某某、张某乙签订的买卖协议无效的案件,已经人民法院生效判决驳回其诉讼请求。

优先购买权,为附有条件的形成权,即优先购买权人有依一方的意思表示,形成以义务人出卖与第三人同样条件为内容的合同,无须义务人的承诺。只是该项形成权附有停止条件,必须待义务人出卖标的物与第三人时,才可以行使。①《民法典》第三百零五条规定,按份共有人可以转让其享有的共有的不动产或者动产份额,其他共有人在同等条件下享有优先购买的权利。《最高人民法院关于适用〈中华人民共和国物权法〉若干问题

---

① 参见崔建远:《论共有人的优先购买权》,载《河北法学》2009 年第 5 期。

的解释（一）》第十一条规定，优先购买权的行使期间，按份共有人之间有约定的，按照约定处理；没有约定或约定不明的，转让人未通知、无法确定其他按份共有人知道或者应当知道最终确定的同等条件的，为共有份额权属转移之日起六个月。优先购买权的行使期间系除斥期间，无论约定期间还是法定期间，均不适用中止、中断和延长。① 根据查明的事实，张某甲未在法定期间主张优先购买权，其诉讼请求已超过法律规定的主张期间。故张某甲关于确认其对涉案房屋享有优先购买权的诉讼请求，缺乏依据，一审法院依法不予支持。《最高人民法院关于适用〈中华人民共和国物权法〉若干问题的解释（一）》第十二条第二款第（二）项规定，以其优先购买权受到侵害为由，仅请求撤销共有份额转让合同或者认定该合同无效，不予支持。张某甲并非上述房屋买卖合同相对方，且该合同不存在法律规定的可撤销情形。故张某甲要求撤销耿某某、张某乙签订的房屋买卖合同，缺乏事实及法律依据，法院依法不予支持。

【法条指引】

《中华人民共和国民法典》

第三百零一条 处分共有的不动产或者动产以及对共有的不动产或者动产作重大修缮、变更性质或者用途的，应当经占份额三分之二以上的按份共有人或者全体共同共有人同意，但是共有人之间另有约定的除外。

第三百零五条 按份共有人可以转让其享有的共有的不动产或者动产份额。其他共有人在同等条件下享有优先购买的权利。

《最高人民法院关于适用〈中华人民共和国物权法〉若干问题的解释（一）》

第十一条 优先购买权的行使期间，按份共有人之间有约定的，按照约定处理；没有约定或者约定不明的，按照下列情形确定：

---

① 参见刘道远、徐蓓：《按份共有人优先购买权规则的适用——基于规则内在统一性的分析》，载《社会科学家》2016年第7期。

（一）转让人向其他按份共有人发出的包含同等条件内容的通知中载明行使期间的，以该期间为准；

（二）通知中未载明行使期间，或者载明的期间短于通知送达之日起十五日的，为十五日；

（三）转让人未通知的，为其他按份共有人知道或者应当知道最终确定的同等条件之日起十五日；

（四）转让人未通知，且无法确定其他按份共有人知道或者应当知道最终确定的同等条件的，为共有份额权属转移之日起六个月。

第十二条 按份共有人向共有人之外的人转让其份额，其他按份共有人根据法律、司法解释规定，请求按照同等条件购买该共有份额的，应予支持。

其他按份共有人的请求具有下列情形之一的，不予支持：

（一）未在本解释第十一条规定的期间内主张优先购买，或者虽主张优先购买，但提出减少转让价款、增加转让人负担等实质性变更要求；

（二）以其优先购买权受到侵害为由，仅请求撤销共有份额转让合同或者认定该合同无效。

第三节 质 权 客 体

■■■ 福建海峡银行股份有限公司福州五一支行诉长乐亚新污水处理有限公司、福州市政工程有限公司金融借款合同纠纷案

【要点提示】

特许经营权之收益权可以作为应收账款通过出质登记来设定质权。因特许经营权之收益权性质具有特殊性，故其实现方式应与一般质权不同，

不宜直接通过对收益权进行折价、拍卖或者变卖来实现；质权人主张优先受偿权的，人民法院可以判令出质债权的债务人将收益权的应收账款优先支付质权人。

【案例索引】

一审：福建省福州市中级人民法院（2012）榕民初字第661号。
二审：福建省高级人民法院（2013）闽民终第870号。

【基本案情】

原告：福建海峡银行股份有限公司福州五一支行（以下简称"海峡银行五一支行"）。

被告：长乐亚新污水处理有限公司（以下简称"长乐亚新公司"）、福州市政工程有限公司（以下简称"福州市政公司"）。

原告海峡银行五一支行因与被告长乐亚新公司、被告福州市政公司借款合同纠纷一案，向福建省福州市中级人民法院提起诉讼。

2003年，长乐市建设局为让与方、福州市政公司为受让方、长乐市财政局为见证方，三方签订《长乐市城区污水处理厂特许建设经营协议》。合同约定：长乐市建设局授予福州市政公司投资、建设、运营和维护长乐市城区污水处理厂项目及其附属设施的特许权；项目的建设及试运行期从2003年1月1日至2005年4月30日；项目的运营期（运营、维护项目的年限）从2005年5月1日至2030年4月30日；福州市政公司可将本合同授予的特许经营权作为本项目的融资抵押或担保，但不得转让他方；福州市政公司不得将建成后本项目的固定资产作为融资抵押和担保；福州市政公司全权负责项目的运营和维护，可由其组建项目公司，也可由其委托专业的运营公司负责本项目的运营和维护；福州市政公司的收益来源于长乐市建设局支付的污水处理费；合同到期后，福州市政公司应将项目全部资产完好地、无偿地按时移交给长乐市建设局。合同还就项目特许权、双方的责任、项目建设标准、项目设计和建设、项目的融资、项目运营和维护、项目的计量计费及调价、项目的移交等其他的有关重要事项作出了约定。

2004年10月22日,长乐亚新公司成立,其系福州市政公司为履行《长乐市城区污水处理厂特许建设经营协议》而设立的项目公司。福州市政公司持有长乐亚新公司99.23%的股份。

2005年3月24日,福州市商业银行五一支行与长乐亚新公司签订《单位借款合同》(编号:300030002005001)。合同约定:长乐亚新公司向福州市商业银行五一支行借款3000万元;借款用途为长乐市城区污水处理厂BOT项目;借款期限为13年,自2005年3月25日至2018年3月25日;合同项下的借款按月结息,结息日为每月的第20日,还息日为结息日的次日,长乐亚新公司应在还息日支付到期利息;按分期还本方式偿还借款本金(共分十二期);长乐亚新公司未履行本合同的,应承担由此引起的福州市商业银行五一支行为实现债权(含担保债权)的费用(包括但不限于诉讼费、财产保全费、律师费、差旅费、执行费、评估费、拍卖费等);长乐亚新公司违约的,福州市商业银行五一支行有权停止发放未发放的借款,视为所有已发放的借款提前到期,要求长乐亚新公司立即偿还本合同项下所有借款本金和利息;长乐亚新公司未按合同约定的期限清偿借款本金(包括提前到期的借款本金)的,就其到期应付而未付借款本金自逾期之日(含当日)起按合同借款利率上浮30%(称为"逾期罚息利率")以按月结息的方式计收利息;长乐亚新公司未按合同约定的期限清偿借款利息的,就其到期应付而未付借款利息自逾期之日(含当日)起按逾期罚息利率按月结息的方式计收复利。

同日,福州市商业银行五一支行与福州市政公司签订了《保证合同》,福州市政公司为长乐亚新公司的上述借款承担连带责任保证,合同约定保证担保的范围为主合同项下债务人的债务本金、利息(含复利)、违约金、损害赔偿金以及实现债权(含担保债权)的费用(包括但不限于诉讼费、财产保全费、律师费、差旅费、执行费、评估费、拍卖费等)。

福州市商业银行五一支行与长乐亚新公司、福州市政公司、长乐市建设局亦于同日共同签订《特许经营权质押担保协议》。协议约定：福州市政公司以《长乐市城区污水处理厂特许建设经营协议》授予的特许经营权为长乐亚新公司向福州市商业银行五一支行的借款提供质押担保，长乐市建设局同意该担保；福州市政公司同意将特许经营权收益优先用于清偿借款合同项下的长乐亚新公司的债务，长乐市建设局和福州市政公司同意将污水处理费优先用于清偿借款合同项下的长乐亚新公司的债务；为加强对项目资金和收益的监控，长乐亚新公司同意在福州市商业银行五一支行设立融资控制账户；项目资金的支出和收入必须通过融资控制账户结算，福州市商业银行五一支行有权对项目资金的支出进行审查和监控；特许协议项下由长乐市建设局支付给福州市政公司的污水处理服务费以及福州市政公司从长乐市建设局获得的其他款项均由长乐市建设局直接划入融资控制账户；未经福州市商业银行五一支行和长乐市建设局一致书面同意，前述污水处理服务费等款项不得划入其他账户，若长乐市建设局违反上述约定应承担赔偿责任；福州市商业银行五一支行未受清偿的，有权依法通过拍卖等方式处分质押权利等；福州市商业银行五一支行处分质押权利时，同意与其他方友好协商，在同等条件下优先考虑将质押权利转让给长乐市建设局推荐的第三人；长乐市建设局同意为福州市商业银行五一支行和福州市政公司办理质押权利出质登记手续，质押权利担保的债务得以清偿后，福州市商业银行五一支行和福州市政公司应及时到长乐市建设局办理出质登记注销手续。

上述合同签订后，福州市商业银行五一支行于 2005 年 3 月 25 日向长乐亚新公司发放贷款 2500 万元，于同月 30 日发放 200 万元，于同年 4 月 28 日发放 300 万元，共计发放 3000 万元。长乐亚新公司于 2007 年 10 月 21 日起未依约按期足额还本付息，海峡银行五一支行曾多次向长乐亚新公司、福州市政公司催收借款本金及利息。截至 2012 年 8 月 21 日，长乐亚新公司尚欠海峡银行五一支行借款本金 28714764.43 元以及利息（包括借款利息、逾期罚息和复利）2142597.6 元，其中逾期贷款本金为

8618098.43 元。

另查明,福州市商业银行五一支行于 2007 年 4 月 28 日名称变更为福州市商业银行股份有限公司五一支行;2009 年 12 月 1 日其名称再次变更为海峡银行五一支行。海峡银行五一支行为提起本案诉讼支出律师代理费 123640 元。

【法院审判】

福建省福州市中级人民法院审理认为,本案一审争议焦点为:其一,长乐亚新公司和福州市政公司分别应承担什么责任;其二,长乐市城区污水处理厂特许经营权能否质押;其三,质权如何实现。对上述焦点问题,一审法院分析如下:

(1) 关于长乐亚新公司和福州市政公司所应承担的责任问题

讼争《单位借款合同》《保证合同》,系当事人真实的意思表示,未违反法律、行政法规的强制性规定,合法有效。海峡银行五一支行依约向长乐亚新公司发放贷款 3000 万元,长乐亚新公司自 2007 年 10 月 21 日起未依约按期偿还借款本金及利息,已构成违约。福州市政公司自愿为上述债务提供连带责任保证,故应对借款本金、利息及实现债权的费用承担连带清偿责任。

(2) 长乐市城区污水处理厂特许经营权质押问题

特许经营权是对污水处理厂进行运营和维护,并获得收益的权利。污水处理厂的运营和维护,属于经营权人的义务;而污水处理厂的收益权,则属于经营权人所享有的权利。由于对污水处理厂的运营和维护,并不属于可转让的权利,因此讼争的特许经营权的出质,实质上系指收益权的出质。对于污水处理的收益权,我国法律并未将其列为独立的财产权利,但依照《物权法》第二百二十三条第(六)项[①]、中国人民银行《应收账款质押登记办法》第四条的规定,其属于提供污水处理服务而产生的债权,

---

① 参见《民法典》(物权编)第四百四十条第(六)项。

可以作为应收账款设定质权。

因污水处理厂特许经营权质押担保协议签订于 2005 年，当时《物权法》尚未颁布，应适用《担保法》关于权利质押之规定，即出质人和质权人应通过订立书面合同的方式达成设立质权的意思表示，经由主管部门进行备案登记，对质权进行公示。本案中，出质人福州市政公司已与质权人达成书面协议，对于污水处理特许经营收益权的质押公示问题，由于该质押担保协议签订于 2005 年，在《物权法》施行之前，故不适用《物权法》关于应收账款的统一登记制度。讼争的质权在主管部门登记备案，质权即依法成立并生效。

（3）污水处理厂特许经营收益权质权的实现问题

长乐亚新公司未偿还借款，海峡银行五一支行依法有权行使质权。我国《担保法》和《物权法》均未明确规定权利质权的具体实现方法，仅就质权的实现作一般性的规定，即债务人不履行到期债务或者发生当事人约定的实现质权的情形，质权人可以与出质人协议以质押财产折价，也可以就拍卖、变卖质押财产所得的价款优先受偿。收益权属于将来获得的金钱债权，其可通过直接向第三债务人收取金钱的方式实现质权，故无须采取折价或拍卖、变卖之方式。并且，收益权均附有一定之负担，其经营主体的特定性、经营过程中经营主体所应承担之义务，均非可转让的财产权利，依其性质均非可以折价或拍卖、变卖的对象。本案中长乐市城区污水处理厂特许经营权的经营主体为福州市政公司及其成立的项目公司长乐亚新公司，由于福州市政公司及长乐亚新公司投资建设污水处理厂，其在经营期间对相关不动产、设备享有所有权，其亦雇用人员具体负责污水处理厂的运营管理，故在实现质权时，该收益权依其性质不能采取拍卖、变卖的方式予以处置。因此，海峡银行五一支行请求将《特许经营权质押担保协议》项下的质物予以拍卖、变卖并行使优先受偿权，不予支持。海峡银行五一支行有权根据《特许经营权质押担保协议》第三条第二款约定，直接向长乐市建设局收取污水处理服务费，并对所收取的污水处理服务费行使优先受偿权。

综上，福州市中级人民法院依照《合同法》第六十条第一款、第一百零七条、第二百零七条①，《担保法》第十八条、第七十五条②的规定，判决：（1）长乐亚新公司应于判决生效之日起十日内向海峡银行五一支行偿还借款本金28714764.43元及利息（包括借款期限内的利息、逾期罚息、复利，暂计至2012年8月21日为2142597.6元，此后利息按300030002005001号《单位借款合同》的约定计至借款本息还清之日止）；（2）长乐亚新公司应于判决生效之日起十日内向海峡银行五一支行支付律师代理费123640元；（3）海峡银行五一支行于判决生效之日起有权直接向长乐市建设局收取应由长乐市建设局支付给长乐亚新公司、福州市政公司的污水处理服务费，并对该污水处理服务费就判决第（1）（2）项所确定的债务行使优先受偿权；（4）福州市政公司对判决第（1）（2）项确定的债务承担连带清偿责任；（5）驳回海峡银行五一支行的其他诉讼请求。如果未按判决确定的期限履行给付金钱义务，应当依照《民事诉讼法》第二百五十三条之规定，加倍支付迟延履行期间的债务利息。一审案件受理费196705元、财产保全费5000元，由长乐亚新公司、福州市政公司负担。

一审宣判后，海峡银行五一支行、长乐亚新公司均不服，向福建省高级人民法院提起上诉。福建省高级人民法院二审认为，本案的争议焦点在于：其一，是否应追加长乐市建设局作为本案的当事人；其二，《特许经营权质押担保协议》的效力；其三，海峡银行五一支行是否有权要求拍卖、变卖《特许经营权质押担保协议》项下的质物，并从质物变现所得中优先受偿；其四，长乐亚新公司是否应当负担海峡银行五一支行为本案支出的律师代理费。

---

① 参见《民法典》（合同编）第五百零九条第一款、第五百七十七条、第六百七十六条。
② 参见《民法典》（物权编）第六百八十八条、第四百四十条。

(1) 关于本案是否应追加长乐市建设局作为本案当事人的问题

本院认为，长乐市建设局在本案中仅是污水处理特许经营权的让与人，并非讼争法律关系的一方当事人。长乐亚新公司主张本案纠纷的起因是长乐市建设局拖延支付污水处理费，导致其未能及时偿付贷款本息，这是该公司与长乐市建设局之间的法律关系。长乐亚新公司以此要求追加长乐市建设局参加本案诉讼，缺乏法律依据，本院不予支持。

(2) 关于《特许经营权质押担保协议》的效力问题

本院认为，本案《特许经营权质押担保协议》项下福州市政公司提供的质押权利是长乐市建设局授予该公司的污水处理特许经营权。根据长乐市建设局和福州市政公司签订的《长乐市城区污水处理厂特许建设经营协议》的约定，该污水处理特许经营权包括对污水处理厂进行投资、建设、运营、维护，并获得收益的权利。从《特许经营权质押担保协议》第二条约定来看，海峡银行五一支行质押权的范围不仅涵盖污水处理收益权，还应当包括对污水处理厂所有设施，包括建筑物、设备、工具、车辆以及其他设施，还有特许经营期内可能形成的知识产权的所有权和使用权；但是从长乐市建设局和福州市政公司《长乐市城区污水处理厂特许建设经营协议》中"上述不动产、设施、设备在特许经营权期限内是不得转让的，并且特许经营权期限届满，有关不动产以及权利均要移交给出让方"的约定来看，福州市政公司为长乐亚新公司借款提供质押担保的主要是该特许经营权中的污水处理收益权。因此，本案讼争《特许经营权质押担保协议》项下的质物应该主要指特许经营权中的污水处理收益权。

根据《担保法》的规定，质押权的设定除了质物应符合法律规定，出质人与质权人应当签订书面合同之外，还必须进行必要的公示。一审法院参照公路收费权质押登记的规定，将污水处理项目的主管部门长乐市建设局作为该污水处理收益权的质押登记部门，以长乐市建设局在《特许经营权质押担保协议》上盖章，同意为海峡银行五一支行和福州市政公司办理质押权利出质登记手续，有关利害关系人可通过长乐市建设局查询了解讼争污水处理厂有关权利质押情况为由，认定该污水处理收益权的质押已具备公示之要件，质押权利成立并生效，并无不当，本院予以维持。

（3）关于海峡银行五一支行是否有权要求拍卖、变卖《特许经营权质押担保协议》项下的质物，并从质物变现所得中优先受偿的问题

本院认为，本案中长乐亚新公司未能依约偿还贷款本息，构成违约，海峡银行五一支行有权按照合同约定要求长乐亚新公司立即偿还所有借款本金和利息，并依法行使质权。本案中，出质人福州市政公司与质权人海峡银行五一支行约定的质权实现方式是，福州市政公司承诺将长乐市建设局支付给该公司的污水处理服务费优先用于清偿借款合同项下长乐亚新公司的债务。鉴于目前长乐亚新公司负责的污水处理项目已经能够正常运作，福州市政公司每月获得的污水处理费收益稳定，海峡银行五一支行的债权完全可以通过从福州市政公司每月取得的污水处理费中优先受偿的方式保证其实现，因此，本院对海峡银行五一支行要求将《特许经营权质押担保协议》项下质物拍卖，并从质物变现所得价款中优先受偿的主张不予支持。

（4）关于长乐亚新公司是否应当负担海峡银行五一支行为本案支出的律师代理费的问题

本院认为，本案中长乐亚新公司未按合同约定偿付贷款本息，构成违约。海峡银行五一支行为提起本案诉讼支出律师代理费123640元，并未超过律师收费标准。长乐亚新公司关于该笔律师费不是法定或合同约定的实现债权的费用，属不必要、不合理的高额费用，应由海峡银行五一支行自行承担的主张，缺乏事实和法律依据，本院不予支持。

综上所述，本院认为原审认定事实清楚，适用法律正确，程序合法，应予维持。海峡银行五一支行、长乐亚新公司的上诉理由均不能成立，其请求不予支持。依照《民事诉讼法》第一百七十条第一款第（一）项规定，判决如下：驳回上诉，维持原判。

【争议焦点】

本案的争议焦点在于：其一，是否应追加长乐市建设局作为本案的当

事人；其二，《特许经营权质押担保协议》的效力；其三，海峡银行五一支行是否有权要求拍卖、变卖《特许经营权质押担保协议》项下的质物，并从质物变现所得中优先受偿；其四，长乐亚新公司是否应当负担海峡银行五一支行为本案支出的律师代理费。

【法理评析】

特许经营权之收益权质权相关问题

（一）特许经营权之收益权质权的概述

1. 特许经营权之收益权质权的概念

质权是指债权人因担保其债权而占有债务人或第三人提供的财产，在债务人不履行债务时，可以就其占有的动产或者权利变价获得的价金优先于其他债权人受偿的一种担保物权。特许经营权之收益权质权是质权的无名类型之一，是指依法以可让与的特许经营权之收益权为标的而设定的质权，设定质权的行为为质押。在特许经营权之收益权质押法律关系中，提供收益权质押的人为质押人；占有质押收益权之财产权利的人为质押权人，也被称作质权人。

2. 特许经营权之收益权质权的客体

质权的客体是指质押法律关系当事人权利义务所指向的对象。质权因标的的不同可以分为动产质权与权利质权。动产质权，谓债权人对于债务人或第三人移转占有而供其债权担保之动产，得就该动产卖得价金优先受偿之权。权利质权，谓以可让与之债权或其他权利为标的物之质权。依照《民法典》第四百四十条的规定，权利质权又可以分为一般债权质权、证券债权质权、基金份额质权、股权质权、知识产权质权与应收账款质权等。

特许经营权之收益权质权的客体，顾名思义应是可依法让与的特许经营权的收益权。所谓特许经营权是指依法被有权机构赋权的个人或者法人可在授权的范围内独占、排他地实施特殊经营活动的权利。因此从权利产生的角度来看，特许经营权具有法定性；从权利的内容来看，特许经营权涵盖了为达致授权目的而开展诸多活动之权利，故其应为一种集合性权利。从法定机关赋权的角度来看，特许经营权本身作为整体性权利不应成为质权之客体，只有依法可让与的特许经营权之收益权才能成为适格的质押权客体。所谓可依法让与，是指该特许经营权之收益权非为依权利性质不得让与、依当事人特约不得让与以及依法禁止让与。恰如本案福州市政公司所享有之污水处理特许经营权，依照其性质虽不可转让他人，但经授权机关长乐市建设局批准，污水处理项目之收益权可以作为融资抵押或担保的对象，因此本案质权客体应为特许经营权之收益权。

（二）我国特许经营权之收益权质权解析

1. 特许经营权之收益权质权的性质

依照物权法定原则，物权的种类与内容由法律规定，不允许随意创设物权类型。因特许经营权之收益权质权并非有名的权利质权类型，为了正确认识和处理特许经营权之收益权质押法律纠纷，有必要对其作进一步分析，以便于法律的正确适用。

从权利性质来看，特许经营权之收益权应为可期待之未来债权，故特许经营权之收益权质权应为债权质押从而归入权利质权的调整场域。从特许经营权之收益权的内容来看，其并非确定产生之现实债权，而是基于既有特许经营合同将在未来一定期间内连续产生的集合债权。依照中国人民银行《应收账款质押登记办法》第四条的规定，特许经营权之收益权应属于应收账款。故特许经营权收益权之质权应视为《民法典》第四百四十条第（六）项规定的应收账款质权。

2. 特许经营权之收益权质权的设定

特许经营权之收益权质权的设定为创设物权的行为，应符合一定的要件。与抵押权的设定方式不同，质权的设定应以移转占有为必要的成立条件。《物权法》自2007年10月1日起施行，故自《物权法》生效后出质的，应依照《物权法》第二百二十八条第一款①的规定，即以应收账款出质的，质权人与出质人应当订立书面质押合同，合同自当事人签字盖章之时成立并生效，质权则自权人向中国人民银行征信中心办理出质登记时设立。但在《物权法》施行前，对于应收账款设定质权，并未有统一的登记公示的规定，以本案特许经营权之收益权质权的设定为例，可以参照当时公路收费权质押登记的规定，经由其主管部门长乐市建设局进行备案登记，质权即依法成立并生效。因此，本案讼争的权利质押已具备公示之要件，长乐市城区污水处理厂特许经营收益权的权利质权已成立并生效。

3. 特许经营权之收益权质权的效力

特许经营权之收益权质权一经设立，质押人就丧失了对收益权的占有，成为应收账款的"虚有权利人"，质押人不再享有对应收账款的受领权，不得接受债务人的清偿；未经质权人的同意不得转让应收账款，也不得以应收账款再出质。

质权人作为应收账款的实际权利人，有权受领债务人的清偿，有权收取应收账款产生的法定孳息。以未来应收账款出质的，质权人有权派人收取随时产生的收益，也可以委托出质人收取并交付给质权人。

(三) 特许经营权之收益权质权的实现

1. 特许经营权之收益权质权行使的条件

当债权已届清偿期而未受清偿或者发生当事人约定实现质权的情形时，质权人可以行使，并以出质权利的价值清偿被担保债权。一般来说，特许经营权之收益权质权的行使应满足以下条件：

第一，质权人之质权合法有效存在。这是特许经营权之收益权质权行使的前提，也就说质权人未放弃质权，其质权尚未消灭。质权的设定以质权标的的移转占有为要件，质权人一旦丧失了对质押权利的支配，其质权不复存在。同时，质权人之质权应处于圆满状态，不能存在瑕疵。在实务中，质权瑕疵一般包括权利不存在、权利消灭或者出质权利本身存在效力

---

① 参见《民法典》（物权编）第四百二十七、第四百四十五、第四百四十六条。

瑕疵，其中尤以权利自始不存在和权利事后被出资人恶意消灭为甚。

第二，债务人怠于履行义务或者发生当事人约定的实现质权的情形。这是特许经营权之收益权质权行使的实质要件。当事人设定质权这种法定担保形式的目的就是为了保障债务人履行义务，因此债务人怠于履行义务就成为质权人行使质权实现债权的主要原因。在不违背法律的强制性规定的前提下，比如不得约定流质契约条款，当事人可以事先约定实现质权的情形。

第三，特许经营权之收益权质权的行使需要通知第三人的，质权人实施了通知行为。应收账款出质登记后符合物权公示的要求，产生对抗第三人的效力；但对应收账款的特定债务人并不当然发生效力，需要质权人以通知方式告知，否则债务人有权拒绝向质权人履行义务；债务人收到应收账款出质通知后仍向出质人履行义务的，对质权人不产生效力。

2. 特许经营权之收益权质权范围的确定

依照物权法的规定，特许经营权之收益权质权所担保的范围包括主债权及其利息、违约金、损害赔偿金、保管担保财产和实现担保物权的费用。因此，特许经营权之收益权质权范围的准确确定是覆盖上述费用的前提。一般而言，权利质权范围的确定以质押财产变现价值为限，但是特许经营权之应收账款收益权质权是对以未来债权为客体，因而其范围的确定具有特殊性。以案例中特许经营权之收益权质权为例，其范围大致包含三个方面：第一，质权人向第三人发出通知时，第三人尚未支付的到期债权，因此对于在通知到达前第三人已经支付的费用，质权人不享有优先受偿权；第二，质权人占有质权标的期间收取的孳息；第三，通知发出后，第三人将来应支付的尚未超过质权担保范围的未来债权，时机成熟时质权人可向第三人请求。

3. 特许经营权之收益权质权行使的方式

债权质权的类型多样，因此各种具体权利质权的行使方式并不相同。《民法典》对应收账款质权的行使方式未加以规定，仅就质权的实现作一般性的规定，即第四百三十六条第二款规定："债务人不履行到期债务或者发生当事人约定的实现质权的情形，质权人可以与出质人协议以质押财产折价，也可以就拍卖、变卖质押财产所得的价款优先受偿。"根据上述规定，质权人在行使质权时，可通过协商将质押财产折价或拍卖、变卖质押财产方式取得相应价款的优先受偿权。由于可质押的财产（包括动产和权利）通常并非直接体现为金钱价款，需通过转让的方式才可获得对价款，故我国法律规定了变价受偿的质权实现的一般方法。

因特许经营权实为一种综合性集体权利，特许经营权之收益权以经营主体特殊经营义务的履行为对价，是附有一定负担的非直接可转让之财产权利，故依其性质不能适用一般质权折价、拍卖或者变卖的行使方式。以本案污水收益权质权为例，应从特许经营权之收益权属于未来的金钱债权出发，依照当事人之间事先约定的方式，允许质权人通过直接向第三债务人收取金钱的方式实现质权。

【法条指引】

《中华人民共和国民法典》

第四百二十五条 为担保债务的履行，债务人或者第三人将其动产出质给债权人占有的，债务人不履行到期债务或者发生当事人约定的实现质权的情形，债权人有权就该动产优先受偿。

前款规定的债务人或者第三人为出质人，债权人为质权人，交付的动产为质押财产。

第四百四十条 债务人或者第三人有权处分的下列权利可以出质：

（一）汇票、本票、支票；

（二）债券、存款单；

（三）仓单、提单；

（四）可以转让的基金份额、股权；

（五）可以转让的注册商标专用权、专利权、著作权等知识产权中的财产权；

（六）现有的以及将有的应收账款；

（七）法律、行政法规规定可以出质的其他财产权利。

第四百四十五条　以应收账款出质的，质权自办理出质登记时设立。

应收账款出质后，不得转让，但是出质人与质权人协商同意的除外。出质人转让应收账款所得的价款，应当向质权人提前清偿债务或者提存。

第五百零九条第一款　当事人应当按照约定全面履行自己的义务。

第五百七十七条　当事人一方不履行合同义务或者履行合同义务不符合约定的，应当承担继续履行、采取补救措施或者赔偿损失等违约责任。

《最高人民法院关于适用〈中华人民共和国担保法〉若干问题的解释》

第九十七条　以公路桥梁、公路隧道或者公路渡口等不动产收益权出质的，按照担保法第七十五条第（四）项的规定处理。

《应收账款质押登记办法》[①]

第二条　本办法所称应收账款是指权利人因提供一定的货物、服务或设施而获得的要求义务人付款的权利以及依法享有的其他付款请求权，包括现有的和未来的金钱债权，但不包括因票据或其他有价证券而产生的付款请求权，以及法律、行政法规禁止转让的付款请求权。

本办法所称的应收账款包括下列权利：

（一）销售、出租产生的债权，包括销售货物，供应水、电、气、暖，知识产权的许可使用，出租动产或不动产等；

（二）提供医疗、教育、旅游等服务或劳务产生的债权；

[①] 2007年9月30日颁布的《应收账款质押登记办法》第四条规定："本办法所称的应收账款是指权利人因提供一定的货物、服务或设施而获得的要求义务人付款的权利，包括现有的和未来的金钱债权及其产生的收益，但不包括因票据或其他有价证券而产生的付款请求权。本办法所称的应收账款包括下列权利：（一）销售产生的债权，包括销售货物，供应水、电、气、暖，知识产权的许可使用等；（二）出租产生的债权，包括出租动产或不动产；（三）提供服务产生的债权；（四）公路、桥梁、隧道、渡口等不动产收费权；（五）提供贷款或其他信用产生的债权。"中国人民银行分别于2017年10月25日、2019年11月22日对该办法进行了修订。

（三）能源、交通运输、水利、环境保护、市政工程等基础设施和公用事业项目收益权；

（四）提供贷款或其他信用活动产生的债权；

（五）其他以合同为基础的具有金钱给付内容的债权。

第四节　抵押权与主债权

王军诉李睿抵押合同纠纷案

【要点提示】

抵押权未能在主债权诉讼时效期间行使的，抵押人可以援引债务人享有的时效抗辩，抵押权人之抵押权归于消灭。对于债权人而言，抵押权消灭并非等同于主债权的消灭，只是意味着胜诉权的丧失。抵押权消灭后，抵押人有权要求解除抵押物上之抵押登记，原抵押权人应予以配合，人民法院应予支持。

【案例索引】

一审：北京市通州区人民法院（2015）通民（商）初字第23906号。

二审：北京市第三中级人民法院（2016）京03民终8680号。

【基本案情】

原告：王军。

被告：李睿。

原告王军因与被告李睿发生抵押合同纠纷，向北京市通州区人民法院提起诉讼。

2009年8月11日，王军（甲方）与李睿（乙方）签订协议书，约定："一、甲方从乙方处借款伍拾万元，期限自2009年8月11日至2009年9月10日。期满一次性偿还全部借款。二、若借款期限届满甲方未能偿还全部债务，自期满之日起至甲方实际偿还乙方全部债务之日止按日向乙方支付借款额的3‰作为逾期还款的利息。三、为保证乙方的权益，甲方将位于北京市通州区A房屋抵押于乙方处。同时，甲方将该房屋产权证、购房合同、购房发票、房主身份证等证件交乙方保存。四、若借款期限届满甲方未能偿还全部债务，甲方除应当向乙方支付本协议第二条所规定的逾期还款利息，还应当协助乙方处分抵押物。处分所得偿还乙方债务，不足部分由甲方负责偿还。因处分抵押物产生的费用，由甲方承担。五、本协议一式二份，甲乙双方分执，具有同等法律效力。有效期自甲乙双方签字之日起至甲方偿还乙方全部债务之日止。未尽事宜，双方协商不成，由北京市通州区人民法院管辖。"王军在甲方处签字确认，李睿在乙方处签字确认。同日，从李睿的银行卡号向另一账户转款49.72万元。王军向李睿出具收条，写明："今收到李睿现金伍拾万元整。"2009年8月12日，王军和李睿在北京市通州区建设委员会办理了关于涉案房屋的抵押登记手续。2009年9月2日，李睿被登记为上述房屋的他项权利人，取得A房屋他项权利证书，其上记载房屋所有权人为王军，债权数额为50万元。

庭审中，被告李睿指出案外人兰广清于2009年8月找到他，称原告王军以其名下两套房产为抵押向案外人姜苏借款50万元，现还款期限将至，王军无还款能力，愿以名下房产抵押担保从李睿处借款还债。李睿对此表示同意，称将49.72万元转入到王军指定的账户，并支付给王军现金2800元。转款后在房产管理部门，王军和李睿签订上述协议书，王军向李睿出具收条。王军将所借款项偿还案外人姜苏后，双方申请注销抵押登记，随后王军和李睿就涉案房屋办理了抵押登记手续。2009年9月2日，李睿被登记为上述房屋的他项权利人，取得房屋他项权利证。借款后，都是兰广清向李睿还款。李睿提出一直到2014年9月，李睿无法联系兰广清，就直接找到王军要求他还款，王军当时同意还款。2015年6月，李睿找到王军协商还款，王军带李睿一同找到李连霞，李连霞同意向李睿还款 20 万元，解除抵押登记。2015 年 8 月 3 日，王军向李睿偿还借款 7000 元。

原告王军对被告李睿陈述的借款经过不予认可，他表示李连霞是其学生，兰广清是李连霞的朋友。当时李连霞和兰广清一起找到王军，兰广清表示因在台湖建大棚需要向担保公司借款，但因兰广清名下没有大产权的房屋作抵押，想借用王军的房本作抵押。兰广清向姜苏借款并办理抵押登记，其后兰广清因没有钱还姜苏需要再借款，所以就向王军称再从李睿处借款，办理房屋抵押手续。当时兰广清和王军说借款与王军没有任何关系，借款无须由王军偿还，仅是需要王军提供房本。借款后，李睿一直都没有找过王军。一直到 2015 年 4 月左右，李睿找到王军要兰广清的联系方式，并没有向王军催要还款。直到 2015 年 9 月，李睿要求王军偿还借款，王军明确表示此借款与他无关，不同意还款。王军表示自己从未向李睿还款 7000 元。

经法庭询问，被告李睿表示他与兰广清之间另外存在其他借款事实，兰广清都是通过转账的方式向李睿转款，但兰广清并未向李睿明确表示还款系针对原告王军的借款，所以李睿也无法说清楚兰广清的还款是否针对王军的借款。

另查，北京市通州区 A 房屋的房屋所有权人为原告王军。2009 年 5 月 14 日，王军与案外人姜苏签订抵押合同，王军将上述房屋抵押给姜苏。并于 2009 年 5 月 27 日办理抵押登记手续，共贷款 35 万元整。2009 年 8 月 11 日，王军与姜苏向北京市通州区建设委员会提交解除抵押登记协议，表示 35 万元贷款于 2009 年 8 月 11 日全部还清，要求注销该笔抵押登记手续。当日，北京市通州区建设委员会注销该抵押登记。

上述事实，有协议书、收条、房产证、北京市通州区不动产登记事务中心出具的查询结果、房屋他项权利证、房屋产权登记档案材料、银行交易明细和当事人陈述意见在卷佐证。

【法院审判】

北京市通州区人民法院经审理认为,当事人对自己提出的诉讼请求所依据的事实或者反驳对方诉讼请求所依据的事实有责任提供证据加以证明。没有证据或者证据不足以证明当事人的事实主张的,由负有举证责任的当事人承担不利后果。本案中,原告王军与被告李睿签订借款协议书和房产抵押担保合同书,王军向李睿出具收条,系双方当事人的真实意思表示,王军作为借款人应当按照约定偿还借款。借款协议中约定借款的还款期限为2009年9月10日,故李睿请求保护民事权利的诉讼时效期间应为2009年9月11日至2011年9月10日。李睿作为抵押权人应当在主债权的诉讼时效期间内行使抵押权。

庭审中,被告李睿称借款后,都是兰广清通过转账方式向李睿偿还借款,但是由于李睿与兰广清之间另外存在其他借款事实,兰广清在还款时并未明确说明是否是针对原告王军所借款项的还款。现李睿无法提供证据证明兰广清还款时明确作出替王军还款的意思表示,由此产生的不利后果应由李睿自行承担。故李睿陈述的兰广清的还款情况不能作为债权诉讼时效中断的事由。综合双方提供的证据,李睿未提交相关证据证明其在上述期间内向王军主张权利,亦未提交证据证明王军向李睿偿还借款。故上述债权已超过诉讼时效。因李睿作为抵押权人未在主债权诉讼时效期间内行使抵押权,故抵押权已消灭。现王军要求李睿办理解除他名下的位于通州区A房屋的抵押登记手续的诉讼请求,法院予以支持。因王军与李睿签订借款协议书和房产抵押担保合同书,即便是出现借款人与实际用款人不一致的情况,也不影响借款合同的相对性和有效性。故收款的户名是否为王军不影响本案的认定,关于王军称自己并非实际借款人的意见,法院不予采信。李睿辩称自借款后自己一直向王军主张还款。2015年8月3日,王军向被告李睿偿还借款7000元,因李睿未提交相关证据予以证明,故对上述答辩意见,法院不予采信。

综上,北京市通州区人民法院依照《民法通则》第一百三十五条①、《物权法》第二百零二条②、《民事诉讼法》第六十四条第一款之规定,于2016年6月13日判决如下:原告王军与被告李睿于本判决生效之日起七日内,办理解除原告王军名下的位于通州区A房屋的抵押登记手续。

李睿不服一审判决,向北京市第三中级人民法院提起上诉称:被上诉人王军与上诉人李睿之间的抵押借款合同真实存在且王军并没有还清欠款,上诉人不同意解除房屋的抵押,在诉讼时效期间上诉人多次进行催要,王军曾归还了7000元,所以不存在超过诉讼时效的问题。综上,请求二审法院撤销原判,改判驳回王军的诉讼请求。

被上诉人王军答辩称:借款是兰广清借上诉人李睿的钱,被上诉人只是担保人,用其房本来抵押,被上诉人没有向李睿借款,还款应当是兰广清还款,而且即使李睿向其主张债权,也已经超过了诉讼时效,李睿也没有证据证明被上诉人还过钱,导致诉讼时效中断。综上,请求维持一审法院判决。

北京市第三中级人民法院二审认为,本案的争议焦点集中在三个方面。其一,被上诉人王军与上诉人李睿之间是否存在借贷法律关系;其二,如借贷法律关系成立,李睿享有的该主债权是否已经超过诉讼时效;其三,如主债权已过诉讼时效,则为担保主债权而设定的抵押权是否消灭,即对于抵押人王军主张解除抵押登记的请求应否支持。

关于争议焦点一,法院认为被上诉人王军与上诉人李睿之间的借贷法律关系成立。理由阐述如下:首先,2009年8月11日涉及借款内容的协议书显示其签订主体为王军和李睿,同日,王军向李睿出具50万元的收条,其内容亦显示收款方为王军;其次,2009年8月12日,王军以上述借款协议书为基础,用其房屋向相关部门申请办理了抵押权登记,将抵押权人明确为上述款项的出借人李睿;最后,出借人李睿于庭审中明确借款

---

① 参见《民法典》(总则编)第一百八十八条。
② 参见《民法典》(物权编)第四百一十九条。

人为王军,王军虽称本案涉及款项非其所借,而只是以房屋作担保为案外人兰广清借用,然王军对此并未提供反证且于法院庭审中又明确表示认可一审法院确定的法律关系。故综合法律关系的表现形式和当事人的自认,应当认定借贷法律关系发生在王军和李睿之间。

关于争议焦点二,在借贷法律关系成立的前提下,法院认为上诉人李睿的债权已经超过诉讼时效,理由阐述如下:首先,依照双方签订的协议书,被上诉人王军应当在2009年9月11日偿还借款,如王军未按时还款,则李睿的债权已自该日起遭受侵害,依照《民法通则》第一百三十七条①的规定,李睿应当在2011年9月10日之前向王军主张债权,否则人民法院不予保护。其次,李睿自认其并未在2014年之前直接找到王军催要借款,并将其理由解释为2014年之前通过与王军电话沟通,由案外人兰广清替王军还款,然李睿又表示除了涉诉借款之外,其与兰广清之间尚存在其他债权债务关系,对于兰广清所偿还钱款对应何笔债务李睿表示并不清楚。暂且搁置兰广清还款的性质不论,对于电话沟通事宜及兰广清是否曾向其还款一节李睿也未提交任何证据佐证。最后,李睿辩称王军曾于2015年8月向其偿还过7000元,对此李睿仅提交了一份录音证据,然而王军否认,且录音内容缺乏明确指向的前提下,法院亦难以据此认定诉讼时效存在阻却理由。故综合上述分析,应当认定李睿在诉讼时效届满即2011年9月10日之前并未向王军积极主张债权,且不存在其他阻却诉讼时效计算的理由,故李睿已丧失就上述债权请求法院保护的权利。

关于争议焦点三,在主债权已过诉讼时效的前提下,法院认为上诉人李睿的抵押权已消灭,抵押人王军主张解除抵押登记的请求应予支持。然需特别指出的是,由于该争议焦点的本质涉及对《物权法》第二百零二条②的理解,且与当事人的诉求和抗辩直接相关,故法院以法理为基,以规范为据,对于作出如上认定的理由阐释如下:

---

① 参见《民法典》(总则编)第一百八十八条第二款。
② 参见《民法典》(物权编)第四百一十九条。

《物权法》第二百零二条规定："抵押权人应当在主债权诉讼时效期间行使抵押权；未行使的，人民法院不予保护。"该条款中"不予保护"含义明确依赖于对诉讼时效和抵押权性质的分析。

首先，就诉讼时效而言，其以请求权人怠于行使权利持续至法定期间的状态为规制对象，目的在于让罹于诉讼时效的请求权人承受不利益，以起到促其及时行使权利之作用。依民法理论通说，其适用范围限于债权请求权。而就抵押权而言，其属于支配权，并非请求权的范围，更非债权请求权的范围，如将抵押权纳入诉讼时效的规制范围，无疑有违民法原理。

其次，就抵押权而言，其目的在于担保债务的履行，以确保抵押权人对抵押物的价值享有优先受偿的权利。为实现上述目的，抵押权对物之本身必将产生权能上的限制，对物的使用和转让均会发生影响。故，若对抵押权人行使抵押权的期限不进行限制，将使抵押财产的归属长期处于不稳定状态，不仅不利于保护当事人的合法权益，亦不利于物之使用和流通效能的发挥。此外，如果允许抵押权人在任何时候均可行使抵押权，则意味着在主债权经过诉讼时效且债务人因此取得抗辩权之后，债权人依然可从抵押人处获得利益，进而将抵押人和债务人之间的追偿和抗辩置于困境。换言之，也意味着抵押人将长期处于一种不利益的状态，其义务也具有不确定性，若如此，对于抵押人来说未免过于苛刻亦有失公允。

最后，从权利分类角度分析，在数项权利并存时，依据权利的相互依赖关系，有主权利与从权利之分。凡可以独立存在、不依赖于其他权利者，为主权利；必须依附于其他权利、不能独立存在的则为从权利。举例而言，在债权与为担保债履行的抵押权并存时，债权是主权利，抵押权为从权利。在主权利已经丧失国家强制力保护的状态下，抵押物上所负担的抵押权也应消灭，方能更好地发挥物的效用，亦符合物权法之担保物权体系的内在逻辑。故《物权法》第二百零二条规定抵押权行使期间的重要目的之一当在于促使抵押权人积极地行使抵押权，迅速了结债权债务关系，维系社会经济秩序的稳定。综合上述分析，应当认定在法律已设定行使期限后，抵押权人仍长期怠于行使权利时，法律对之也无特别加以保护的必要，应使抵押权消灭。具体到本案中，因上诉人李睿在主债权诉讼时效期间并未向被上诉人王军主张行使抵押权，故对李睿的抵押权，人民法院不予保护，该抵押权消灭，王军请求解除抵押登记的请求应予支持。

综上，北京市第三中级人民法院依照《民事诉讼法》第一百七十条第一款第（一）项之规定，于 2016 年 10 月 25 日判决如下：驳回上诉，维持原判。

【争议焦点】

本案的争议焦点集中在三个方面。其一，原告王军与被告李睿之间是否存在借贷法律关系；其二，如借贷法律关系成立，李睿享有的该主债权是否已经超过诉讼时效；其三，如主债权已过诉讼时效，则为担保主债权而设定的抵押权是否消灭，即对于抵押人王军主张解除抵押登记的请求应否支持。

【法理评析】

抵押权与主债权的关系及诉讼时效问题

（一）主债权与抵押权之间的关系

1. 主债权决定抵押权

依照民法理论，根据权利之间相互关系可以将民事权利分为主权利与从权利。主权利是指在相互关联的几项民事权利中，不依赖于其他权利即可独立存在的权利，比如本案例中的 50 万元债权。从权利是指在相互关联的几项民事权利中不能独立存在而从属于主权利的权利，比如本案例中设定于王军房屋所有权之上的抵押权。故主从权利概念是一对对象性概念范畴，主权利是从权利产生的前提与基础，从权利依附主权利而存在，案例中主债权与抵押权之间的关系就是主从权利关系之典型。依据法律规定，主债权决定抵押权，抵押权依附于主债权，这种依附关系具体体现为以下方面：

第一，抵押权的产生依附于主债权。抵押权之成立，原则上以债权之成立为前提，此之谓成立上之附属性。合法有效的债权是抵押权产生的前提与基础。故债权存在瑕疵或者被撤销的，抵押权不成立。

第二，抵押权担保范围受主债权范围的约束。抵押权所担保的范围应以主债权的范围为限，否则将明显背离抵押权设定之功能。但在司法实践中，严格恪守主债权范围作为抵押权担保范围之上限，不仅不利于债权之实现，也容易增加司法执行之不必要之烦琐，为此法律以主债权范围为基准，适当扩张了抵押权的担保范围，将主债权派生之孳息及实现抵押权之费用纳入了担保范围。因此抵押权担保范围包括主债权及利息、违约金、损害赔偿金和实现抵押权的费用，仍尚未明显超越主债权之范围。

第三，主债权发生移转，抵押权随之移转。主债权一经发生移转，若无事先特殊约定，抵押权随之移转，此之谓处分上之特殊性。抵押权作为从权利，《民法典》第四百零七条规定抵押权不得与债权分离而单独转让或者作为其他债权的担保。债权转让的，担保该债权的抵押权一并转让，但法律另有规定或者当事人另有约定的除外。从上述法律规定可以看出，抵押权不得脱离主债权单独移转；主债权发生移转的，抵押权一并移转。

第四，主债权消灭时抵押权随之消灭。主债权不仅决定抵押权之产生，亦决定抵押权之消灭。抵押权原则上因债权的消灭而消灭，此之谓消灭上之附属性。

2. 抵押权担保主债权实现

抵押权是指抵押人不移转抵押物之占有，得为继续对标的物使用收益，仅以其交换价值作担保，于债务人不履行债务时，债权人得就其物之变价优先受偿。抵押权这种担保形式，不仅可以继续发挥抵押物之经济效用，保有抵押物之占有、使用及收益，同时增强债务人之履约能力，一举多得实为最合理之担保形式。从上述概念可以看出，抵押权以确保债务清偿履行，债权人债权实现为目的；以抵押物之变价或归属而终局地确保债权之受偿为制度依托。具体来说就是抵押权之不可分性与物上代位性。

第一，抵押权之不可分性。抵押权所担保之债权的债权人得就抵押物全部行使其权利。对于债权人而言，即使抵押物发生分割或部分让与他人，其抵押权不受影响；抵押物发生部分灭失的，其仍得就标的物剩余部分担保债权之全部。对于抵押人而言，所担保的债权发生分割或部分让与他人的，其负担的担保义务不因此受影响，仍应以抵押物担保债权人债权之实现。

第二，抵押权之物上代位性。抵押权作为法定担保形式，必然具备担保物权的基本特性。抵押人以抵押物之交换价值作为债务人履行之担保，依照担保物权之物上代位性之特征，当标的物发生毁损、灭失或者被征收时，债权人之抵押权并不因此消灭，仍可就抵押物之保险金、补偿金、赔偿金主张优先受偿，此之谓抵押权之物上代位性。

3. 抵押权具有相对独立性

通过上述的论述，发现抵押权作为从权利依附于主债权，当事人设立抵押权的主要目的是为了担保主债权实现，同时又发现两者之间并非单向的决定关系，抵押权作为一项权利本身还负有其自身独特的制度价值，具有一定的相对独立性。这种独立性主要体现为以下三个方面：

第一，抵押权的设定具有独立性。虽然抵押权的产生依附于主债权，但是并非只要有债权就必有抵押权，即抵押权并非因主债权而自动、当然产生。作为一项权利，抵押权需要当事人订立抵押合同，同时合同应合法有效，其中对于不动产抵押权设定还应履行必要的登记手续，上述程序缺一不可。

第二，抵押权具有独立的担保期间。抵押权以担保主债权实现为目的，故在担保期间抵押人不得实施危害债权人抵押权实现之行为，即抵押人对标的物之利用、处分受到债权人抵押权的限制，当然这种限制不能是无期限的，必要受到一定的约束。为此法律规定了担保期间以限制抵押人权利和督促抵押权人积极行使权利之间的平衡。因此，在担保期间抵押权人有权限制抵押人对抵押物作出不当行为，同时其还应积极行使权利，否则担保期间经过将遭受权利消灭的不利后果。原则上抵押权的担保期间为主债务的诉讼时效期间，因此《民法典》第四百一十九条规定："抵押权人应当在主债权诉讼时效期间行使抵押权；未行使的，人民法院不予保护。"

第三，抵押权实现是主债权消灭的原因之一。主债务履行期间届满，债务人未履行给付义务的或者发生当事人约定的实现抵押权情形的，抵押权人可以与抵押人协议以抵押财产折价或者以拍卖、变卖该抵押财产所得的价款优先受偿，抵押权人与抵押人未就抵押权实现方式达成协议的，抵押权人可以请求人民法院拍卖、变卖抵押财产。

（二）诉讼期间经过的主债权之性质界定

1. 诉讼时效适用对象

所谓时效是指，在特定要件下，因时间的经过而产生取得或丧失权利的事由的一种制度，也可以说是立法上预设的因一定期间或事实状态的继续，获得权利或丧失权利的途径。时效以经过一定期间、某种事实状态持续为要件，是一定权利取得或者丧失的方法，前者即取得时效，后者则是消灭时效。

时效适用对象也被称为时效适用客体，因时效制度种类不同其适用客体也不尽相同。对于时效，我国民法仅规定了与域外大陆法系消灭时效相近的诉讼时效制度。因此，我们将重点论述消灭时效的适用对象。对于何种权利得为消灭时效之客体，世界各国民事立法并不一致：有规定为债权者，例如瑞士债务法；有规定为债权及其他非所有权之财产权者，例如日本民法；有一般规定为诉权者，例如法国民法、俄国民法；亦有规定为请求者，例如德国民法。

对于诉讼时效制度适用对象，我国《民法典》未加以明确规定，最高人民法院出台的《最高人民法院关于审理民事案件适用诉讼时效制度若干问题的规定》的司法解释，规定当事人可以就债权请求权主张诉讼时效抗辩，由此可以看出我国司法实践认为诉讼时效制度适用对象并非涵盖所有请求权类型，即诉讼时效制度并非涵盖债权请求权、物权请求权以及亲属请求权等请求权之全部类型，只适用于一般债权请求权。

2. 诉讼时效经过的法律后果

正如前文述及各国时效立法不同，对于消灭时效完成后效力如何，各国立法也不一致：有采权利消灭主义者，如日本民法；有采诉权消灭主义者，如法国民法、俄国民法；有采附条件之请求权消灭主义者，如德国民法等。

从我国通说的"诉讼时效制度是指民事权利受到侵害的权利人在法定的时效期间内不行使权利，当时效期间届满时，债务人获得诉讼时效抗辩权"的概念[①]出发，同时参照《最高人民法院关于审理民事案件适用诉讼时效制度若干问题的规定》的有关规定，我们认为我国诉讼时效经过将产生特有的"胜诉权丧失"的法律后果。下面我们通过与域外消灭时效期间届满后的法律后果对比，来进一步认识我国诉讼时效经过之"胜诉权丧失"的法律后果：第一，与权利消灭主义、附条件之请求权消灭主义者相比，我国诉讼时效经过并不导致请求权的绝对消灭，权利人之债权依旧存在；第二，与诉权消灭主义者相比，我国诉讼时效经过权利人仍保有向人民法院起诉之诉权，其依旧保有诉权；第三，诉讼时效经过债务人取得了时效抗辩，得以对抗债权人之请求权，即只要义务人主动提出来时效抗辩，债权人之请求权就得不到人民法院的支持，此之谓"胜诉权丧失"。

3. 诉讼时效期间经过的主债权

债权是指权利人得请求相对人为一定行为或者不为一定行为之权利。因而从性质上看，债权属于请求权。债权人并非是对债务人之身体或者行为之支配，其利益之实现依赖于债务人之给付义务的积极履行；当债务人急于履行给付义务时，债权人得诉请法院予以法律保障。因而从债权实现机制来看，债权通常兼具诉请履行力（此之谓请求力）、强制执行力（此之谓执行力）、私力实现力、处分权能以及保持力。诸项权能具备是债权人债权得以实现的法律根据。

从诉讼时效经过后债务人获得时效抗辩的角度来看，此时债权人之债权已经发生减损，其债权强制执行力功能发生弱化，倘若债务人在法庭提

---

① 参见梁慧星：《民法总论》（第 5 版），法律出版社 2017 年版，第 248—253 页。

出时效抗辩,债权人之债权难以获得法庭作出胜诉判决支持,其诉请国家权力强迫债务人履行债务之愿望落空。但是也应当看到,债权人之债权虽然发生贬损,但是这并不意味着其债权消灭,债权其他诸项权能依然存在。债权人依旧可以向债务人提出履行债务之请求,其诉权依旧存在,仍可以向法院提请诉讼,人民法院不得拒绝受理;庭审中只要债务人未提出时效抗辩,债权人依旧可以请求法院支持诉请;因其保持力继续存在,债务人履行给付义务后不得以经过时效为由主张不当得利等。故诉讼时效经过的主债权,仍是合法有效的债权,只是其强制执行力权能发生减损,其余各项权能依旧存在。

(三)怠于行使的抵押权之效力判定

1. 抵押人得援引债务人之时效抗辩

债权人在主债权履行期间怠于行使权利持续至法定期间,致使主债权诉讼时效经过,主债权强制执行力功能发生减损,债务人因之获得时效抗辩,得以对抗债权人之给付请求权。

抵押人设定抵押权的主要目的是为了保障抵押权人债权实现,因而在债权的实现路径上实非备用措施,仅在债务人怠于履行给付义务或者发生抵押权实现情形时,债权人可就抵押物之价值在担保范围内享有优先受偿权。诉讼时效之适用对象仅限债权请求权,本不包括物权请求权,故抵押人并不能基于诉讼时效经过直接主张时效抗辩。但在借款合同与抵押合同两个法律关系中,债权人与债务人之间的权利义务关系属于主法律关系,抵押人与抵押权人之间的权利义务关系属于从法律关系;前者决定后者,后者反作用于前者。

若法律一方面允许作为权利义务最终承担者之债务人得以时效经过对抗债权人之债权请求权,反之又以物权不适用于时效抗辩导致抵押人罹于债权人之抵押权而承担担保责任;同时若是通过直接赋予抵押人以时效抗辩又与我国诉讼时效客体范围相抵触,实难实现民法内部规则体系的和谐自洽。此时,只有允许抵押人援引债务人之时效抗辩对抗债权人,方能实现三者之间的利益平衡和担保制度规则体系的和谐有序。

2. 债权人之抵押权因担保期间经过归于消灭

当事人订立抵押合同,设定抵押权的目的是为了担保债务人积极履行义务,确保债权人债权实现。为了实现这一目的,债权人得以抵押权限制抵押人对标的物的使用及处分,但是这种制约不应无限制,否则将导致抵押财产之最终归属处于不确定状态,这对于抵押人是极为不公平的。

因此,为了实现两者之间的利益衡平,法律规定了担保期间,在此期间抵押人不得实施危害债权人债权实现的行为,同时债权人应在此期间积极行使权利,早日结束这种权利不确定状态。为此《民法典》第四百一十九条规定:"抵押权人应当在主债权诉讼时效期间行使抵押权;未行使的,人民法院不予保护。"鉴于这是因为在主债权诉讼时效期间抵押权人不积极行使抵押权,表明其对抵押权本身乃至主债权之实现并无积极的权利诉求,期间经过后法律对之也无特别加以保护的必要,此时应视为抵押权人放弃抵押权,其享有的抵押权应归于消灭,人民法院不予保护。鉴于物权法定原则的限制,不动产抵押权之解除应履行必备的登记手续,此时抵押人有权请求抵押权人予以协助。

【法条指引】

《中华人民共和国民法典》

第一百八十八条第一款　向人民法院请求保护民事权利的诉讼时效期间为三年。法律另有规定的,依照其规定。

第一百九十二条第一款　诉讼时效期间届满的,义务人可以提出不履行义务的抗辩。

第四百零七条　抵押权不得与债权分离而单独转让或者作为其他债权的担保。债权转让的,担保该债权的抵押权一并转让,但是法律另有规定或者当事人另有约定的除外。

第四百一十条　债务人不履行到期债务或者发生当事人约定的实现抵押权的情形,抵押权人可以与抵押人协议以抵押财产折价或者以拍卖、变卖该抵押财产所得的价款优先受偿。协议损害其他债权人利益的，其他债权人可以请求人民法院撤销该协议。

抵押权人与抵押人未就抵押权实现方式达成协议的，抵押权人可以请求人民法院拍卖、变卖抵押财产。

抵押财产折价或者变卖的，应当参照市场价格。

第四百一十九条　抵押权人应当在主债权诉讼时效期间行使抵押权；未行使的，人民法院不予保护。

第三章 合同法

第一节 格式条款的效力

■■■ 丁某诉浙江天猫网络有限公司、深圳市启怡华嘉科技信息有限公司买卖合同纠纷案

【要点提示】

"七天无理由退货"是《中华人民共和国消费者权益保护法》(以下简称《消费者权益保护法》)的规定,其主要作用是保障消费者在网购时的权益。基于此点,"七天无理由退货"也成为一种网络格式条款,本质上是提前确定了一个双方已约定的解除买卖合同的条件。在购买明确标识"七天无理由退货"的商品时,可以通过此约定来与卖家解除买卖合同。

【案例索引】

撤诉:北京市通州区人民法院(2017)京0112民初7397号。
一审:北京市通州区人民法院(2017)京0112民初13458号。
二审:北京市第三中级人民法院(2017)京03民终13616号。

【基本案情】

原告(反诉被告):丁某。

被告（反诉原告）：深圳市启怡华嘉科技信息有限公司（以下简称"华嘉公司"）。

被告（反诉第三人）：浙江天猫网络有限公司（以下简称"天猫公司"）。

2017年2月11日，丁某在天猫商城的"sevenfriday旗舰店"购买了品牌为"sevenfriday"的男士皮带机械手表一块，促销价为9599元，实际花费9599元。丁某于2017年2月14日在该店铺又购买同款手表一块，实际花费9599元。丁某于2017年2月16日收到涉案商品，在2017年2月17日在没有确认收货的情况下，申请了"7天无理由退货"，当天华嘉公司同意了该退货申请。丁某于当日将涉案商品按华嘉公司提供的退货地址寄出。2017年2月20日华嘉公司以"手表表背划痕严重，盒子已经破损，无法二次销售"为理由拒收，并拒绝退还购物款。丁某当日申请天猫公司介入，并提交了手表保护膜未划破的照片作为凭证，天猫公司当日即介入处理。天猫公司要求丁某提交承运方（德邦快递）出具的证明来证明其寄件时涉案商品完好。德邦快递表示没有义务遵守天猫公司的要求来出具证明，丁某也没有权利强制要求其出具证明。最终，天猫公司以涉案商品"已经影响完好"为由，拒绝将购物款支付给华嘉公司。后丁某发现华嘉公司存在价格欺诈，涉案商品在2017年2月11日的成交价"9599元"既是促销价，也是原价。该商品的促销价并不比原价低，所以"促销价9599元"属于虚构的促销价。

华嘉公司辩称，不同意丁某的诉讼请求。(1) 商品不完好，拒绝退货理由应获得支持。原包装并非配件，而是属于最小销售单元的商品本身。本案手表外包装盒为充满设计感的限量版包装盒，确非配件，而是属于商品本身，该盒已坏就是商品本身已坏。手表划痕清晰、生产厂家原包装盒破损缺失、商品本身不完好。涉案手表存在未经授权的维修、改动，依法应视为商品不完好。(2) 价格欺诈之说不能成立，三倍赔偿不应支持。华嘉公司既无欺诈故意，也无价格欺诈行为。购买者绝无陷入价格错误认识的任何可能性。价格错误认识与购买意思表示之间无因果关系。(3) 丁某起诉系行使任意解除权主张退货,并非以价格欺诈行使法定撤销权,不能据此主张惩罚性赔偿。(4)丁某恶意诉讼,应予惩戒,判赔其承担华嘉公司律师费损失。

天猫公司辩称,不同意丁某诉讼请求,丁某与华嘉公司的诉讼与天猫公司无关,不应承担连带责任。

本案审理过程中,华嘉公司提出了反诉请求:丁某赔偿华嘉公司支出的律师费用5000元。事实和理由是:(1)丁某恶意诉讼。(2)华嘉公司无欺诈的行为及故意,其在商品详情页显著位置以显著方式标注画线价格为品牌方市场指导价而非原价。(3)商品详情页的标价及提示文义清晰、准确、无虚构成交价行为。一元差价不会影响购买意愿,涉案手表的购买和退货与价格标示行为无因果关系。(4)限量版手表直接以一次促销活动销售,无虚构原价的可能。

丁某辩称,不同意华嘉公司的反诉请求,华嘉公司的反诉没有事实及法律依据,丁某通过诉讼途径解决纠纷是法律赋予的权利,不属于恶意诉讼。

对于华嘉公司的反诉,天猫公司述称没有意见。

【法院审判】

北京市通州区人民法院经审理认定,丁某从华嘉公司在天猫网站开设的"sevenfriday官方旗舰店"购买商品,双方建立了事实上的买卖合同关系,该买卖合同是双方真实意思表示,且不违反法律法规强制性规定,应为合法有效。华嘉公司提交的涉案商品发货前后照片对比,涉案商品发货前完好无损,背面无划痕,而退回商品背面有明显划痕,外包装破损。因丁某不能提供证据证明手表划痕、包装破损并非其持有期间所致,故应当承担举证不能的不利后果,涉案商品已经不符合退货条件,不适用"七天无理由退货"。本案中华嘉公司提供的涉案商品在sevenfriday官网的销售价格及新闻发布稿中标明的价格均为9600元,而华嘉公司在其天猫网站的"sevenfriday 官方旗舰店"上标明的价格也为 9600 元,因此,华嘉公司并不存在虚构原价之情形。华嘉公司作为"sevenfriday 官方旗舰店"的经营者,其有权定期就相关商品举行促销活动,丁某前后两次购买涉案商品,两笔交易均发生在同一促销季内,故不应以前次购买价格作为后次购买价格的原价,并以此评价其"虚构原价"。丁某据此要求华嘉公司给予三倍赔偿的诉讼请求,不予支持。该院依照《网络购买商品七日无理由退货暂行办法》第八条、第九条,《禁止价格欺诈行为的规定》第七条的规定,于 2017 年 9 月 29 日作出(2017)京 0112 民初 13458 号判决如下:(1)驳回原告丁某的诉讼请求;(2)驳回被告华嘉公司的反诉请求。

一审宣判后,丁某不服,向北京市第三中级人民法院提起上诉。其理由是:(1)涉案手表表背无明显划痕,且表背的保护膜也没有任何破损,原审法院认定表背有明显划痕没有事实依据。(2)手表的包装盒不属于商品配件,包装盒的破损不影响涉案商品的退货退款,且丁某在退货时,快递员已经查验过包装盒完好无损才收货,不能证明是丁某造成了外包装破损。(3)华嘉公司在销售涉案手表时,没有以显著的方式提示和告知促销活动的起止时间和商品的原价,存在价格欺诈行为,应三倍赔偿。华嘉公司坚持其在原审法院诉讼中的意见,未提出上诉。天猫公司未提出上诉。

北京市第三中级人民法院认为,双方对涉案手表属于"七天无理由退货"范围没有异议,争议的焦点问题是手表表背是否存在明显划痕及外包装破损是否属于不予退货的情形。丁某当庭出示了涉案手表,经华嘉公司辨认,未明确指出涉案手表存在明显划痕,在法庭现场要求华嘉公司对实物存在划痕的情况进行确认的情况下,华嘉公司不能明确指出涉案手表存在其所主张的"明显划痕",故对于该手表背面存在的明显划痕的事实依据不足,不予采纳。关于华嘉公司主张涉案手表存在包装盒破损的问题,首先,《消费者权益保护法》第二十五条规定"消费者退货的商品应当完好",该条规定是指商品应当完好,并未要求包装完好。其次,国家工商行政管理总局公布的《网络购买商品七日无理由退货暂行办法》第八条规定"商品能够保持原有品质、功能,商品本身、配件、商标标识齐全的,视为商品完好",该规定进一步明确了确定商品完好的情形,包装不在确定商品是否完好的范围,故涉案手表的包装并不属于衡量商品是否完好的范围,华嘉公司以包装破损为由不同意退货的理由,不符合法律规定,不予采纳。丁某以华嘉公司存在价格欺诈为由,要求华嘉公司三倍赔偿,因丁某未提供证据证明华嘉公司存在价格欺诈行为,其要求三倍赔偿没有事实依据,不予支持。丁某要求天猫公司承担连带责任的请求,根据《消费者权益保护法》第四十四条规定,没有事实和法律依据,不予支持。

综上所述,二审法院依据《消费者权益保护法》第二十五条、第四十四条,《民事诉讼法》第一百七十条第一款第(二)项之规定,于2017年12月29日作出(2017)京03民终13616号民事判决如下:维持一审判决第二项,撤销一审判决第一项。本判决生效后七日内,华嘉公司退还丁某货款9599元,丁某退还华嘉公司男士皮带机械手表一只。驳回丁某的其他上诉请求。

【争议焦点】

本案系网购商品质量问题引发的买卖合同解除纠纷,丁某想通过"七天无理由退货"的条款来与华嘉公司解除买卖合同。针对华嘉公司拒绝退款的行为,丁某首先提起了诉讼。在一审法院作出驳回丁某诉讼请求的判决后,丁某以不服判决为由向北京市第三中级人民法院提起了上诉。对于这种情况,二审法院是怎样考虑的呢?

二审法院认为涉案商品是否适用"七天无理由退货"的主要争议点在于手表表背是否存在明显划痕以及外包装破损是否属于不予退货的情形。《消费者权益保护法》第二十五条规定:"经营者采用网络、电视、电话、邮购等方式销售商品,消费者有权自收到商品之日起七日内退货,且无需说明理由,但下列商品除外:(一)消费者定作的;(二)鲜活易腐的;(三)在线下载或者消费者拆封的音像制品、计算机软件等数字化商品;

(四)交付的报纸、期刊。除前款所列商品外,其他根据商品性质并经消费者在购买时确认不宜退货的商品,不适用无理由退货。消费者退货的商品应当完好。经营者应当自收到退回商品之日起七日内返还消费者支付的商品价款。退回商品的运费由消费者承担;经营者和消费者另有约定的,按照约定。"根据《消费者权益保护法》第二十五条的规定,涉案手表显然属于适用无理由退货的产品,唯一影响退货的因素只有商品是否完好。回到案件本身来,华嘉公司称涉案手表表背有明显划痕、外包装破损,不予以退款。在一审判决中,因丁某无法提供证据证明手表划痕和外包装破损非其所持有期间所致,所以承担举证不能的不利后果,法院驳回了丁某的请求。二审判决中,法院要求华嘉公司当庭指出涉案手表表背上的明显划痕,华嘉公司无法指出,因此"手表表背有明显划痕"这一事实依据不足,法院不予支持。到此,二审法院已经认定了涉案手表本身是完好的,那么还有一个争议点就是包装是否属于确定商品完好的范围。《网络购买商品七日无理由退货暂行办法》第八条规定:"消费者退回的商品应当完好。商品能够保持原有品质、功能,商品本身、配件、商标标识齐全的,视为商品完好。消费者基于查验需要而打开商品包装,或者为确认商品品质、功能而进行合理的调试不影响商品的完好。"此规定中明确了商品包装并不属于商品完好的评价范围,并且为了查验而打开商品包装的行为是允许的,因此涉案手表外包装的破损并不影响商品退款,丁某可以同华嘉公司解除买卖合同。综上所述,二审法院对于华嘉公司退还购物款,同意丁某与华嘉公司解除买卖合同的判决是公平公正、合理合法的。

【法理评析】

网络购物合同格式条款的特殊性及对消费者的侵害方式

(一)网络购物合同格式条款的概念

《民法典》第四百九十六条规定,格式条款是当事人为了重复使用而预先拟定,并且在订立合同时未与合同相对方协商的条款。根据以上格式条款概念以及特征的表述，可以得出网络购物合同格式条款的概念，网络购物合同格式条款是指在互联网技术的支持下，由网络经营者预先拟定并反复使用，且未与消费者进行协商的条款。①

(二) 网络购物合同格式条款的特殊性

网络购物合同格式条款除了具有一般格式条款的基本特征外，还有其特殊性。

(1) 网络购物不同于一般购物之处在于其有赖于互联网技术的支持，同样的，网络购物合同格式条款的呈现也依赖于互联网，这点的不同体现了使用环境的特殊性。

(2) 网络购物合同格式条款的订立方式同样也具有特殊性，不同于一般格式条款的面对面沟通交流，网络经营者与消费者通过计算机网络与对方缔结合同。即使网络经营者不在计算机前，消费者也只需要通过点击"同意"或者"立即购买"即可作出承诺。这一特征虽然简洁快捷，但也会有造成网络经营者与消费者产生矛盾的风险。

(3) 网络购物合同中的格式条款都是以数据电文为载体的，同时与一般格式条款的通用纸质书面语言也不尽相同。载体的特殊性容易让消费者不能准确获得甚至完全忽略掉网络购物合同中格式条款的具体信息。人们在日常生活中，如面对屏幕进行长时间阅读的话会造成注意力下降，往往有不良商家利用这点将不利于消费者的格式条款置于购物合同中不显眼的位置，或者利用大片冗长的文字来迷惑消费者。

(4) 网络购物除了销售一般传统意义上的物品，还销售如电子期刊、影音资料、软件等数字化的商品，体现了网络购物合同格式条款与一般格式条款交易标的的不同，这是交易标的的特殊性。网络购物合同格式条款的应用范围比一般格式条款的应用范围大得多，这同时也使得网购中针对

---

① 参见韦双双：《论网络购物合同中的格式条款》，西南政法大学 2016 年硕士学位论文。

格式条款的纠纷复杂了许多。

（三）网络购物合同格式条款对消费者的侵害方式

1. 网络交易平台免除自己的责任。在现实生活中，网络交易平台利用格式合同中的免责条款来免除或者减轻自己的责任、侵害消费者权益的行为主要表现为以下几种形式：

（1）免除自身造成消费者人身伤害的责任。这类利用格式免责条款来免除自身造成消费者人身伤害的情况层出不穷，消费者通过网络所购买的除了各类广泛的实体商品，还包括各类服务。但有些网络平台经营者会通过在合同中订立类似"会员明确同意其使用本旅游服务所存在的风险以及使用本旅游服务产生的一切后果由会员自己承担"的免责条款，以此来逃避网站因自身原因导致消费者人身受到伤害所要承担的责任。

（2）免除自身因故意或者过失造成消费者财产损失的责任。这类免责条款的典型表现形式如："任何情况下，本网对任何直接、间接、偶然、特殊及继起的损害不负责任。"《民法典》第六条规定："民事主体从事民事活动，应当遵循公平原则，合理确定各方的权利和义务。"同时，第一千一百九十四条规定："网络用户、网络服务提供者利用网络侵害他人民事权益的，应当承担侵权责任。法律另有规定的，依照其规定。"第一千一百九十五条第一款和第二款规定："网络用户利用网络服务实施侵权行为的，权利人有权通知网络服务提供者采取删除、屏蔽、断开链接等必要措施。通知应当包括构成侵权的初步证据及权利人的真实身份信息。网络服务提供者接到通知后，应当及时将该通知转送相关网络用户，并根据构成侵权的初步证据和服务类型采取必要措施；未及时采取必要措施的，对损害的扩大部分与该网络用户承担连带责任。"由此看出，此类格式条款既违反了《民法典》总则编，又违反了侵权责任编的相关规定。

2. 排除消费者主要权利

排除消费者主要权利主要是通过以下两种方式进行：

（1）在网络格式条款中使用一些手段，例如淘宝服务协议中有一条写道："当您按照注册页面提示填写信息、阅读并同意协议且完成全部注册程序后,即表示您已充分阅读、理解并接受协议的全部内容。"《民法典》第一百四十七条规定:"基于重大误解实施的民事法律行为,行为人有权请求人民法院或者仲裁机构予以撤销。"第一百五十一条规定:"一方利用对方处于危困状态、缺乏判断能力等情形,致使民事法律行为成立时显失公平的,受损害方有权请求人民法院或者仲裁机构予以撤销。"淘宝服务协议意味着什么?意味着阅读完注册页面,即使消费者是有重大误解的,只要完成了全部注册程序,就得按照"已充分阅读、理解并接受协议的全部内容来处理"。这在无形间排除了消费者的撤销权。

(2) 通过后期的一些手段或直接或间接地阻挠消费者行使解除买卖合同的权利。例如本案中提到的"七天无理由退货"条款,作为网络经营商的华嘉公司以及网络平台的天猫公司,在丁某直接要求退货退款以及要求第三方介入的情况下,分别以"手表表背有划痕、外包装破损""需提供凭证证明手表划痕非本人责任"的理由直接或间接地拒绝丁某的请求。"外包装破损"这个理由是很多网络经营者使用的伎俩,但《网络购买商品七日无理由退货暂行办法》第八条清晰地规定了"商品完好"的范围,其中并没有"外包装"这个选项。天猫公司作为第三方介入,本应该以保护消费者权益作为出发点,但却需要消费者在快递公司拒绝出示凭证的弱势情况下作出自证,这本身是极其不合理的。[①]

(四) 小结

我国现阶段对网络格式条款的规定和管理存在着一定的不足。网络购物是大势所趋,每年都会有大量的交易发生,其中有数以万计的买卖纠纷,大部分都与网络格式条款相关。我们在调查案例的过程中发现,很多案件都极其相似,纠纷的主要问题也相同。网络平台在作为第三方介入的时候应该如何履行自己的职责?我们认为网络格式条款急需规范,市场监

[①] 张欣蓉、郑有蒙、朱月、周思怡:《网络购物中格式条款的规制与消费者权益保护》,载《法制与社会》2017年第1期。

督机关和消协应当针对因格式条款已投诉或涉讼案件，对格式条款进行审查，如发现格式条款存在违反合同法规定，或有违公平原则的条款，则应主动责令或建议改正，这样就能够大大节约司法资源，避免产生批量诉讼案件。

【法条指引】

《中华人民共和国消费者权益保护法》

第二十五条　经营者采用网络、电视、电话、邮购等方式销售商品，消费者有权自收到商品之日起七日内退货，且无需说明理由，但下列商品除外：

（一）消费者定作的；

（二）鲜活易腐的；

（三）在线下载或者消费者拆封的音像制品、计算机软件等数字化商品；

（四）交付的报纸、期刊。

除前款所列商品外，其他根据商品性质并经消费者在购买时确认不宜退货的商品，不适用无理由退货。

消费者退货的商品应当完好。经营者应当自收到退回商品之日起七日内返还消费者支付的商品价款。退回商品的运费由消费者承担；经营者和消费者另有约定的，按照约定。

第四十四条　消费者通过网络交易平台购买商品或者接受服务，其合法权益受到损害的，可以向销售者或者服务者要求赔偿。网络交易平台提供者不能提供销售者或者服务者的真实名称、地址和有效联系方式的，消费者也可以向网络交易平台提供者要求赔偿；网络交易平台提供者作出更有利于消费者的承诺的，应当履行承诺。网络交易平台提供者赔偿后，有权向销售者或者服务者追偿。

网络交易平台提供者明知或者应知销售者或者服务者利用其平台侵害消费者合法权益，未采取必要措施的，依法与该销售者或者服务者承担连带责任。

《网络购买商品七日无理由退货暂行办法》

第七条　下列性质的商品经消费者在购买时确认，可以不适用七日无理由退货规定：

（一）拆封后易影响人身安全或者生命健康的商品，或者拆封后易导致商品品质发生改变的商品；

（二）一经激活或者试用后价值贬损较大的商品；

（三）销售时已明示的临近保质期的商品、有瑕疵的商品。

第八条　消费者退回的商品应当完好。

商品能够保持原有品质、功能，商品本身、配件、商标标识齐全的，视为商品完好。

消费者基于查验需要而打开商品包装，或者为确认商品的品质、功能而进行合理的调试不影响商品的完好。

第九条　对超出查验和确认商品品质、功能需要而使用商品，导致商品价值贬损较大的，视为商品不完好。具体判定标准如下：

（一）食品（含保健食品）、化妆品、医疗器械、计生用品：必要的一次性密封包装被损坏；

（二）电子电器类：进行未经授权的维修、改动，破坏、涂改强制性产品认证标志、指示标贴、机器序列号等，有难以恢复原状的外观类使用痕迹，或者产生激活、授权信息、不合理的个人使用数据留存等数据类使用痕迹；

（三）服装、鞋帽、箱包、玩具、家纺、家居类：商标标识被摘、标识被剪，商品受污、受损。

第二节　先履行抗辩权

■■■ 昆山宽宝兴业环保设备有限公司诉无锡三鑫压铸有限公司买卖合同案

【要点提示】

先履行抗辩权产生的前提是负有先履行义务的一方未能履行其主要合同义务，致使合同目的不能实现，不能仅以交付标的物与否作为判断依据。

【案例索引】

撤诉：无锡市惠山区人民法院（2014）惠商初字第00623号。
一审：无锡市惠山区人民法院（2014）惠商初字第00855号。

【基本案情】

原告：昆山宽宝兴业环保设备有限公司（以下简称"宽宝公司"）。
被告：无锡三鑫压铸有限公司（以下简称"三鑫公司"）。

宽宝公司与三鑫公司是业务往来的双方，双方于2013年8月26日签订了《买卖合同书》一份，三鑫公司向宽宝公司购买AP-400型号离心机一台，合同价款为40000元。合同约定上述货物由宽宝公司送达三鑫公司指定地点，宽宝公司进行安装调试，经三鑫公司验收无误，并进行对三鑫公司操作人员的教育训练后，交由三鑫公司人员使用。付款方式为货到安装使用两天无质量问题三鑫公司付90%货款，余款10%月结90天付款。另合同约定在三鑫公司未付清款项时，本合同标的物的所有权仍归宽宝公司所有。

宽宝公司于 2013 年 9 月 6 日履行了送货义务,由三鑫公司负责人在送货单上签字确认。

原告诉至法院称:宽宝公司与三鑫公司系买卖合同的双方,约定三鑫公司向宽宝公司购买 AP-400 型离心机一台,合同价款为 40000 元。宽宝公司按约履行供货义务,三鑫公司一直未支付货款,请求法院判令三鑫公司如数支付所欠货款。

被告三鑫公司辩称:宽宝公司将 AP-400 型离心机送到三鑫公司,曾派员进行安装调试,但一直未能调试合格,致使三鑫公司无法正常使用该设备,无法实现合同目的,故一直未付款。另根据合同约定,三鑫公司未付清款项时,本合同标的物所有权仍归宽宝公司所有,宽宝公司应将其提供的至今无法正常使用的 AP-400 型离心机自行拖回,并保留对宽宝公司追偿设备保管费的权利。

【法院审判】

法院经审理认定了上述事实,另查明宽宝公司曾向三鑫公司催讨货款,三鑫公司抗辩称宽宝公司提供的机器未能调试合格致使合同目的不能实现;庭审中宽宝公司未提供相关证据证明其机器已经安装调试并经验收;三鑫公司一直没有付清货款。

上述事实,有买卖合同书、送货单、增值税发票、情况说明及庭审笔录等证据在卷佐证。

后法院经审理认为,三鑫公司经合法传唤,无正当理由拒不到庭,也不提供证据,法院根据现有证据依法裁判。宽宝公司与三鑫公司之间签订的《买卖合同书》系当事人的真实意思表示,且并不违反法律、行政法规的强制性规定,应确认有效,双方均应恪守履行。根据查明的事实,宽宝公司应当履行送货、安装和调试机器等义务,庭审中宽宝公司未提供相应的证据证明其送达三鑫公司处的货物已经安装调试并经三鑫公司验收无误,应承担举证不能的不利后果。按照合同约定,货到安装使用后两天内无质量问题三鑫公司才履行付款义务，三鑫公司享有合同法规定的先履行抗辩权。法院确认三鑫公司以宽宝公司没有安装调试机器并经验收为由拒绝付款的行为符合法律规定，并以证据不足为由判定不予支持宽宝公司要求三鑫公司支付货款 40000 元的诉讼请求。

依照《合同法》第十条、第六十条、第六十七条、第一百零七条、第一百三十三条、第一百三十四条①，《最高人民法院关于民事诉讼证据的若干规定》第二条、第五条，《民事诉讼法》第一百四十四条之规定，法院判决如下：驳回昆山宽宝兴业环保设备有限公司诉讼请求。案件受理费减半收取 400 元，由宽宝公司负担。一审判决后，双方当事人均未上诉，一审判决已生效。

【争议焦点】

本案系两公司作为买卖合同双方对合同义务履行问题产生的纠纷。争议焦点在于，原告作为先履行义务一方，是否已按约定履行其主要合同义务，当其未能履行主要义务时，另一方是否可以拒绝履行其义务。

【法理评析】

双务合同中的先履行抗辩权制度

（一）先履行抗辩权的法律渊源

先履行抗辩权这一说法是学者们对《民法典》第五百二十六条规定的学理概括，也有学者称之为后履行抗辩权。先履行抗辩权这一概念并非出自传统民法，因为在大陆法系中并未明确规定这种抗辩权，这是由于大陆法系认为这是合同全面履行原则的当然内容。先履行抗辩权的规定出自于《国际商事合同通则》，其中第 7.1.3 条第（2）款规定："凡当事人各方应相继履行合同义务的，后履行的一方当事人可在先履行的一方当事人完成

---

① 参见《民法典》（合同编）第四百六十九条、第五百零九条、第五百二十六条、第五百七十七条、第六百四十一条。

履行之前拒绝履行。"我国《民法典》在借鉴此通则的基础上规定了先履行抗辩权。

先履行抗辩权确立的法律依据在于维护诚实信用原则,以切实保护后履行当事人的合法权益,更是对本应先履行却未履行或虽已履行但不符合约定一方的法律制裁。我国双务合同中的抗辩权制度在借鉴两大法系的规定的同时,又与其有所区别。与大陆法系相比,我国《民法典》在基本框架和主旨内容上作了一定借鉴。大陆法系虽普遍规定了同时履行抗辩权和不安抗辩权,为同时履行和先履行一方当事人的风险提供了法律保障,但其未规定后履行一方的抗辩权,略显单一。《德国民法典》第三百二十条[契约不履行的抗辩]规定:"因双务契约而负担债务者,在他方未为对待给付之前,得拒绝自己的给付,但自己有先为给付的义务者,不在此限。"《日本民法典》第五百三十三条[同时履行抗辩权]规定:"双务契约当事人的一方,于相对人履行债务前,可以拒绝履行自己的债务。"我国《民法典》在承袭大陆法系同时履行抗辩权制度的同时,克服了上述不足并有所创新。

同时履行是一种经常性的交易形式,其最早是原始社会后期物物交换的规则。"一手交钱,一手交货"是对此形式的最好描述。这样当事人不会因为先履行合同义务而蒙受损失,此类规则由买卖合同发展到其他各类双务合同并被法律确认。但随着社会的发展,交易越来越不限于同时履行,这既是当事人双方存在空间、时间等客观因素使然,也是合同意思自治原则尊重双方约定的应有之义。故鉴于此,合同有了履行顺序,将负有后履行义务的一方对先履行义务的抗辩称为同时履行抗辩权未免词不达意。同时履行抗辩权和先履行抗辩权的性质、规则不一致,在后一方的抗辩其本质上是对先违约的抗辩,所以另行创立先履行抗辩权易于明确当事人中止履行合同行为的性质。

(二)先履行抗辩权的性质和意义

1. 先履行抗辩权实质上是对违约的抗辩

同时履行抗辩权的设立旨在对抗另一方当事人没有对待给付的情形,

而此情况下并不涉及违约。不安抗辩权则是对于预期违约的以及先履行风险的抗辩。而在先履行抗辩权中,在先履行的一方当事人未按约定履行其合同义务,已构成违约。所以先履行抗辩权是对于实际违约行为的抗辩。这不同于权利消灭的抗辩,权利消灭的抗辩系因合同履行效力消灭,当事人享有无履行义务之抗辩权。

2. 先履行抗辩权是不同于合同解除权的救济方式

我国《民法典》规定迟延履行主要债务或者迟延履行债务致使不能实现合同目的时,一方当事人可以解除合同。而对所有届期未履行的合同不能都以解除合同来救济,因为解除合同未必符合违约方的最大利益,也没有达到鼓励交易的原则。而行使先履行抗辩权却能敦促违约方履约,以促进合同目的实现。先履行抗辩权与合同解除权也可以分两步行使,当行使先履行抗辩权后对方仍未履行时,可再行使合同解除权,并要求违约方承担赔偿责任。

(三)先履行抗辩权与同时履行抗辩权、不安抗辩权的区别

1. 合同当事人互负债务的履行顺序不同

在同时履行抗辩权中,合同当事人双方互负的债务没有先后顺序。通俗地说就是"一手交钱,一手交货"。不安抗辩权与先履行抗辩权中的规定确定了合同当事人双方互负的债务有先后顺序。

2. 行使抗辩权的主体不同

在同时履行抗辩权中,合同双方当事人都依法享有并有权行使同时履行抗辩权。

在先履行抗辩权中,负有后履行债务当事人依法享有并有权行使先履行抗辩权。先履行抗辩权的前提是先履行债务一方的当事人未履行合同债务或履行合同债务不符合约定。

在不安抗辩权中,负有先履行债务的当事人依法享有并有权行使不安抗辩权。

3. 法律效力不同

在法律效力上,先履行抗辩权和同时履行抗辩权基本相同。同时履行

抗辩权的效力仅为使未按约履行债务当事人请求权延期。在行使同时履行抗辩权的情形下，合同双方当事人一般不承担迟延履行的违约责任。但如果因合同一方当事人的对待给付已不可能，同时履行的目的不能实现而解除合同的，不能为对待给付合同当事人一方应承担相应的违约责任，如违约金等。

先履行抗辩权本质是对违约的抗辩，后履行一方当事人可以行使该权利暂时中止自己的给付，等待应先履行债务的当事人的履行。

行使不安抗辩权的法律效力是：先履行债务当事人中止履行合同以及负有及时通知的义务。

【法条指引】

《中华人民共和国民法典》

第四百六十九条　当事人订立合同，可以采用书面形式、口头形式或者其他形式。

书面形式是合同书、信件、电报、电传、传真等可以有形地表现所载内容的形式。

以电子数据交换、电子邮件等方式能够有形地表现所载内容，并可以随时调取查用的数据电文，视为书面形式。

第五百零九条　当事人应当按照约定全面履行自己的义务。

当事人应当遵循诚信原则，根据合同的性质、目的和交易习惯履行通知、协助、保密等义务。

当事人在履行合同过程中，应当避免浪费资源、污染环境和破坏生态。

第五百二十六条　当事人互负债务，有先后履行顺序，应当先履行债务一方未履行的，后履行一方有权拒绝其履行请求。先履行一方履行债务不符合约定的，后履行一方有权拒绝其相应的履行请求。

第五百七十七条　当事人一方不履行合同义务或者履行合同义务不

符合约定的，应当承担继续履行、采取补救措施或者赔偿损失等违约责任。

第三节 合同的解除

葛某某诉天成润华集团有限公司商品房销售合同案

【要点提示】

当事人一方迟延履行债务或者有其他违约行为致使不能实现合同目的的，当事人可以解除合同。

【案例索引】

一审：徐州市云龙区人民法院（2016）苏0303民初3241号。

执行：江苏省徐州市中级人民法院（2017）苏03执199号。

【基本案情】

原告：葛某某。

被告：天成润华集团有限公司（以下简称"天成公司"）。

2010年1月11日，原、被告双方签订商品房买卖合同，约定原告以646700元的价格购买被告开发的天成国际广场1幢1单元1816号商品房，付款方式为合同签订前支付房款326700元，余款办理银行按揭贷款。同时，该合同约定被告应于2011年9月30日前将竣工验收的房屋交付原告，否则按银行同期贷款利率支付利息。天成公司于2010年7月22日更名为现名称。该房地产项目因资金链断裂无法继续施工，至原告起诉已逾4年9个月未交付房屋。现原告认为被告丧失商业信誉，也根本没有能力继续履行合同，致使合同目的无法实现。故提出诉讼请求要求解除上述买卖合同并要求被告返还购房款 326700 元和利息损失 98529 元。

被告天成公司辩称，（1）对于双方签订商品房买卖合同的事实无异议，但该合同并未约定解除的具体条件，原告要求解除合同无事实依据，亦无相关法律依据。（2）在合同履行过程中，原告自身存在过错，依合同约定原告应在支付购房首付款 326700 元后办理银行按揭贷款支付剩余房款，但原告至今未办理贷款亦未向被告支付剩余房款。原告未按约支付购房款的行为构成违约，应当承担继续支付义务并承担相应的违约责任，故其诉请解除合同、返还购房款无法律依据。（3）原告要求赔偿利息损失的请求既不符合合同约定亦不符合相关法律规定，不应予以支持。

经审理查明，上述合同第八条"交付期限"第二款约定，如遇下列特殊原因，除双方协商同意解除合同或变更合同外，出卖人可据实予以延期：（1）遭遇不可抗力，且出卖人在发生之日起三十日内告知买受人的；（2）因政策、法律、法规的规定，对国家利益的保护以及因政府、市政部门原因导致基础设施配套不到位等导致的延期。《合同补充协议（一）》第三条第一款约定，买受人选择办理银行按揭贷款的，于本合同签订时备齐贷款所需资料，并于出卖人通知之日起十日内办理完所购房屋的抵押贷款且款项划入出卖人开发公司的账户。

原告分别于 2010 年 1 月 6 日、8 日向天成公司支付购房款计 326700 元，由于建筑尚未封顶，天成公司亦未通知其办理银行按揭贷款手续，故剩余房款 30 万元不能办理按揭手续。另被告陈述涉案房屋现在仅建到十二层，由于资金原因十二层以上尚未动工，具体交付时间天成公司亦无法确定。

【法院审判】

云龙区法院经审理认为，原、被告签订的商品房买卖合同系双方当事人的真实意思表示，且主体适格，内容亦不违反法律、行政法规的相关规定,故该合同合法有效,双方当事人均应按合同约定全面履行各自的义务。

首先,原告在合同履行过程中是否存在违约行为。合同签订后,原告已依约向被告交付购房款 326700 元,虽未办理银行按揭贷款支付剩余购房款,但依合同约定被告对原告办理银行按揭负有通知义务,而被告并未提供相应的证据证实其履行了通知义务,且由于该诉争建筑尚未封顶,事实上亦无法办理银行按揭贷款手续,故原告对此不存在主观过错。

其次,原告是否享有合同解除权。依据合同约定,被告应于 2011 年 9 月 30 日向原告交付涉案房屋,但涉案房屋至今尚未建成,被告亦未提供证据证实存在不可抗力或因政策、法律、法规的规定,对国家利益的保护以及因政府、市政部门原因导致基础设施配套不到位等导致的延期情形,故被告时隔近五年之久未向原告交付房屋,足以致合同目的不能实现。根据《合同法》第九十四条①之规定,当事人一方迟延履行债务或者有其他违约行为致使不能实现合同目的的,当事人可以解除合同,故原告享有法定解除权,本院对其要求解除涉案合同的主张依法予以支持。

依据相关法律规定,合同解除后,尚未履行的,终止履行;已经履行的,根据履行的情况和合同的性质,当事人可以要求恢复原状、采取其他补救措施,并有权要求赔偿损失,故原告要求被告返还已付购房款 326700 元的主张于法有据,本院予以支持。关于原告要求被告以 326700 元为基数按银行同期贷款利率支付利息损失的主张,因符合合同约定,亦不违反相关法律规定,本院依法予以支持。

综上所述,被告应向原告返还购房款 326700 元,并赔偿相应利息损失。依照《合同法》第九十四条、第九十七条、第一百零七条②之规定,判决如下:(1)解除原告葛某某与被告天成公司于 2010 年 1 月 11 日签订的编号为 0195866 的商品房买卖合同;(2)本判决生效之日起十日内,被

---

① 参见《民法典》(合同编)第五百六十三条。
② 参见《民法典》(合同编)第五百六十三条、第五百六十六条、第五百七十七条。

告天成公司向原告葛某某返还购房款 326700 元,并支付相应利息损失(以 326700 元为基数,按照中国人民银行同期同档贷款利率,自 2011 年 9 月 30 日计算至 2016 年 7 月 1 日)。如果未按本判决指定的期间履行给付金钱义务,应当依照《民事诉讼法》第二百五十三条之规定,加倍支付迟延履行期间的债务利息。案件受理费 10267 元,减半收取 5134 元,保全费 2770 元,合计 7904 元,由被告天成公司负担。

之后,原告就一审判决向徐州市中级人民法院提起执行申请。经徐州市中院受理,双方于执行中达成和解,购房款 326700 元、利息 94381 元、诉讼费 7904 元等已全部执行完毕。

【争议焦点】

本案系商品房买卖合同解除纠纷。争议焦点在于被告是否存在迟延履行债务或其他致使合同目的不能实现的违约情形,原告是否可以单方解除合同,以及合同解除后双方的责任承担问题。

【法理评析】

合同的法定解除及行使条件

(一)法定解除的概念

法定解除是合同解除发展过程中演变出的一种解除方式,是由法律确认的合同解除。当事人签订合同后,理应受其约束,严格按照合同履行义务。但是在合同履行过程中往往会出现一些情形导致继续履行没有意义,甚至损害当事人利益,所以民法体系中出现了合同解除这一制度。合同解除是指合同成立并生效后,当事人将合同的权利义务关系归于消灭的法律制度。而作为合同解除的重要方式,法定解除是因法律规定产生,只有符合法律规定条件时方可解除合同。

（二）法定解除的性质

1. 法定解除权是救济措施

学术界对于解除权的性质有着不同的看法，主要分为两个派别。一派认为法定解除是由于一方过错，没有严格遵守合同导致的结果，所以是一种惩罚措施。另一派并不认同惩罚措施的观点，认为法定解除是对合同履行中出现状况时的救济。当法律规定的解除事由发生时，当事人可以单方解除合同，这是为了保证守约方的利益而非惩罚违约方。大陆法系和英美法系也采用了这一观点，把法定解除作为违约的救济措施，赋予当事人单方解除合同的权利，从而防止利益损失的扩大。

2. 法定解除是单方法律行为

法定解除的存在依赖于法律，其并非社会天然的产物，而是法定产生的，其唯一的依据就是法律。虽然法定解除事由发生时，一方或双方都可能享有解除权，但是法定解除权只是依据一方当事人的意思表示解除，而不需要双方当事人的合意，所以是单方法律行为。

（三）法定解除的特征

1. 解除的对象是有效合同

双方当事人达成合意，订立合同后，合同对双方当事人的拘束力就驱使双方严格遵守合同，未经双方协商同意不可随意解除。而法定解除的目的就是为了使收到契约枷锁的当事人从契约中解放出来，是强行通过解除权而使合同终止的行为，所以法定解除的对象必须是有效合同。合同的有效性是合同解除的前提，在无效和可撤销合同中，不存在法定解除制度的适用。

2. 解除条件法定

如上文所述，合同产生约束力后双方当事人不能随意解除，法定解除制度的适用也应由法律明确规定。法定解除打破了契约必须严格遵守原则，如果滥用这一制度，不但会极大损害当事人合法权益，更会破坏社会的信赖利益。为使当事人不能随意摆脱合同束缚，只有在法定条件下才能启动法定解除，这保障了合同解除行为的合法性，很大程度上起到了制约当事人滥用解除权，无视合同拘束力的作用。

3. 通过当事人的解除行为解除

由于有效合同的约束力需要被法律保护，所以解除合同不能随意进行。在法定解除制度下，只有当事人通过解除行为启动法定解除，合同才会因此终止，而非合同自动解除。即使出现了法定解除情形，但当事人未明确解除的，当事人依然要受到合同约束，合同仍然有效。

4. 解除合同导致合同终止

双方当事人协商一致可以解除合同。当具备法定条件时，不必经对方当事人同意，只需向对方作出解除合同的意思表示，单方即可解除合同。当事人一方行使解除合同的权利的，必然引起合同权利义务的终止。当事人根据约定解除权和法定解除权主张解除合同的，应当通知对方，合同自通知到达对方时解除。

（四）法定解除的条件

1. 因不可抗力而法定解除

不可抗力是指不可预见、不可避免、不可克服的客观情况。不可抗力并不会当然地引发法定解除，只有当这种影响特别重大，导致合同目的无法实现时，才会引发法定解除，当事人才能按照法律的规定终止合同，摆脱合同的束缚。当不可抗力使得合同目的失去实现可能性时，合同的履行对于当事人已经失去了价值和意义，如果要求当事人继续受到合同约束，反而会导致不公平的结果。

2. 因违约而法定解除

除了客观因素引发法定解除之外，违约行为也常常引发法定解除。当事人一方违约已达到严重情况，合同已经没有继续存在的必要的，应当允许当事人按照法律的规定解除合同以摆脱合同的约束。各国立法一般都将违约行为作为法定解除条件之一。

【法条指引】

《中华人民共和国民法典》

第五百六十三条 有下列情形之一的，当事人可以解除合同：

（一）因不可抗力致使不能实现合同目的；

（二）在履行期限届满前，当事人一方明确表示或者以自己的行为表明不履行主要债务；

（三）当事人一方迟延履行主要债务，经催告后在合理期限内仍未履行；

（四）当事人一方迟延履行债务或者有其他违约行为致使不能实现合同目的；

（五）法律规定的其他情形。

以持续履行的债务为内容的不定期合同，当事人可以随时解除合同，但是应当在合理期限之前通知对方。

第五百六十六条 合同解除后，尚未履行的，终止履行；已经履行的，根据履行情况和合同性质，当事人可以请求恢复原状或者采取其他补救措施，并有权请求赔偿损失。

合同因违约解除的，解除权人可以请求违约方承担违约责任，但是当事人另有约定的除外。

主合同解除后，担保人对债务人应当承担的民事责任仍应当承担担保责任，但是担保合同另有约定的除外。

第五百七十七条 当事人一方不履行合同义务或者履行合同义务不符合约定的，应当承担继续履行、采取补救措施或者赔偿损失等违约责任。

第四节 债权人的代位权

■■■ 淮安鼎力大件起重有限公司诉江苏开通建设工程有限公司债权人代位权纠纷案

【要点提示】

债权人代位权纠纷是现实生活中较为常见的债权纠纷,债权人代位权纠纷中债权人、债务人、第三人之间的关系如何?债务与次债务对债权人行使代位权有何影响?这些问题将是本案例讨论的重点。

【案例索引】

一审:淮安市清江浦区人民法院(2018)苏0812民初2529号。

【基本案情】

原告:淮安鼎力大件起重有限公司(以下简称"鼎力公司")。

被告:江苏开通建设工程有限公司(以下简称"开通公司")。

第三人:兴化市通联工业设备安装有限公司(以下简称"通联公司")。

开通公司(甲方)因其租赁ACP4000型沥青拌和楼的合同到期,需对该拌和楼及配套设备进行搬迁,于2016年7月21日与第三人通联公司(乙方)签订《ACP4000型拌和楼设备搬迁及安全施工协议》一份。协议约定:乙方承揽ACP4000沥青拌和楼拆卸、装车、搬迁、运输、油漆、检修、安装工作,对成品仓恢复安装调试工作等;工期为由7月20日开始,完成上述所有工作到8月25日,共计35个有效工作日;工程费用为

40.5万元；付款方式为乙方进场后甲方付工程款的20%、乙方在完成安装调试生产5000吨混合料后甲方支付的价款达到工程款的90%，剩余的10%作为质保金在甲方生产混合料达到6万吨后支付。第三人通联公司将其承揽的上述作业中吊装部分交由鼎力公司负责。鼎力公司要求完成作业内容后，第三人通联公司（乙方）于2016年9月5日向其出具一份《委托付款》凭据，内容为委托开通公司（甲方）将鼎力公司应得的24万元吊装作业费从其应得的搬迁费用中直接支付给鼎力公司。2016年10月17日，开通公司（甲方）时任财务负责人在该委托付款凭据上签署同意并签名。后开通公司（甲方）又以工作人员调整为由一直不付款。鼎力公司要求第三人通联公司（乙方）付款，其则以开通公司（甲方）未付款为由拖着不付，但一直怠于向开通公司（甲方）主张权利。另查，原告鼎力公司与第三人通联公司（乙方）之间存在合作关系，其曾多次为第三人通联公司（乙方）从事吊装作业。2016年9月5日，第三人通联公司（乙方）出具《委托付款函》一份，载明："兹有兴化市通联工业设备安装有限公司委托江苏开通建设工程有限公司将沥青拌和楼搬迁合同款中支付24万元整至淮安鼎力大件起重有限公司（杨玉才）……若由此引起纠纷，由我单位负责。"原告鼎力公司持该委托付款函至被告开通公司（甲方）要求付款，但被告开通公司（甲方）一直未付。第三人通联公司（乙方）也未向被告开通公司催要相关欠款。

原告鼎力公司提出诉讼请求：（1）判令被告立即向原告履行代位清偿义务，支付吊装费24万元及逾期付款利息2.2万元（按年息6%从2016年9月6日起计算至起诉之日）；（2）被告承担本案诉讼费用。

被告开通公司辩称：对于原告鼎力公司对第三人通联公司是否享有到期合法的债权以及债权的具体数额，我公司不清楚。如果原告鼎力公司确实享有到期债权，其代第三人通联公司向我公司主张工程款，则应当以自己名义开具增值税发票，我公司可以向原告就相应款项进行付款。

第三人通联公司未到庭参加诉讼，向法院书面陈述意见：我公司与原告鼎力公司原为合作关系。2016年7月21日，我公司与被告开通公司签订《ACP4000 型拌和楼设备搬迁及安全施工协议》一份。后我公司将该协议中约定的搬迁事项中吊装作业交由原告负责。包含该项吊装作业在内，我公司累计应付原告吊装费用合计 24 万元。因被告开通公司本次工程的全部工程款为 40 余万元，我公司于 2016 年 9 月 5 日出具一份《委托付款》凭据，内容为委托被告将我公司应付给原告鼎力公司的 24 万元吊装作业费直接支付给鼎力公司。此后，鼎力公司的负责人一直与开通公司进行联系要款，但被告开通公司既未向鼎力公司付款，也未向我公司付款。

【法院审判】

淮安市清江浦区人民法院认为，因债务人怠于行使其到期债权，对债权人造成损害的，债权人可以向人民法院请求以自己的名义代位行使债务人的债权。本案中，被告开通公司基于《ACP4000 型拌和楼设备搬迁及安全施工协议》尚欠第三人通联公司款项，第三人通联公司在出具《委托付款函》给原告鼎力公司、被告开通公司没有付款的情况下，怠于继续向被告开通公司主张权利，致使原告鼎力公司的债权不能及时实现。现原告鼎力公司以自己名义要求被告开通公司付款，符合法律规定。

当事人一方不履行合同义务或者履行合同义务不符合约定的，应当承担继续履行、采取补救措施或者赔偿损失等违约责任。第三人通联公司于 2016 年 9 月 5 日出具《委托付款函》表明其已与原告鼎力公司结账明确双方的债权债务数额为 24 万元，并委托被告开通公司支付该款，但没有约定支付该款的期限。由于被告开通公司没有付款，故第三人应当向原告承担未及时付款的违约责任。由于双方未约定付款期限，故第三人通联公司应当从本案起诉起支付逾期付款利息。原告鼎力公司主张按年息 6% 的标准支付，并无不妥，应予准许。对于原告鼎力公司主张超出的部分，不予支持。

根据《委托付款函》及第三人通联公司出具的书面陈述，第三人通联公司欠原告鼎力公司吊装费 24 万元及逾期付款违约金，而被告开通公司尚欠第三人通联公司款项 28 万元，符合"代位权的行使范围以债权人的债权为限"的规定，故对原告鼎力公司要求被告开通公司支付吊装费 24 万元及逾期付款利息的主张，予以支持。

依照《合同法》第八条、第七十三条、第一百零七条①，《最高人民法院关于适用〈中华人民共和国合同法〉若干问题的解释（一）》第十一条、第十三条、第十九条、第二十条，《民事诉讼法》第六十四条、第一百四十二条之规定，判决如下：（1）被告江苏开通建设工程有限公司于本判决生效后十日内一次性支付原告淮安鼎力大件起重有限公司吊装费 24 万元，并从 2018 年 2 月 26 日起按年息 6% 的标准支付逾期付款利息至款项实际付清时止；（2）驳回原告淮安鼎力大件起重有限公司的其他诉讼请求。如不能按本判决指定的期间履行给付金钱义务，应当依照《民事诉讼法》第二百五十三条之规定，加倍支付迟延履行期间的债务利息。案件受理费 5230 元，减半收取 2615 元，由原告鼎力公司负担 138 元，被告开通公司负担 2477 元。

【争议焦点】

本案系债务人怠于向次债务人主张到期债权导致债权人债权无法实现的代位权纠纷。争议焦点在于，原告对第三人的债权是否存在，以及是否符合债权人代位权的行使条件。被告开通公司与第三人通联公司就位于淮阴区老张集高速公路养护公司的 ACP4000 型拌和楼设备搬迁事宜签订《ACP4000 型拌和楼设备搬迁及安全施工协议》一份，其中第三人通联公司将该协议中约定的搬迁事项中吊装作业交由鼎力公司负责，费用为 24 万元整。鼎力公司要求在完工后第三人通联公司于 2016 年 9 月 5 日出具一份《委托付款》凭据，委托被告开通公司将鼎力公司应得的 24 万元吊装作业费从第三人通联公司应得的费用中直接支付给鼎力公司。2016 年

---

① 参见《民法典》（合同编）第四百六十五条、第四百六十九条、第四百七十六条、第四百七十八条。

10月17日被告开通公司时任财务负责人在该委托付款凭据上签署同意并签字。至此关系已经很明确,被告开通公司应该付款给第三人通联公司,其中24万元整付给鼎力公司。后被告开通公司并未如约付款,鼎力公司就向第三人通联公司追要应得款项,第三人通联公司以被告开通公司未付款为由拖着不付,并且怠于向被告主张权利,这符合《民法典》第五百三十五条明确规定的代位权成立的前提条件"因债务人怠于行使其债权或者与该债权有关的从权利,影响债权人的到期债权实现的,债权人可以向人民法院请求以自己的名义代位行使债务人对相对人的权利"。此案的性质已经明了,原告鼎力公司的债权人代位权诉讼成立。淮安市清浦区人民法院最终作出被告开通公司于判决生效后十日内一次性支付原告鼎力公司吊装费24万元,并付清从2018年2月26日起按年息6%的逾期利息的判决是正确的。

【法理评析】

债权人代位权的基本概念及次债务未确定对代位权行使的影响

(一)债权人代位权的基本内涵

债权人代位权是指,当一定的债务联系构建后,由于主债务人不积极主动地行使对第三人拥有的权利,并且因此导致他人对债权人的债务无法履行的,允许债权人为了维护自身的债权而以自身的名义,依照相关法律向第三人主张权利。

代位权的发展历程要比撤销权等其他债权人权利晚得多。其历史虽然能追溯到古罗马法里的代位请求权或简洁诉权,然而此机制确立却是在《法国民法典》第一千一百六十六条的相关规定基础之上的。随后的时间才逐渐被越来越多的国家和地区性民法典接纳。如我国台湾地区"民法典"将其规定为债权人的一项实体权利。

(二)代位权的主要特征

首先,债权人代位权绝非一项完全独立的权利,它是依附于债权的从属权利之一,因此,它的问世及演进发展均需依赖于债权主体本身。其次，代位权作为法律给予债权人的特殊权利，不允许受到当事人的干扰。在债权人处分权利、自治等一系列准则的规范下，即便权利人不去使用代位权，如果其向主债务人或第三人提出自身需求，其依旧享有应有的债权。再次，在代位权制度下至关重要的就是强调债权人通过自己的名义行使该项权利。这一点同代理权存在着根本上的差别，即债务人与债权人之间并非代理关系，通常权利人充分行使自己的权利仅仅是想要保全合法权益。最后，立法机关为防范当事人打着代位权的幌子，利用非法手段谋取别人的财产、权利等，进一步干扰正常的社会秩序，因此在制定《合同法》的时候便将代位权纳入了司法机制，起到保障代位权合法合理行使的关键效用。①

（三）次债务未确定不影响代位权的行使

债权人对债务人的债权须确定、合法且已届清偿期，而债务人与次债务人之间的债的关系，不应要求必须明确到期。此处的债权必须确定，是指在起诉的时候，债权人的债权已经被债务人认可，包括主动认可，也包括经过具有强制执行力的生效法律文书认定的债权，该债权数额确定、履行期限已届满。此处要求债权确定是因为：首先，债权人与债务人之间的债的关系，与代位权诉讼是相对独立的两个诉。次债务人并非债权人与债务人债之关系的主体，其参加诉讼与否对后者的法律关系没有影响。代位权诉讼的标的，是债务人与次债务人之间的债权债务关系。而债权人与债务人之间具有确定到期的债权则是提起代位权诉讼的前提条件。其次，如果债权人与债务人之间的债未确定就开始代位权诉讼，会对次债务人产生不利影响：一是次债务人很难了解债权人与债务人之间的债务情况，而难以提出抗辩导致败诉；二是即使债务人作为第三人参加诉讼，其抗辩成立并导致债权人不能提出请求，此时也已经给参加诉讼的次债务人造成了实际损失，包括参加诉讼的费用和时间，增加其诉累。

债务人与次债务人之间的债的关系，不应要求必须明确、到期。当债

---

① 参见王路阳：《论债权人的代位权——从合同法的角度》，载《法制与社会》2017年第10期。

权人与债务人之间的债权确定后,债务人与次债务人之间则不一定要求债的关系确定。代位权诉讼的前提为债权人与债务人之间债权债务关系的确定性,而非债务人与次债务人之间债权债务关系的确定性则是代位权诉讼中理应解决的问题。代位权本因债务人怠于行使其债权而生,此种懈怠行为自然会导致其债权债务不明晰,更有甚者则是债务人与次债务人有意为之。若强行要求债权人必须在此种债的关系确定之后才能行使代位权,必将导致债权人难以行使该权利,代位权如同空架。同时在代位权诉讼中,次债务人仍有抗辩权足以保障其权利。另外,代位权诉讼中代位权人与债务人以及债务人与次债务人之间的法律关系一般而言是两个不同的法律关系,在法院审理时不能将两个不同的法律关系在一个代位权诉讼中进行审理,同样这与代位权的法律规定不符。①

【法条指引】

《中华人民共和国民法典》

第四百六十五条 依法成立的合同,受法律保护。

依法成立的合同,仅对当事人具有法律约束力,但是法律另有规定的除外。

第五百三十五条 因债务人怠于行使其债权或者与该债权有关的从权利,影响债权人的到期债权实现的,债权人可以向人民法院请求以自己的名义代位行使债务人对相对人的权利,但是该权利专属于债务人自身的除外。

代位权的行使范围以债权人的到期债权为限。债权人行使代位权的必要费用,由债务人负担。

相对人对债务人的抗辩,可以向债权人主张。

第五百三十六条 债权人的债权到期前,债务人的债权或者与该债权有关的从权利存在诉讼时效期间即将届满或者未及时申报破产债权等情

---

① 参见任悦:《次债务未确定不影响代位权的行使》,载《人民司法·案例》2017年第5期。

形,影响债权人的债权实现的,债权人可以代位向债务人的相对人请求其向债务人履行、向破产管理人申报或者作出其他必要的行为。

第五百三十七条 人民法院认定代位权成立的,由债务人的相对人向债权人履行义务,债权人接受履行后,债权人与债务人、债务人与相对人之间相应的权利义务终止。债务人对相对人的债权或者与该债权有关的从权利被采取保全、执行措施,或者债务人破产的,依照相关法律的规定处理。

第五百七十七条 当事人一方不履行合同义务或者履行合同义务不符合约定的,应当承担继续履行、采取补救措施或者赔偿损失等违约责任。

第四章 人格权法

第一节 具体人格权与一般人格权

彭某某诉江某某一般人格权纠纷案

【要点提示】

一般人格权是对民事主体享有的人格利益的抽象概括,在人格权体系中能够弥补具体人格权规定的不足。隐瞒已婚事实与他人发生性关系,致使受害人身心受到损害,侵害了主体的一般人格权,应当承担侵权责任。

【案例索引】

一审:上海市浦东新区人民法院(2014)浦民一(民)初字第11151号。

二审:上海市第一中级人民法院(2014)沪一中民一(民)终字第2315号。

【基本案情】

原告:彭某某。

被告:江某某。

2009年,彭某某、江某某通过某交友网站认识,之后几年仅是维持普通朋友关系。从2013年9月开始,双方开始频繁约会,江某某热烈地追求彭某某,双方感情急剧升温。从同年10月开始,双方在微信联系中互称"老公""老婆"。2013年10月30日,彭某某、江某某共同到新加坡考察,其间双方发生了性关系。之后,双方还多次发生性关系。2013年12月开始,双方关系逐渐疏远,江某某表示要中断恋爱关系。2014年2月3日,彭某某由于无法联系到江某某而撬开江某某位于上海浦东金桥的住所,适遇江某某及其妻子从斯里兰卡度假归来,致双方关系恶化。

江某某与案外人倪某于2013年2月22日登记结婚。而在与彭某某的微信记录中,江某某没有披露其已婚的事实且用热烈的言语追求彭某某。2013年11月27日,彭某某至上海南浦妇科医院就诊,支出医疗费1192元;2013年12月22日,彭某某从网上购买相关药品支出费用249元;2014年2月26日,彭某某因失眠两个月就诊于上海市中医医院,支出医疗费99.6元。

现彭某某以江某某采取欺骗手段侵犯其贞操权和健康权为由诉至法院,请求判令:江某某向其书面赔礼道歉(道歉内容须经法院审核);赔偿其精神损害抚慰金50万元,赔偿其治疗的医疗费1540.6元;诉讼费由江某某承担。

【法院审判】

一审法院认为,贞操是指男女性纯洁的良好品行,其主要表现为性的不可侵犯性,以使民事主体保持自己性的纯洁性。而贞操权作为一种独立的以人的性自由、性安全、性纯洁为特定内容的人格利益,应当由法律予以保护。

侵害贞操权可能会导致受害人身体、健康、自由和名誉等方面的损害,上述损害在行为人具有过错的情况下应当予以赔偿。对于是否侵犯贞操权应当从几个方面进行衡量,包括存在贞操权被侵害的事实、侵害行为具有违法性、侵害行为与损害事实具有因果关系，以及行为人主观上具有过错等。本案中，江某某隐瞒已婚的事实，以结婚为目的与彭某某交往，诱使彭某某与其发生性关系，显然已侵犯彭某某的贞操权。彭某某要求江某某赔礼道歉并赔偿精神损害抚慰金，符合法律规定，一审法院予以支持。

根据案件事实，一审法院判决江某某在判决生效之日起十日内向彭某某书面赔礼道歉（内容须经法院审查），并于判决生效之日起十日内赔偿彭某某精神损害抚慰金 3 万元。鉴于彭某某提供的证据不能证明其支出的医疗费与江某某的侵害行为存在因果关系，故彭某某要求江某某赔偿医疗费的诉讼请求，一审法院不予支持。

一审判决后，江某某不服，向上海市第一中级人民法院提起上诉。江某某认为彭某某提交的证据属于瑕疵证据，一审依据这些瑕疵证据判定事实显属不当；双方在交往过程中发生性关系是自主自愿的行为，且彭某某利用自己谋求利益，可见其交往的目的不纯；贞操权并非民法上的概念，相关法律及司法解释并未将该权利予以明确并作为可以申请精神损害赔偿的范围。贞操应属道德义务，不应将道德法律化。

彭某某辩称贞操权主要体现为性自主权，是自然人自主支配自己性利益的权利，作为一种人格利益受到法律保护，不受他人侵犯。江某某隐瞒已婚事实，对彭某某谎称单身，联合朋友一起欺骗彭某某，以结婚为诱饵，诱骗彭某某与其发生性关系，严重侵犯了彭某某的性自主权，对彭某某的身心均造成损害。这不仅应受道德谴责，更是违反法律的行为。

二审法院认为，从彭某某所提供的微信聊天记录等证据来看，江某某在与彭某某的聊天过程中并未披露其已婚的事实，且用热烈的言语追求彭某某，其行为足以使彭某某误认为双方确实是以缔结婚姻为目的而进行深入交往。这些证据虽未经过公证，然形式上符合法律规定，内容亦足以证明案件的基本事实，对其效力予以认定。对于江某某称彭某某与其交往动机不纯的主张，因其未提供充分的证据予以证实，法院对此不予采信。

自然人的人格尊严是一般人格权最重要的内容，是指自然人作为

"人"所应有的最起码的社会地位并且受到他人和社会的最基本尊重,是自然人对自身价值的认识与其在社会上享有的最起码尊重的结合。根据《最高人民法院关于确定民事侵权精神损害赔偿责任若干问题的解释》第一条之规定,自然人因人格尊严权遭受非法侵害,有权请求赔偿精神损害;违反社会公共利益、社会公德侵害他人人格利益,受害人亦有权以侵权为由请求赔偿精神损害。

本案中,江某某隐瞒其已婚事实,使彭某某在错误认识的基础上与其发生性关系,给彭某某的心理造成一定伤害。在交往过程中,江某某的隐瞒行为存在主观上的故意,实际上也没有将彭某某视为平等的、具有人格尊严的民事主体进行对待,所以其过错行为侵犯了彭某某的一般人格权,依法应当承担侵权责任。同时,根据《民法通则》第四条①"民事活动应当遵循自愿、公平、等价有偿、诚实信用的原则"、第七条②"民事活动应当尊重社会公德"之规定,江某某的行为亦有违诚实信用和公序良俗原则。原审法院根据江某某的过错程度、行为方式及后果,酌情判令其赔偿彭某某精神损害抚慰金3万元并书面赔礼道歉,该处理方式并无不当。

综上,原审法院判决正确,二审法院予以维持。上诉人江某某的上诉请求无事实和法律依据,二审法院不予支持。依照《民事诉讼法》第一百七十条第一款第(一)项之规定,二审法院判决:驳回上诉,维持原判。

【争议焦点】

本案的争议焦点主要是:江某某与彭某某在交往过程中是否隐瞒其已婚的客观事实,并表现出缔结婚姻的意向;如果是,江某某是否应承担侵犯彭某某一般人格权的赔偿责任。

---

① 参见《民法典》(总则编)第五条、第六条、第七条。
② 参见《民法典》(总则编)第八条。

第四章 人格权法

【法理评析】

具体人格权与一般人格权的制度安排

我国采纳的人格权体系结构为一般人格权和具体人格权，二者相辅相成，构成我国人格权保护的完整体系。《民法典》第九百九十条规定："人格权是民事主体享有的生命权、身体权、健康权、姓名权、名称权、肖像权、名誉权、荣誉权、隐私权等权利。除前款规定的人格权外，自然人享有基于人身自由、人格尊严产生的其他人格权益。"本案中江某某隐瞒自身已婚事实，与彭某某交往并发生性关系，侵犯了彭某某的性自主权。这种独立的以人的性自由、性安全、性纯洁为特定内容的人格权益受到法律的保护。彭某某有权选择与何人在何种条件下发生性关系，在得知江某某隐瞒已婚事实后，彭某某认为自身性自主权受到侵犯，可以推定若彭某某在与江某某发生性关系之前得知该人存在婚配，便会拒绝与其发生性关系，因而江某某对已婚事实的隐瞒无疑损害了彭某某的性自主权。然而性自主权并非我国法律规定的具体人格权，因此，可以按照一般人格权予以权利救济。

通说认为，一般人格权是对于抽象的人格利益的保护，也就是对人格独立、人格自由、人格平等和人格尊严的保护，[①] 具有抽象概括性与权益集合性的特点。一般人格权可以使得需要被保护而未被实体法具体规定的人格利益受到保护。立法者不可能认识到所有的人格权冲突，难以将人性中值得保护的表现与存在的方面进行事无巨细的规定，若具体案情中未出现对特别人格权的侵犯，应审查是否存在对一般人格权的侵犯。[②] 在遇到人格利益受侵害的情况时，一般人格权的保护仅具备补充性，当具体人格权无法提供有效保护时，方考虑一般人格权的适用。否则一般人格权的滥

---

① 参见杨立新、刘召成：《论作为抽象人格权的一般人格权》，载《广东社会科学》2010年第6期。

② 参见〔德〕卡尔·拉伦茨：《德国民法通论》，王晓晔等译，法律出版社2013年版，第174页。

用势必会过分扩大法官的自由裁量权，不利于保证法律的确定性与安全性。

人格尊严是一般人格权的重要内容，是指民事主体作为一个"人"所应有的最起码的社会地位，并且应受到社会和他人最起码的尊重，即把人真正当作"人"。① 人格尊严中包含他人、社会对民事主体作为"人"的尊重，不同于侵犯名誉权的后果，侵犯他人人格尊严可能并未影响其社会评价，但却没有给予他人作为"人"的尊重。性自主权是民事主体自主支配自己性利益的权利，任何人必须对他人的性自由予以尊重。性的不可侵犯性是人格尊严的体现，这符合一般人格权包含的基本价值。江某某隐瞒已婚事实，以结婚为诱饵与彭某某发生性关系的行为缺乏对彭某某最基本的尊重，没有将彭某某作为一个平等的、具有人格尊严的"人"来看待，侵犯了彭某某的人格尊严，依法应当承担侵权责任。

【法条指引】

《中华人民共和国民法典》

第五条　民事主体从事民事活动，应当遵循自愿原则，按照自己的意思设立、变更、终止民事法律关系。

第六条　民事主体从事民事活动，应当遵循公平原则，合理确定各方的权利和义务。

第七条　民事主体从事民事活动，应当遵循诚信原则，秉持诚实，恪守承诺。

第八条　民事主体从事民事活动，不得违反法律，不得违背公序良俗。

第九百九十条　人格权是民事主体享有的生命权、身体权、健康权、姓名权、名称权、肖像权、名誉权、荣誉权、隐私权等权利。

除前款规定的人格权外，自然人享有基于人身自由、人格尊严产生的

---

① 参见杨立新：《人格权法》，中国法制出版社2006年版，第121页。

其他人格权益。

第九百九十五条　人格权受到侵害的，受害人有权依照本法和其他法律的规定请求行为人承担民事责任。受害人的停止侵害、排除妨碍、消除危险、消除影响、恢复名誉、赔礼道歉请求权，不适用诉讼时效的规定。

第二节　人格权精神损害赔偿与违约责任

■■■ 蔡某某诉榆树市殡仪馆侵权责任案

【要点提示】

骨灰作为保管法律关系的标的物，对死者亲属具有社会所普遍承认的精神寄托、精神安慰价值。本案中，骨灰是对蔡某某及其子女具有人格象征意义的特定纪念物品，因榆树市殡仪馆保管不善而灭失，造成了蔡某某及其子女巨大的精神痛苦，根据我国的公序良俗，榆树市殡仪馆应承担一定的过错责任，对蔡某某及其子女给予一定的精神损害赔偿。

【案例索引】

一审：吉林省榆树市人民法院（2018）吉0182民初3342号。
二审：吉林省长春市中级人民法院（2019）吉01民终874号。
执行：吉林省长春市中级人民法院（2019）吉0182执1510号。

【基本案情】

原告：蔡某某（男）。
被告：榆树市殡仪馆。

蔡某某（男）与孙某某（女）原系夫妻，生育四名子女，长子蔡云甲、次子蔡云乙、长女蔡金甲、次女蔡金乙。蔡某某的妻子孙某某于2002年2月病故，遗体火化后骨灰由蔡某某寄存于榆树市殡仪馆，蔡某某及其子女每年按期向榆树市殡仪馆交纳寄存费用。

2018年6月6日，榆树市殡仪馆工作人员在清点骨灰盒时发现孙某某的骨灰盒不在原位置并通知蔡某某，之后一直没有找到骨灰盒，榆树市殡仪馆将其定性为丢失并给蔡某某出具了说明。榆树市殡仪馆与蔡某某及其子女就赔偿事宜协商未果，提出按照法律程序解决。蔡某某遂代表自己及子女诉至法院。

原告诉称：逝者孙某某系原告及其子女等近亲属日夜思念的已故亲人，原告及其子女每年都按中华民族的传统进行祭奠，以寄托哀思。骨灰盒的丢失，给原告及其子女等近亲属造成不可弥补的精神伤害。原告代表各子女等近亲属就此问题产生的赔偿事宜与被告协商未果，故诉至法院，要求被告赔偿精神损害抚慰金10万元及处理骨灰盒丢失事宜产生的误工费、交通费、食宿费等1万元并承担诉讼费和代理费。

被告辩称：对丢失骨灰盒的事实没有异议，发现骨灰盒丢失之后，我单位及时与原告及其子女沟通，协商赔偿事宜，因双方对赔偿数额未能达成一致，协商未果。原告主张的精神损害抚慰金10万元过高，我单位同意赔偿原告及其子女精神损害抚慰金3万元。

庭审中，蔡某某提交了榆树市殡仪馆骨灰寄存证、榆树市殡仪馆收费专用票据、榆树市殡仪馆的说明，证明孙某某骨灰寄存和丢失的事实。提交了户口簿、榆树市新庄镇八垅村村民委员会出具的蔡某某亲属关系证明、身份证，证明蔡某某及其子女与孙某某的亲属关系。庭后补交了一份由蔡云甲、蔡云乙、蔡金甲、蔡金乙共同出具的情况说明，证明由蔡某某代表各子女共同请求赔偿，不再另行主张权利。另查明，榆树市殡仪馆系民办非企业单位法人，经费自理。

第四章　人格权法

【法院审判】

（一）吉林省榆树市人民法院一审

一审法院认为，蔡某某及其子女将孙某某的骨灰及骨灰盒寄存在榆树市殡仪馆，双方形成保管合同关系，榆树市殡仪馆对该骨灰及骨灰盒负有保管义务。在榆树市殡仪馆保管期间，骨灰及骨灰盒丢失，榆树市殡仪馆存在保管不善的过错责任。骨灰是对蔡某某及其子女具有人格象征意义的特定纪念物品，因榆树市殡仪馆保管不善而灭失，造成了蔡某某及其子女巨大的精神痛苦。根据我国的公序良俗，榆树市殡仪馆应承担一定的过错责任，对蔡某某及其子女给予一定的精神损害赔偿。

蔡某某与孙某某系几十年的夫妻，骨灰的丢失使蔡某某在去世后夫妻合葬的希望化为泡影，其精神损害抚慰金的数额应高于其他子女，以3万元为宜，其他四子女以每人1万元为宜。蔡某某对误工费、食宿费、交通费的主张未能提供证据予以证明，一审法院对此不予支持。依据《民法总则》第八十七条①、《侵权责任法》第六条②、《最高人民法院关于确定民事侵权精神损害赔偿责任若干问题的解释》第四条、《民事诉讼法》第六十四条的规定，一审判决：被告榆树市殡仪馆于判决生效后立即赔偿原告蔡某某（及其四子女）精神损害抚慰金7万元；一审案件受理费1250元由被告承担875元、原告承担375元，代理费1000元由被告承担；驳回原告其他诉讼请求。

（二）吉林省长春市中级人民法院二审

二审庭审中，双方当事人均未提交新证据。

榆树市殡仪馆上诉认为：榆树市殡仪馆承认保管不善造成骨灰丢失，同意赔偿蔡某某精神损害抚慰金，但根据《最高人民法院关于确定民事侵权精神损害赔偿责任若干问题的解释》第十条的规定，榆树市殡仪馆只是

---

① 参见《民法典》（总则编）第八十七条。
② 参见《民法典》（侵权责任编）第一千一百六十五条。

保管不善,并非故意弄丢;榆树市殡仪馆并没有因此获利;榆树市殡仪馆非盈利机构,经济条件有限,难以承担巨额赔偿;榆树市属于经济欠发达地区,生活水平有限,一审法院判决榆树市殡仪馆承担7万元精神损害抚慰金过高,应予减少;另外,蔡某某和孙某某生有蔡云甲、蔡云乙、蔡金甲、蔡金乙四子女,只有蔡某某向法院起诉,其余四名子女未向一审法院起诉,也没有向榆树市殡仪馆主张权利,一审法院在此情况下,判决四名子女每人应获得精神损害抚慰金1万元于法无据。

  蔡某某辩称:榆树市殡仪馆以其"只是保管不善,并非故意丢失"来减轻及淡化责任不能成立,给蔡某某及亲人造成的精神伤害后果是巨大的,法院判决榆树市殡仪馆依法承担赔偿责任,具有充分的事实和法律依据;榆树市殡仪馆称"并没有因此获利",更不能成为减轻赔偿责任的理由;榆树市殡仪馆称自己"非盈利机构,难以承担巨额赔偿",不仅与事实严重相违,而且与依法承担赔偿责任不存在关联性,本案事实是榆树市殡仪馆是纯盈利单位;本案中一审法院是按榆树为经济欠发达地区作出判决的,所以法院才只判了7万元,一审法院判决7万元实属过低;一审法院征询了四子女意见,一致同意其父亲蔡某某代表四子女起诉,共同到庭并出具了相应材料,而且一审起诉时,原为五个原告,是法院立案庭告知要求以其父蔡某某一人为原告代表五人起诉,一审时对此问题处理特别慎重、妥善;一审判决于实有据、于法有依,具有充分的事实和法律依据。

  二审法院审理查明的事实与原审判决认定的事实一致。法院认为,一审法院虽未向蔡某某释明蔡云甲、蔡云乙、蔡金甲、蔡金乙是否与蔡某某一并主张权利,但在一审审理时蔡云甲、蔡云乙、蔡金甲、蔡金乙共同出具了情况说明,表示由蔡某某代表各子女共同请求赔偿,保证不再另行主张权利,即蔡云甲、蔡云乙、蔡金甲、蔡金乙将请求赔偿的权利让渡给了蔡某某,由蔡某某代表其子女主张权利。另《最高人民法院关于确定民事侵权精神损害赔偿责任若干问题的解释》第四条规定:"具有人格象征意义的特定纪念物品,因侵权行为而永久性灭失或者毁损,物品所有人以侵权为由,向人民法院起诉请求赔偿精神损害的,人民法院应当依法予以受理。"第十条规定:"精神损害的赔偿数额根据以下因素确定:(一)侵权人的过错程度,法律另有规定的除外;(二)侵害的手段、场合、行为方式等具体情节;(三)侵权行为所造成的后果;(四)侵权人的获利情况;(五)侵权人承担责任的经济能力;(六)受诉法院所在地平均生活水平。法律、行政法规对残疾赔偿金、死亡赔偿金等有明确规定的,适用法律、行政法规的规定。"本案中,榆树市殡仪馆系为公众提供骨灰寄存的服务,在保管骨灰的过程中应尽到合理的注意义务。在保管期间,榆树市殡仪馆未能妥善保管好孙某某的骨灰,致使骨灰永久性灭失,使得蔡某某及其子女无法寄托对孙某某的哀思,亦使得蔡某某失去将来夫妻合葬的希望,故考虑侵权的过错程度,侵害的手段、场合、行为方式等具体情节及侵权行为所造成的后果等因素,酌情支持蔡某某精神损害抚慰金7万元。在蔡某某取得7万元精神损害抚慰金后与其子女如何进行分配,系蔡某某家庭内部事宜,法院不宜干涉。

综上所述,一审法院适用法律不当,本院予以纠正,榆树市殡仪馆的上诉请求部分成立。依照《民事诉讼法》第一百七十条第一款第(二)项的规定,判决维持吉林省榆树市人民法院(2018)吉0182民初3342号民事判决第二项;变更吉林省榆树市人民法院(2018)吉0182民初3342号民事判决第一项为上诉人榆树市殡仪馆于判决生效后立即赔偿被上诉人蔡某某精神损害抚慰金7万元;驳回上诉人榆树市殡仪馆其他上诉请求。

【争议焦点】

本案的争议焦点,一是原告的四名子女未向法院主张权利,是否有权获得精神损害抚慰金4万元;二是榆树市殡仪馆承担的7万元精神损害抚慰金是否过高。

【法理评析】

合同违约与人权格精神损害赔偿并存时的民事责任

（一）合同违约与人格权精神损害赔偿并存的司法适用

违约一般适用于合同法律领域，而对人格权的精神损害赔偿法律规定在侵权领域，二者看似没有交集，但在实际生活中亦会出现因一方当事人的违约，侵犯另一方当事人权益，并因此给对方当事人造成严重精神损失的情况。我国法律明确规定可以主张精神损害赔偿的，主要集中在侵权责任领域，即侵权精神损害赔偿。所适用的范围仅仅是对人格权，以及对具有人格象征意义的特定纪念物品的永久性灭失或者毁损所造成的侵权。在以往的司法实践中，对违约造成精神损害赔偿的，一般情况是通过责任竞合，以侵权为由起诉解决。但是，若选择侵权案由来起诉就不能再同时以违约责任来要求赔偿，而且受害方往往需要承担更多的举证责任。在司法实践中也产生了较大的问题，不利于受害方主张权利。

因此，《民法典》对这一问题作了重大修正。《民法典》第九百九十六条规定："因当事人一方的违约行为，损害对方人格权并造成严重精神损害，受损害方选择请求其承担违约责任的，不影响受损害方请求精神损害赔偿。"换句话说，因违约行为造成对方人格权遭受严重损害时，受损害方可以同时要求主张违约责任和精神损害赔偿责任。这就为减少当事人之间的诉累，突破传统违约责任与侵权责任竞合所引起请求权基础选择的困境提供了解决方案。

死者骨灰作为保管法律关系的标的物，具有法律意义上的社会价值，并且已被社会公众所认可。本案中，死者遗体火化后骨灰由原告寄存于被告处，原告及其子女与被告之间订立了保管合同，且原告与子女每年按期向被告交纳寄存费用。因此，被告在保管骨灰的过程中应尽到合理的注意义务。然而，在保管期间，被告未能妥善保管好孙某某的骨灰，致使骨灰永久性灭失，使得原告及其子女无法寄托对孙某某的哀思，亦使得原告失去将来夫妻合葬的希望,从而造成了蔡某某及其子女巨大的精神痛苦。精神损害赔偿的立法精神,在于一些侵权行为对他人的人身权利造成损害而产生精神上的伤害和肉体上的痛苦,仅仅通过赔礼道歉的方式尚不足以弥补当事人的精神损害,为了对受害人进行补偿,由此才产生了以金钱的形式进行精神慰藉的赔偿方式。

本案中因被告方违反保管合同义务使死者的骨灰丢失的情况,既构成了合同违约,亦符合侵权的构成要件。按照《民法典》第九百九十六条的规定,在获得精神损害赔偿的同时,亦可以要求被告方承担因违反保管合同而产生的违约责任。

(二)关于精神损害赔偿的具体数额

本案中一审法院判决被告赔偿原告蔡某某(及其四子女)精神损害抚慰金7万元。上诉人认为榆树市属于经济欠发达地区,生活水平有限,7万元精神损害抚慰金过高,应予减少。二审法院则认为,榆树市殡仪馆系为公众提供骨灰寄存的服务,在保管骨灰的过程中应尽到合理的注意义务。在保管期间,榆树市殡仪馆未能妥善保管好孙某某的骨灰,致使骨灰永久性灭失,根据《最高人民法院关于确定民事侵权精神损害赔偿责任若干问题的解释》第十条的规定,应当考虑侵权的过错程度,侵害的手段、场合、行为方式等具体情节及侵权行为所造成的后果等因素。我们认为,法院的判决是合理合法的。

【法条指引】

《最高人民法院关于确定民事侵权精神损害赔偿责任若干问题的解释》

第四条　具有人格象征意义的特定纪念物品,因侵权行为而永久性灭失或者毁损,物品所有人以侵权为由,向人民法院起诉请求赔偿精神损害的,人民法院应当依法予以受理。

第十条　精神损害的赔偿数额根据以下因素确定:

(一)侵权人的过错程度,法律另有规定的除外;

（二）侵害的手段、场合、行为方式等具体情节；

（三）侵权行为所造成的后果；

（四）侵权人的获利情况；

（五）侵权人承担责任的经济能力；

（六）受诉法院所在地平均生活水平。

法律、行政法规对残疾赔偿金、死亡赔偿金等有明确规定的，适用法律、行政法规的规定。

《中华人民共和国民法典》

第八十七条　为公益目的或者其他非营利目的成立，不向出资人、设立人或者会员分配所取得利润的法人，为非营利法人。

非营利法人包括事业单位、社会团体、基金会、社会服务机构等。

第一百八十六条　因当事人一方的违约行为，损害对方人身权益、财产权益的，受损害方有权选择请求其承担违约责任或者侵权责任。

第八百八十八条　保管合同是保管人保管寄存人交付的保管物，并返还该物的合同。

寄存人到保管人处从事购物、就餐、住宿等活动，将物品存放在指定场所的，视为保管，但是当事人另有约定或者另有交易习惯的除外。

第八百九十七条　保管期内，因保管人保管不善造成保管物毁损、灭失的，保管人应当承担赔偿责任。但是，无偿保管人证明自己没有故意或者重大过失的，不承担赔偿责任。

第九百九十六条　因当事人一方的违约行为，损害对方人格权并造成严重精神损害，受损害方选择请求其承担违约责任的，不影响受损害方请求精神损害赔偿。

第一千一百六十五条　行为人因为过错侵害他人民事权益造成损害的，应当承担侵权责任。

依照法律规定推定行为人有过错，其不能证明自己没有过错的，应当承担侵权责任。

第一千一百八十三条　侵害自然人人身权益造成严重精神损害的，被侵权人有权请求精神损害赔偿。

因故意或者重大过失侵害自然人具有人身意义的特定物造成严重精神损害的，被侵权人有权请求精神损害赔偿。

第三节　肖像权保护

■■■ 马某某诉上海零图影视文化传媒有限公司肖像权纠纷案

【要点提示】

肖像是通过影像、雕塑、绘画等方式在一定载体上所反映的特定自然人可以被识别的外部形象。自然人对自己的肖像享有肖像权，有权依法制作、使用、公开或者许可他人使用自己的肖像。

对于人物剧照，其上既包含了影视作品制作者的著作权，也包含了演员的肖像权。未经肖像权人同意，任何组织和个人不得制作、使用、公开肖像权人的肖像，但是法律另有规定的除外。

【案例索引】

一审：上海市长宁区人民法院（2018）沪0105民初15046号。
二审：上海市第一中级人民法院（2019）沪01民终4322号。

【基本案情】

原告：马某某。
被告：上海零图影视文化传媒有限公司（以下简称"零图公司"）。

马某某系演员，具有一定的知名度。2017年7月11日，零图公司在其主办的微信公众号"某某主义"中发布了标题为《马某某被素颜"小三"打败？不要什么事都怪人设》的文章，其中使用了马某某参演的某电视剧剧照十张及马某某生活合照一张作为配图。2017年7月13日零图公司在微信公众号"某某主义"中发布了标题为《马某某为什么演不好亦舒女郎？》的文章，其中使用了马某某参演的某电视剧剧照四张作为配图。经双方确认，马某某指称的零图公司微信公众号中的涉案文章配图已经删除。

马某某的诉讼请求为：（1）判令零图公司立即停止实施侵犯马某某肖像权、姓名权的行为；（2）判令零图公司向马某某赔礼道歉，出具书面的致歉声明，在全国发行的报纸上刊登内容相同的致歉声明（致歉版面不小于6厘米×9厘米），并在侵权微信公众号"某某主义"上连续30日发布内容相同的致歉声明；（3）判令零图公司赔偿马某某经济损失20万元及合理维权费用包括公证费74元、律师费3000元，判令零图公司支付马某某精神损害赔偿金2万元。

【法院审判】

（一）上海市长宁区人民法院一审

一审法院认为，自然人享有肖像权，未经本人同意，不得以营利为目的使用自然人的肖像；自然人的肖像权受到侵害的，有权要求停止侵害、恢复名誉、消除影响、赔礼道歉，并可以要求赔偿损失。对于马某某主张零图公司侵犯其肖像权的问题，零图公司在其微信公众号中所登载的《马某某被素颜"小三"打败？不要什么事都怪人设》《马某某为什么演不好亦舒女郎？》两篇文章，其内容涉及整形外科医院美容项目以及声优课程的推广，属于营利性的宣传活动，零图公司在上述文章内未经马某某同意使用其肖像，侵犯了其肖像权，零图公司应当承担侵权责任。零图公司辩称此系对马某某参演电视剧剧照的使用，不构成对其肖像权的侵权。但人物剧照既包含了影视作品制作者的著作权，也包含了演员的肖像权，本案所涉剧照中呈现的人物形象与马某某自然人肖像之间具有明确的可识别性和可辨认性。现零图公司未经马某某同意使用包含马某某肖像的照片,亦无证据证明零图公司使用马某某照片有其他合法依据,已构成了对马某某肖像权的侵犯,故马某某要求零图公司承担侵权责任之诉讼请求,一审法院予以支持。

自然人享有姓名权,有权决定、使用和依照规定改变自己的姓名,禁止他人干涉、盗用、假冒。侵犯姓名权的表现方式为:干涉他人决定、使用、改变姓名;盗用他人姓名;冒用他人姓名。本案中,零图公司发布的文章不属于上述行为,故马某某主张零图公司侵犯其姓名权的诉讼请求,一审法院不予支持。

对于马某某的具体诉请:现零图公司已停止使用马某某的肖像照片,马某某申请撤回要求"零图公司立即停止实施侵犯马某某肖像权、姓名权的行为"的诉讼请求,一审法院依法予以准许;考虑到零图公司侵权行为的情节,根据本案的实际情况,由零图公司在其经营的微信公众号"某某主义"上刊登道歉信(内容须经一审法院审核),为期十日;关于马某某主张的损失,其中经济损失根据马某某的知名度、代言费用的情况及零图公司的侵权时间,综合零图公司网站的性质、登载马某某肖像图片的位置、内容,以及营利性企业使用自然人肖像照片应支付使用费等情况,酌定为4万元;关于精神损害抚慰金,从所用马某某图片来看,是展示马某某健康、美好的形象,因此零图公司侵犯马某某的肖像权未达到严重后果,故对马某某要求零图公司赔偿精神损害抚慰金的诉讼请求,一审法院难以支持;关于律师费,根据本案案情等,酌定为3000元;关于公证费,根据马某某诉请结合票据等,酌定为74元。

据此,一审法院判决如下:(1)零图公司应就其侵害马某某肖像权的行为在微信公众号"某某主义"连续十日刊登向马某某的书面道歉函(内容须经一审法院审核),于本判决生效之日起十日内履行完毕;(2)零图公司应赔偿马某某共计43074元,于本判决生效之日起十日内履行完毕;(3)驳回马某某其余诉讼请求。如果未按本判决指定的期间履行给付金钱义务,应当依照《民事诉讼法》第二百五十三条之规定,加倍支付迟延履行期间的债务利息。案件受理费1425元,因适用简易程序,减半收取计712.5元,由马某某负担562.5元、零图公司负担150元。

(二)上海市第一中级人民法院二审

零图公司不服一审判决,向上海市第一中级人民法院上诉,请求:撤销一审判决,依法改判驳回马某某一审全部诉讼请求。上诉事实和理由是:零图公司认为,剧照是表演者在影视作品中所饰演的经过艺术加工的角色,不再是其本人形象,而肖像权是指自然人通过各种形式在客观上再现自己形象而享有的专有权,它仅限于反映真实人物的形象特征,故本案公众号文章使用剧照并不构成对马某某肖像权的侵犯;零图公司使用的为剧照,而非生活照,故本案应属于侵害表演者权纠纷,而不是肖像权、姓名权纠纷,对方明显混淆两种不同法律概念;涉案公众号文章附有的整形医院及声优课程的相关介绍均系零图公司法定代表人李某个人爱好、偏向性介绍与推广,并不具有营利性。

马某某辩称,本案系肖像权、姓名权纠纷。任何权利的使用均应当获得许可,而剧照仅限于制片方等使用,零图公司并不在此列,零图公司使用该剧照应当获得许可。本案使用的剧照为时装照,与其本人形象具有一致性,从本案公众号两篇文章标题来看,直接使用了"马某某"名字,该使用方式与其本人具有唯一对应性。两篇文章分别附有整形医院和声优课程的相关介绍,足以证明其使用马某某剧照具有营利性目的。故不同意零图公司上诉请求和理由,请求驳回上诉,维持原判。

二审法院认为本案的争议焦点在于零图公司对马某某参演的影视作品剧照的使用是否构成侵犯了马某某肖像权。

零图公司上诉称,其使用的剧照系经过艺术加工过的演员角色,非本人形象,并未侵犯马某某肖像权,即使构成侵权,也仅是侵犯表演者权。对此,二审法院认为,影视演员参与影视演出,系对制作方制作、使用其肖像的授权,是演员对自己肖像使用权的出让,该转让只发生在制作方与演员之间,而且系部分、有限的转让。而作为艺术形象的剧照虽经过艺术加工不能等同于肖像,但剧照不仅承载了影视的某个镜头,同时也承载了演员的人物形象。因此，如剧照基本反映的是演员的形象或与演员形象之间具有高度的可识别性和可辨认性，其突显的仍是演员外在形象，具有演员人格利益属性，理应受到法律保护。在本案中，涉案剧照能较为清晰地反映马某某个人形象，且有多张为正面照，具有高度的可识别性与可辨认性，故涉案剧照上存在着肖像权与著作权的双重权利。本案中，零图公司未经马某某同意使用其多张剧照，且从涉诉公众号文章内容可以看出，涉诉文章存在对整形医院及声优课程的相关介绍、二维码、优惠价格等宣传推广信息，零图公司该行为系具有营利性的宣传活动，故侵犯了马某某肖像权，零图公司应当承担侵权责任。零图公司虽以该推广为法定代表人个人爱好为由主张其并不具有营利性目的，但未提供相应证据予以证明，对此二审法院不予采信。

综上所述，一审判决认定事实清楚，适用法律正确，零图公司的上诉理由不能成立。据此，依照《民事诉讼法》第一百七十条第一款第（一）项之规定，判决如下：驳回上诉，维持原判；二审案件受理费1425元，由零图公司负担。

【争议焦点】

本案的争议焦点为零图公司对马某某参演的影视作品剧照的使用是否构成对马某某肖像权的侵犯。

【法理评析】

侵害肖像权的民事责任

（一）肖像的内涵

依据《民法典》第一千零一十八条第二款的规定，所谓肖像是通过影像、雕塑、绘画等方式在一定载体上所反映的特定自然人可以被识别的外部形象。这里的"外部形象"并不局限于面部形象。肖像固以人之面部特征为主要内容，但应从宽解释，凡足以呈现人之外部形象者，均包括在内。① 最高人民法院民法典贯彻实施工作领导小组也持这一观点，即只要能够呈现出自然人的外部形象，并且可以使他人清楚识别出该外部特征属于某个特定的自然人，那么这种外部形象就属于肖像。②

（二）剧照是否属于肖像

演员的形象是电影作品的要素之一。而作为演员形象的剧照可能不同于肖像，但也并不是与肖像截然不同。人物剧照既包含了影视作品制作者的著作权，也包含了演员的肖像权。本案中，涉案剧照能较为清晰地反映马某某个人形象，且有多张为正面照，具有高度的可识别性与可辨认性，马某某对相关照片拥有肖像权。

自然人对自己的肖像享有肖像权，有权依法制作、使用、公开或者许可他人使用自己的肖像。

（三）侵害肖像权的认定

依据《民法典》第一千零一十九条第一款的规定，未经肖像权人同意，任何组织或者个人不得制作、使用、公开肖像权人的肖像，但是法律另有规定的除外。在互联网环境下，相当一部分侵害肖像权的行为以恶意损害或者恶作剧的形式出现，对肖像权的侵害往往不以营利为目的，或者难以认定侵害肖像权的行为具有营利性。而实务界和理论界目前达成共识，即擅自使用他人肖像，不论是否营利，均可认定侵害他人肖像。③

本案中，零图公司未经马某某同意，使用其剧照进行宣传，满足《民法典》第一千零一十九条第一款的规定，构成对马某某肖像权的侵犯。

---

① 参见王泽鉴：《人格权法：法释义学、比较法、案例研究》，北京大学出版社2013年版，第141页。

② 参见最高人民法院民法典贯彻实施工作领导小组主编：《中华人民共和国民法典人格权编理解与适用》，人民法院出版社2020年版，第237页。

③ 参见最高人民法院民法典贯彻实施工作领导小组主编：《中华人民共和国民法典人格权编理解与适用》，人民法院出版社2020年版，第242页；张红：《"以营利为目的"与肖像权侵权责任认定——以案例为基础的实证研究》，载《比较法研究》2012年第3期。

第四章　人格权法

【法条指引】

《中华人民共和国民法典》

第九百九十条第一款　人格权是民事主体享有的生命权、身体权、健康权、姓名权、名称权、肖像权、名誉权、荣誉权、隐私权等权利。

第九百九十五条　人格权受到侵害的，受害人有权依照本法和其他法律的规定请求行为人承担民事责任。受害人的停止侵害、排除妨碍、消除危险、消除影响、恢复名誉、赔礼道歉请求权，不适用诉讼时效的规定。

第一千零一十八条　自然人享有肖像权，有权依法制作、使用、公开或者许可他人使用自己的肖像。

肖像是通过影像、雕塑、绘画等方式在一定载体上所反映的特定自然人可以被识别的外部形象。

第一千零一十九条　任何组织或者个人不得以丑化、污损，或者利用信息技术手段伪造等方式侵害他人的肖像权。未经肖像权人同意，不得制作、使用、公开肖像权人的肖像，但是法律另有规定的除外。

未经肖像权人同意，肖像作品权利人不得以发表、复制、发行、出租、展览等方式使用或者公开肖像权人的肖像。

第四节　英烈名誉、荣誉利益保护

葛长生、宋福保诉洪振快名誉权、荣誉权纠纷案

【要点提示】

英雄人物、烈士的个人名誉及荣誉是民族的共同记忆、民族精神和社会主义价值观的一部分，因而构成了社会公共利益的一部分。行使言论自由和学术自由的权利，需要在法律范围内进行。文学艺术作品侵害英雄烈士

等的姓名、肖像、名誉、荣誉，损害社会公共利益的，应当承担民事责任。

【案例索引】

一审：北京市西城区人民法院（2015）西民初字第 27841、27842 号。
二审：北京市第二中级人民法院（2016）京 02 民终 6271、6272 号。

【基本案情】

原告：葛长生、宋福保。

被告：洪振快。

原告葛长生、宋福保诉称，2013 年 8 月 27 日，张姓网民在网络上公开发表歪曲"狼牙山五壮士"的言论，造成不良的社会影响。经公安机关侦查，张姓网民承认自己虚构信息、散布谣言的违法事实，公安机关依法对其予以行政拘留七日。2013 年 9 月 9 日，被告洪振快针对上述事实，在财经网公开发表《小学课本"狼牙山五壮士"有多处不实》一文，称"越秀警方以虚构信息、散布谣言的罪名直接抓人，这开了一个谈论历史有可能获罪被抓的先河"。该文迅即被多个网站转载。其后，被告又在《炎黄春秋》2013 年第 11 期上发表了《"狼牙山五壮士"的细节分歧》一文。该文不顾"狼牙山五壮士"英勇抗击日寇，为掩护老百姓和主力部队转移，主动将日寇引上与主力部队撤退方向相反的山峰绝路，且战且退，直至退至狼牙山绝顶，最后弹尽毁枪，高呼口号，英勇跳崖，慷慨就义的事实，而是用隐晦阴暗的手法，通过所谓考据历史的名义或者假借网民、红卫兵之口等手段，引用不同信息来源细节表述上的轻微差异，以断章取义、主观推断和故意误导等方式，污蔑、抹黑"狼牙山五壮士"。其言：五壮士不是五个人，是六人，其中一人中途当了汉奸；五壮士不是掩护老百姓和主力部队，只是追赶主力部队；五壮士不是跳崖，其中二人是溜下山坡；五壮士战斗期间拔地里萝卜，违反"三大纪律"等等。被告洪振快的微博和文章言论肆意抹黑"狼牙山五壮士"，在社会上产生了恶劣的负面影响。

原告认为："狼牙山五壮士"的英雄事迹，早在抗日战争年代就广为流传。1943年晋察冀军区授予五名战士"狼牙山五壮士"荣誉称号。"狼牙山五壮士"是中国人民解放军的英雄,是中国共产党的英雄,是中华民族的英雄。"狼牙山五壮士"的英名,决不允许侮辱诽谤。侮辱诽谤"狼牙山五壮士"英雄名誉,就是侮辱诽谤中国人民解放军,侮辱诽谤我们社会主义国家,侮辱诽谤我们中华民族。被告洪振快以历史细节考据、学术研究为幌子,以细节否定英雄,企图抹黑"狼牙山五壮士"英雄形象和名誉,进而否定中国革命斗争史,否定共产党领导和社会主义道路的历史必然性,是典型的历史虚无主义手法,也是近几年,一股历史虚无主义的阴暗势力系统抹黑中华民族英雄计划的一部分。

原告依据《宪法》第三十八条"中华人民共和国公民的人格尊严不受侵犯。禁止用任何方法对公民进行侮辱、诽谤和诬告陷害"之规定和《侵权责任法》等相关法律及司法解释的规定提起如下诉讼请求:(1)判令被告洪振快立即停止侮辱、诽谤、侵犯葛振林、宋学义等"狼牙山五壮士"的民族英雄名誉的行为;(2)判令被告洪振快在其新浪微博上公开道歉,并在《人民日报》《解放军报》《中国日报》、人民网、新浪网、搜狐网、财经网公开向原告赔礼道歉、消除影响。

被告洪振快在其参加的庭前会议及庭审过程中,针对原告葛长生、宋福保的起诉内容辩称:不能确定原告葛长生与葛振林的关系。如果原告葛长生不是葛振林之子,则其不具备诉讼主体资格。王立华与狼牙山红色文化发展研究会没有任何法律关系,其作为原告葛长生、宋福保的委托代理人,不符合我国民事诉讼法的相关规定,其代理资格应认定无效。

针对原告葛长生、宋福保提出的第一项诉讼请求,被告洪振快认为没有事实根据,其所发表的文章是学术文章,没有侮辱性的言辞,且这些文章每一个事实的表述都有相应的根据,而不是自己凭空捏造或者歪曲的,不构成侮辱和诽谤。被告还认为,原告葛长生、宋福保在起诉书中也没有指出其发表的文章哪一处不真实,哪一处有侮辱性的语言,因此不构成对原告名誉权的侵害。被告辩称,进行历史研究的目的是探求历史真相,行使的是宪法赋予公民的思想自由、学术自由、言论自由权利,任何人无权剥夺。针对原告葛长生、宋福保的第二项诉讼请求，被告洪振快认为，只有被告发表的文章存在侮辱、诽谤的情形才可能产生侵权的后果，由于被告发表的文章不存在侮辱和诽谤，因此不存在向谁道歉的问题。被告还认为，原告要求被告向五壮士在天英灵登报谢罪的诉讼请求，没有任何法律根据。原告起诉书中所述事实和理由，是一种意识形态领域观点的表达，更多的是对被告写作目的、写作动机的一厢情愿的推断和主观臆测，没有事实依据。

【法院审判】

一审法院认为：根据双方当事人诉辩主张及理由，本案的争议焦点概括起来涉及以下法律问题：（1）葛长生是否是本案适格的原告；（2）王立华作为原告葛长生、宋福保委托代理人的代理资格是否有效；（3）被告洪振快发表的《小学课本"狼牙山五壮士"有多处不实》《"狼牙山五壮士"的细节分歧》等案涉文章是否构成对英雄烈士的名誉侵权，如构成名誉侵权，应如何承担侵权责任。

（1）关于葛长生是否是本案适格原告的问题。《民事诉讼法》第一百一十九条第（一）项规定，原告是与本案有利害关系的公民、法人和其他组织。根据《最高人民法院关于确定民事侵权精神损害赔偿责任若干问题的解释》第三条第一款的规定，自然人死亡后，其近亲属因侮辱、诽谤、贬损、丑化或者违反社会公共利益、社会公德的其他方式，侵害死者姓名、肖像、名誉、荣誉遭受精神痛苦的，有权向人民法院提起诉讼。《最高人民法院关于适用〈中华人民共和国民事诉讼法〉的解释》第六十九条规定，对侵害死者遗体、遗骨以及姓名、肖像、名誉、荣誉、隐私等行为提起诉讼的，死者的近亲属为当事人。由此可知，死者的近亲属有权就侵害死者名誉、荣誉等行为提起民事诉讼，死者的近亲属是正当当事人。具体到本案，根据中国人民解放军湖南省衡阳警备区离职干部休养所提供的证明材料以及公证书等证据可以认定，葛振林与原告葛长生系父子关系，葛振林系"狼牙山五壮士"之一，葛长生作为近亲属有权就侵害葛振林名誉、荣誉的行为提起民事诉讼，葛长生作为本案原告适格。因此，被告洪振快对本案原告葛长生主体资格提出的异议不能成立。

（2）关于王立华是否具有原告委托代理人的代理资格问题。根据《民事诉讼法》第五十八条第二款第（三）项之规定，当事人所在社区、单位以及有关社会团体推荐的公民可以被委托为诉讼代理人。根据原告葛长生、宋福保提供的相关材料，葛长生、宋福保、王立华已于 2015 年 3 月被补选为保定狼牙山红色文化发展研究会副会长，会议记录、社会团体负责人备案表等资料已交当地民政部门登记备案。本院经调查后，对上述材料的真实性予以认定。保定狼牙山红色文化发展研究会作为社会团体，推荐王立华为原告葛长生、宋福保的委托代理人，符合《最高人民法院关于适用〈中华人民共和国民事诉讼法〉的解释》第八十七条和第八十八条的相关规定，故本院认定，王立华具有原告葛长生、宋福保委托代理人的代理资格。

（3）被告洪振快发表的案涉文章是否构成名誉侵权是本案的核心问题。对此，本院分析如下：

1941 年 9 月 25 日，在易县狼牙山发生的狼牙山战斗，是被大量事实证明的著名战斗。在这场战斗中，"狼牙山五壮士"英勇抗敌的基本事实和舍生取义的伟大精神，赢得了全国人民高度认同和广泛赞扬，是五壮士获得"狼牙山五壮士"崇高名誉和荣誉的基础。葛振林、宋学义均是"狼牙山五壮士"这一系列英雄人物的代表人物，"狼牙山五壮士"这一称号在全军、全国人民中已经赢得了普遍的公众认同。这一称号既是国家及公众对他们作为中华民族的优秀儿女在反抗侵略、保家卫国中作出巨大牺牲的褒奖，也是他们应当获得的个人名誉和个人荣誉。"狼牙山五壮士"是中国共产党领导的八路军在抵抗日本帝国主义侵略伟大斗争中涌现出来的英雄群体，是中国共产党领导的全民抗战并取得最终胜利的重要事件载体。

这一系列英雄人物及其事迹，经由广泛传播，在抗日战争、解放战争、抗美援朝战争等为民族独立、人民解放和保卫国家安全战斗的时期，成为激励无数中华儿女反抗侵略、英勇抗敌的精神动力之一；成为人民军队誓死捍卫国家利益、保障国家安全的军魂来源之一。在和平年代，"狼牙山五壮士"的精神，仍然是我国公众树立不畏艰辛、不怕困难、为国为民奋斗终生的精神指引。这些英雄人物及其精神，已经获得全民族的广泛认同，是中华民族共同记忆的一部分，是中华民族精神的内核之一，也是社会主义核心价值观的重要内容。而民族的共同记忆、民族精神乃至社会主义核心价值观，无论是从我国的历史看，还是从现行法上看，都已经是社会公共利益的一部分。本案诉讼中，洪振快关于"狼牙山五壮士"精神不是公共利益的主张不能成立。

案涉文章对于"狼牙山五壮士"在战斗中所表现出的英勇抗敌的事迹和舍生取义的精神这一基本事实，自始至终未作出正面评价。而是以考证"在何处跳崖""跳崖是怎么跳的""敌我双方战斗伤亡""五壮士是否拔了群众的萝卜"等细节为主要线索，通过援引不同时期的材料、相关当事者不同时期的言论，甚至"文革"时期红卫兵迫害宋学义的言论为主要证据，全然不考虑历史的变迁、各个材料所形成的时代背景以及各个材料的语境。在无充分证据的情况下，案涉文章多处作出似是而非的推测、质疑乃至评价。尽管案涉文章无明显侮辱性的语言，但通过强调与基本事实无关或者关联不大的细节，引导读者对"狼牙山五壮士"这一英雄人物群体英勇抗敌的事迹和舍生取义的精神产生怀疑，从而否定基本事实的真实性，进而降低他们的英勇形象和精神价值。洪振快的行为方式符合以贬损、丑化的方式损害他人名誉和荣誉权益的特征。

案涉文章通过刊物发行和网络传播，在全国范围内产生了重大影响，不仅损害了葛振林和宋学义的个人名誉和荣誉，损害了葛长生和宋福保的个人感情，在一定范围和程度上伤害了社会公众的民族和历史情感，同时，在我国，由于"狼牙山五壮士"的精神价值已经内化为民族精神和社会公共利益的一部分，因此，也损害了社会公共利益。洪振快作为具有一定研究能力和熟练使用互联网工具的人，应该认识且有能力控制前述后果的发生，仍然发表案涉文章，显然具有过错。

第四章 人格权法

行使言论自由和学术自由的权利,需要在法律范围内进行,洪振快应当采取适当的方式从事研究及发表言论,同时,应当充分考虑可能造成的社会影响。洪振快撰写的案涉文章侵害了葛振林、宋学义的名誉和荣誉,侵害了社会公共利益,违反了法律规定,该行为已经超出了法律允许的范围,不受法律保护。洪振快以言论自由、学术自由作为其不承担侵权责任的抗辩理由,不能成立。

综上所述,依照《民法通则》第一百零一条、第一百零六条第二款①,《最高人民法院关于贯彻执行〈中华人民共和国民法通则〉若干问题的意见(试行)》第一百四十条,《侵权责任法》第二条、第十五条②,《最高人民法院关于确定民事侵权精神损害赔偿责任若干问题的解释》第三条,《最高人民法院关于审理名誉权案件若干问题的解答》之七、之八,《民事诉讼法》第五十八条第二款第(三)项、第一百一十九条第(一)项、第一百四十四条,《最高人民法院关于适用〈中华人民共和国民事诉讼法〉的解释》第六十九条、第八十七条、第八十八条第(六)项之规定,北京市西城区人民法院于2016年6月27日分别作出(2015)西民初字第27841、27842号民事判决:(1)被告洪振快立即停止侵害葛振林、宋学义名誉、荣誉的行为;(2)本判决生效后三日内,被告洪振快公开发布赔礼道歉公告,向原告葛长生、宋福保赔礼道歉,消除影响。该公告须连续刊登五日,公告刊登媒体及内容须经本院审核,逾期不执行,本院将在相关媒体上刊登本判决书的主要内容,所需费用由被告洪振快承担。

宣判后,洪振快向北京市第二中级人民法院提起上诉,北京市第二中级人民法院于2016年8月15日分别作出(2016)京02民终6271、6272号民事判决:驳回上诉,维持原判。

---

① 参见《民法典》(总则编)第一百八十五条、《民法典》(人格权编)第九百九十四条。

② 参见《民法典》(总则编)第一百七十九条、《民法典》(侵权责任编)第一千一百六十五条。

【争议焦点】

本案的争议焦点在于：第一，葛长生是否是本案适格的原告。第二，王立华作为原告葛长生、宋福保委托代理人的代理资格是否有效。第三，被告洪振快发表的《小学课本"狼牙山五壮士"有多处不实》《"狼牙山五壮士"的细节分歧》等案涉文章是否构成对英雄烈士的名誉侵权，如构成名誉侵权，应如何承担侵权责任。

【法理评析】

侵害英雄烈士名誉、荣誉的行为认定

（一）侵害英雄烈士的名誉、荣誉，损害公共利益的行为认定

审理本案的关键在于正确判断洪振快所发表的两篇文章是否构成对葛振林、宋学义等英雄烈士的名誉侵权。《民法典》第一百八十五条规定："侵害英雄烈士等的姓名、肖像、名誉、荣誉，损害社会公共利益的，应当承担民事责任。"审判实践中，人民法院根据英雄人物获得个人名誉及荣誉的历史事实，以及在历史上发挥的重要作用，可以认定其精神已经归纳为民族的共同记忆、民族精神和社会主义价值观的一部分，因而构成了社会公共利益的一部分。侮辱诽谤英雄人物、丑化英雄人物形象、贬损英雄人物名誉、削弱其精神价值，不仅侵害了英雄人物的名誉及荣誉，也损害了社会公共利益。

行为人在没有充分依据的情况下，通过学术文章、观点争论等形式对英雄人物进行推测、质疑、评价，虽然没有使用明显侮辱性的语言，但是引导人们对英雄人物的英勇事迹和精神产生怀疑，从而否定基本事实的真实性，进而降低他们的英雄形象和精神价值，该行为方式符合以贬损、丑化的方式损害他人名誉和荣誉权益的特征。行为人以侵害他人合法权益和社会公共利益的言论自由作为其侵权责任之抗辩理由，人民法院不予支持。

《最高人民法院关于审理名誉权案件若干问题的解答》之七对于"侵害名誉权应如何认定"答道:"是否构成侵害名誉权的责任,应当根据受害人确有名誉被损害的事实、行为人行为违法、违法行为与损害后果之间有因果关系、行为人主观上有过错来认定。"

本案中,尽管案涉文章无明显侮辱性的语言,但通过强调与基本事实无关或者关联不大的细节,引导读者对"狼牙山五壮士"这一英雄人物群体英勇抗敌的事迹和舍生取义的精神产生怀疑,从而否定基本事实的真实性,进而降低他们的英勇形象和精神价值。因此,可以认定洪振快的行为方式符合以贬损、丑化的方式损害他人名誉和荣誉权益的特征,构成对葛振林、宋学义等英雄烈士名誉、荣誉的侵害,损害了公共利益。

(二)侵害英雄烈士名誉、荣誉利益赔偿责任的请求权人

《民法典》第九百九十四条规定:"死者的姓名、肖像、名誉、荣誉、隐私、遗体等受到侵害的,其配偶、子女、父母有权依法请求行为人承担民事责任;死者没有配偶、子女且父母已经死亡的,其他近亲属有权依法请求行为人承担民事责任。"本案中,针对葛振林、宋学义等烈士名誉、荣誉受到侵害的事实,葛长生作为葛振林之子、宋福保作为宋学义之子,皆是《民法典》所规定的正当请求权人,由此二者提起诉讼,也符合《民事诉讼法》对于当事人资格的要求。因此,葛长生、宋学义都是本案的适格原告,由二人提起民事诉讼,不仅可以有力地捍卫英雄烈士及其后代近亲属的名誉、荣誉利益,更能够进一步巩固"狼牙山五壮士"作为红色革命时期的英雄模范在党和人民心中的光辉形象,保护民族精神不受玷污,对于社会主义核心价值观的弘扬和公共利益的维护具有重要意义。

(三)维护英雄烈士、荣誉的公共利益衡量

近年来社会上通过各种形式侮辱诽谤英雄人物、丑化英雄人物形象、贬损英雄人物名誉、削弱其精神价值的现象时有发生,葛长生、宋福宝分别诉洪振快名誉权侵权纠纷两个案件是这种现象的集中反映。人民法院在审理此类案件中的难点有:一是通过诉讼维护英雄人物包括已经不在世的英雄人物的名誉、荣誉,需要确定原告的范围,这应以现行法及司法解释

为依归。二是此类侵权行为所侵害法益的复杂性,英雄人物的个人名誉、荣誉,往往与一定的英雄事件、历史背景、社会共识以及主流价值观相关,并由此与公共利益发生关联。人民法院审理此类案件,应从更为广阔的视野出发,更为全面、准确地把握社会公共利益及其表现形态。三是此类侵权行为的表现形态更为多样化,经常表现为学术文章、观点争论等,人民法院应依据现行法更为实质性地把握名誉权侵权行为的表现方式。四是此类案件涉及的利益类型更为复杂,涉及言论自由、学术自由和个人权益的关系,人民法院应在个案中审慎把握,既要保护个人权益,也要防止司法对学术问题、言论自由作出不当干预,要在多个利益之间合理界分。

葛长生、宋福宝分别诉洪振快两个案件的审判,妥当处理了上述四个问题。在确定权利人及原告资格问题上,以现行法及司法解释为依据,认定英雄人物的近亲属享有程序法上的原告主体资格和实体法上的请求权;在侵权行为侵害的法益识别上,分析了"狼牙山五壮士"获得个人名誉及荣誉的历史事实,并以这一英雄群体在我国当代史上发挥的作用为依据,将其精神归纳为民族的共同记忆、民族精神和社会主义价值观的一部分,因而构成了社会公共利益的一部分,法益识别准确;在侵权责任的构成上,分析了文章的写作方法、资料运用、主观目的以及所形成的损害后果,准确运用了侵权责任的构成要件;在利益衡量上,结合个案分析了学术自由、言论自由与权益保护的关系,利益平衡得当。两案的判决保护了英雄人物的名誉和荣誉,维护了社会公共利益。

【法条指引】

《中华人民共和国宪法》

第三十三条第四款 任何公民享有宪法和法律规定的权利,同时必须履行宪法和法律规定的义务。

第三十五条 中华人民共和国公民有言论、出版、集会、结社、游行、示威的自由。

第三十八条　中华人民共和国公民的人格尊严不受侵犯。禁止用任何方法对公民进行侮辱、诽谤和诬告陷害。

第四十七条　中华人民共和国公民有进行科学研究、文学艺术创作和其他文化活动的自由。国家对于从事教育、科学、技术、文学、艺术和其他文化事业的公民的有益于人民的创造性工作，给以鼓励和帮助。

第五十一条　中华人民共和国公民在行使自由和权利的时候，不得损害国家的、社会的、集体的利益和其他公民的合法的自由和权利。

《中华人民共和国民法典》

第一百七十九条　承担民事责任的方式主要有：

（一）停止侵害；

（二）排除妨碍；

（三）消除危险；

（四）返还财产；

（五）恢复原状；

（六）修理、重作、更换；

（七）继续履行；

（八）赔偿损失；

（九）支付违约金；

（十）消除影响、恢复名誉；

（十一）赔礼道歉。

法律规定惩罚性赔偿的，依照其规定。

本条规定的承担民事责任的方式，可以单独适用，也可以合并适用。

第一百八十五条　侵害英雄烈士等的姓名、肖像、名誉、荣誉，损害社会公共利益的，应当承担民事责任。

第九百九十四条　死者的姓名、肖像、名誉、荣誉、隐私、遗体等受到侵害的，其配偶、子女、父母有权依法请求行为人承担民事责任；死者没有配偶、子女且父母已经死亡的，其他近亲属有权依法请求行为人承担民事责任。

第九百九十五条 人格权受到侵害的,受害人有权依照本法和其他法律的规定请求行为人承担民事责任。受害人的停止侵害、排除妨碍、消除危险、消除影响、恢复名誉、赔礼道歉请求权,不适用诉讼时效的规定。

第一千一百六十五条第一款 行为人因过错侵害他人民事权益造成损害的,应当承担侵权责任。

《最高人民法院关于确定民事侵权精神损害赔偿责任若干问题的解释》

第三条 自然人死亡后,其近亲属因下列侵权行为遭受精神痛苦,向人民法院起诉请求赔偿精神损害的,人民法院应当依法予以受理:

(一)以侮辱、诽谤、贬损、丑化或者违反社会公共利益、社会公德的其他方式,侵害死者姓名、肖像、名誉、荣誉;

(二)非法披露、利用死者隐私,或者以违反社会公共利益、社会公德的其他方式侵害死者隐私;

(三)非法利用、损害遗体、遗骨,或者以违反社会公共利益、社会公德的其他方式侵害遗体、遗骨。

《最高人民法院关于审理名誉权案件若干问题的解答》

七、问:侵害名誉权责任应如何认定?

答:是否构成侵害名誉权的责任,应当根据受害人确有名誉被损害的事实、行为人行为违法、违法行为与损害后果之间有因果关系、行为人主观上有过错来认定。

以书面或口头形式侮辱或者诽谤他人,损害他人名誉的,应认定为侵害他人名誉权。

对未经他人同意,擅自公布他人的隐私材料或以书面、口头形式宣扬他人隐私,致他人名誉受到损害的,按照侵害他人名誉权处理。

因新闻报道严重失实,致他人名誉受到损害的,应按照侵害他人名誉权处理。

八、问:因撰写、发表批评文章引起的名誉权纠纷,应如何认定是否构成侵权?

答:因撰写、发表批评文章引起的名誉权纠纷,人民法院应根据不同情况处理：

文章反映的问题基本真实，没有侮辱他人人格的内容的，不应认定为侵害他人名誉权。

文章反映的问题虽基本属实，但有侮辱他人人格的内容，使他人名誉受到损害的，应认定为侵害他人名誉权。

文章的基本内容失实，使他人名誉受到损害的，应认定为侵害他人名誉权。

第五节　特定纪念物的人格意蕴

■■■ 林某涛、林某琴诉仙游县鲤城蒙娜丽莎婚纱摄影中心侵权责任案

【要点提示】

婚纱摄影中心为新人婚礼提供摄像、摄影服务，其制作形成的婚礼影像资料更是具有人格象征意义的特定纪念物品，一旦毁损灭失，当事人可要求摄影中心承担侵权责任并支付精神损害抚慰金。

【案例索引】

一审：福建省仙游县人民法院（2017）闽0322民初2815号。

【基本案情】

原告：林某涛（男）、林某琴（女）。

被告：仙游县鲤城蒙娜丽莎婚纱摄影中心。

蒙娜丽莎婚纱摄影中心系一家经工商行政管理机关注册登记的个体工

商户，其经营者为傅某某，经营范围包括婚纱摄影、照相等。林某涛、林某琴为操办婚事，于 2016 年 12 月 18 日与蒙娜丽莎婚纱摄影中心达成《蒙娜丽莎专业婚庆礼仪》一份，委托蒙娜丽莎婚纱摄影中心进行摄像摄影、新娘化妆、酒店婚礼现场布置等服务，服务费共计为 6800 元。《蒙娜丽莎专业婚庆礼仪》载明：新郎姓名：林某涛，新娘姓名：林某琴；婚期（新历）1 月 18 日、1 月 20 日，（农历）腊月廿一、廿三；新房地址：鲤南××村；设宴地址：仙游大酒店三楼；摄像：两场；摄影：酒店婚宴当日两场；备注：如遇酒店场地费由新人自理等内容。双方约定的摄像摄影服务项目包括 2017 年 1 月 18 日（农历十二月廿一）迎接亲、林某涛家中婚宴和 2017 年 1 月 20 日（农历十二月廿三）仙游大酒店婚礼婚宴各一场。林某涛、林某琴已付给蒙娜丽莎婚纱摄影中心服务费 5999 元。婚礼结束后，蒙娜丽莎婚纱摄影中心因丢失 2017 年 1 月 18 日迎接亲、林某涛家中婚宴现场的录像资料（视频资料），而以林某涛、林某琴的部分照片制作成 MV 光盘交付给林某涛、林某琴，但未获林某涛、林某琴认可。林某涛于 2017 年 2 月 22 日向仙游县市场监督管理局鲤城市场监督管理所投诉，经该所调解，双方未能达成和解协议。

林某涛、林某琴认为该中心服务不到位，没有依约履行合同义务：（1）在 2017 年 1 月 18 日迎接亲及婚宴现场摄像后，无法依约提供该部分婚礼摄像光盘；（2）延迟给新娘化妆，导致新娘无法及时到达婚宴宴会厅，造成新郎独自迎宾、因不认识新娘方亲友而没招待好的严重后果；（3）现场布置的效果与原先承诺的效果图相去甚远。林某涛、林某琴为此向工商部门投诉，双方未能达成协议。结婚是人生大事，婚礼过程不可重复和再现，婚礼影像资料更是具有人格象征意义的特定纪念物品，有极其珍贵的意义，千金难买。由于蒙娜丽莎婚纱摄影中心服务不到位并丢失有珍贵纪念意义的婚礼摄像资料，没有依约履行合同义务，给林某涛、林某琴造成极大的无法挽回的精神损害，根据《最高人民法院关于确定民事侵权精神损害赔偿责任若干问题的解释》第四条规定，原告要求蒙娜丽莎婚纱摄影中心承担侵权责任，支付精神损害抚慰金 20000 元。林某涛、林某琴向仙游县人民法院提出诉讼请求：判令蒙娜丽莎婚纱摄影中心退还婚庆礼仪费用7499元并支付精神损害抚慰金20000元，共计27499元。诉讼过程中，林某涛、林某琴变更诉讼请求为：判令蒙娜丽莎婚纱摄影中心支付精神损害抚慰金20000元。

仙游县鲤城蒙娜丽莎摄影中心辩称：（1）双方签订的《蒙娜丽莎专业婚庆礼仪》约定，本次服务协议价格共计6800元，服务项目及内容包括：现场婚庆布置4600元、服装租赁1000元、化妆800元、摄像和摄影各200元。林某涛、林某琴已付6000元，尚欠800元。（2）摄像及摄影服务费仅400元，且明确是"酒店婚宴当日两场"，即酒店婚宴当日"迎宾"和"婚宴"两场，迎接亲不属于约定的项目内容。林某涛、林某琴诉称"迎接亲及婚宴现场摄像"明显与"酒店婚宴当日两场"不相符，其请求退回服务费无事实和法律依据。（3）蒙娜丽莎婚纱摄影中心依约定按婚庆礼仪项目和内容提供服务，不存在违约和服务延迟与不到位事实。至于对婚庆摄像及摄影约定服务内容外的迎接亲义务服务中不慎丢失的该部分摄影内容，蒙娜丽莎婚纱摄影中心用摄像照片资料进行复原修复，尽可能地完善摄影录像资料，并将光盘交付给林某涛、林某琴，也曾就迎接亲义务服务中不慎丢失该部分摄影内容向林某涛、林某琴表示过歉意。（4）林某涛、林某琴2017年1月20日微信转账1500元并非支付给蒙娜丽莎婚纱摄影中心，中心也没有收取此款。（5）双方之间是婚庆礼仪庆典服务合同关系，林某涛、林某琴主张的是庆典服务合同违约，现行法律规定的精神损害赔偿均系人身损害侵权范畴，并无合同违约精神损害赔偿相关立法和规定，故林某涛、林某琴诉求精神损害赔偿20000元缺乏法律依据，其诉讼请求应予驳回。

本案的争议焦点在于服务合同中约定的摄影项目是指酒店婚宴当日"迎宾"和"婚宴"两场还是"迎接亲及婚宴现场"两场，以及原告方是否可以主张精神损害赔偿的问题。

在审理过程中，林某涛、林某琴提交以下证据：

（1）《蒙娜丽莎专业婚庆礼仪》、银行转账流水各一份，欲证明双方存在合约关系，其已付给蒙娜丽莎婚纱摄影中心 5999 元。蒙娜丽莎婚纱摄影中心承诺提供家里和酒店摄影摄像项目各一场；别人也都是一样，行业习惯都是如此；如果合同没有约定，蒙娜丽莎婚纱摄影中心不可能在年底最忙的时候去家里义务帮忙摄影摄像。

（2）微信转账明细一份，证明另外转账给蒙娜丽莎婚纱摄影中心现场布置人员 1500 元，但不知道收款人的名字。

（3）《鲤城工商所消费者申诉记录单》一份，证明其当时有申诉，蒙娜丽莎婚纱摄影中心承认摄影摄像是家里和酒店各一场。

（4）蒙娜丽莎婚纱摄影中心经营者傅某某书写的字据，证明摄影摄像项目的价格应是 888 元，而不是 200 元。

蒙娜丽莎婚纱摄影中心质证意见：对证据（1），确认收到服务费 5999 元，但服务内容和项目都在合约中约定，提供摄影是指酒店婚宴当日两场，是在酒店提供摄影服务；对证据（2），与合同无关，否认收到该款项，如果是酒店收取的场地费，与蒙娜丽莎婚纱摄影中心无关；对证据（3），真实性无异议，但对记载的内容有异议，对方没有支付 8300 元，合约涉及的金额是 6800 元；对证据（4），傅某某承认是其笔迹，但不是最后约定的服务价格，如果按该字据的记载总价款应为 8650 元。

法院对证据的真实性予以了查明。

【法院审判】

福建省仙游县人民法院经审查认为，（1）《蒙娜丽莎专业婚庆礼仪》中明确载明"摄像"为"两场"，且并未明确注明是"酒店"两场，故摄像服务项目应理解为家中、酒店各一场。在通常情况下，林某涛、林某琴既然委托蒙娜丽莎婚纱摄影中心从事婚礼庆典服务，不可能没有委托进行 2017 年 1 月 18 日迎接亲及家里婚礼的摄像，或单独就 2017 年 1 月 18 日迎接亲及家里婚礼的摄像另行委托其他人进行。故认定林某涛与蒙娜丽莎婚纱摄影中心是约定摄像服务项目为 2017 年 1 月 18 日家里、2017 年 1 月

20日酒店各一场。蒙娜丽莎婚纱摄影中心辩称2017年1月18日迎接亲及林某涛家里婚礼婚宴摄像,其是提供义务服务,与客观事实不符,不予采纳。(2)关于摄影摄像服务项目收费是400元还是888元。本院经审查认为,蒙娜丽莎婚纱摄影中心主张摄影摄像项目收费是摄影、摄像各200元共400元,但没有提供证据证明,不予认定。蒙娜丽莎婚纱摄影中心经营者傅某某书写的字据中虽有体现"摄影摄像888"的内容,但从该字据中记载的内容看,是蒙娜丽莎婚纱摄影中心经营者傅某某罗列出整个婚礼的各个服务项目及具体收费标准(总计多于6800元),最后双方经过协商,确定服务费为6800元。故单凭该字据无法认定摄影摄像服务项目收费是888元。而且,林某涛、林某琴变更诉讼请求后,未要求蒙娜丽莎婚纱摄影中心退还婚庆礼仪费用,故本院对该争议问题不作认定。(3)关于林某涛、林某琴是否另再支付给蒙娜丽莎婚纱摄影中心现场布置人员1500元。本院经审查认为,林某涛、林某琴提供的微信转账明细仅显示出账金额为"1500元"、时间为"2017-01-20,11:51:08",但未显示转账人、收款人信息;林某涛、林某琴也明确表示不知道收款人的名字,且蒙娜丽莎婚纱摄影中心否认收到该款项,故该证据的真实性、关联性、合法性均无法确认,不能证明林某涛、林某琴的该项主张,不予认定。(4)关于蒙娜丽莎婚纱摄影中心是否存在其他违约行为。本院经审查认为,林某涛、林某琴提出,蒙娜丽莎婚纱摄影中心还存在延迟给新娘化妆、现场布置的效果与原先承诺的效果图相去甚远等违约行为,但未提供证据证明,蒙娜丽莎婚纱摄影中心也予以否认,本院不予认定。

综上,法院认为,林某涛、林某琴与蒙娜丽莎婚纱摄影中心达成《蒙娜丽莎专业婚庆礼仪》,双方形成庆典服务合同关系。根据双方约定,蒙娜丽莎婚纱摄影中心应为林某涛、林某琴提供包括2017年1月18日迎接亲、林某涛家中婚宴现场的摄像等服务项目,并将相应的摄像资料交付给林某涛、林某琴。婚庆合同的最终目的不仅仅是进行录像,而且是通过为新人举办仪式将其婚姻关系广而告之,从而使新人获得社会的承认和祝福。结婚是人生的一件大事,婚庆影像资料是新人日后重温结婚喜庆、获得精神愉悦、增进夫妻感情的具有人格象征意义的特定纪念物品。蒙娜丽莎婚纱摄影中心未适当履行合同义务，造成2017年1月18日迎接亲、林某涛家中婚宴现场的摄像资料永久性灭失，无法交付给林某涛、林某琴。蒙娜丽莎婚纱摄影中心丢失摄像资料的行为既是违约行为，同时也是侵害林某涛、林某琴人身权益的侵权行为，从而产生违约责任与侵权责任的竞合，现林某涛、林某琴选择请求蒙娜丽莎婚纱摄影中心承担侵权责任，符合《合同法》第一百二十二条①"因当事人一方的违约行为，侵害对方人身、财产权益的，受损害方有权选择依照本法要求其承担违约责任或者依照其他法律要求其承担侵权责任"及《民法总则》第一百八十六条②"因当事人一方的违约行为，损害对方人身权益、财产权益的，受损害方有权选择请求其承担违约责任或者侵权责任"之规定。

由于蒙娜丽莎婚纱摄影中心的上述违约行为，损害了林某涛、林某琴的人身权益，必定给林某涛、林某琴造成极大的精神痛苦。根据《侵权责任法》第二十二条③"侵害他人人身权益，造成他人严重精神损害的，被侵权人可以请求精神损害赔偿"和《最高人民法院关于确定民事侵权精神损害赔偿责任若干问题的解释》第四条"具有人格象征意义的特定纪念物品，因侵权行为而永久性灭失或者毁损，物品所有人以侵权为由，向人民法院起诉请求赔偿精神损害的，人民法院应当依法予以受理"之规定，林某涛、林某琴请求蒙娜丽莎婚纱摄影中心支付精神损害抚慰金有理，予以支持。蒙娜丽莎婚纱摄影中心事后以林某涛、林某琴的部分照片制作成MV光盘交付给林某涛、林某琴，不能弥补因其灭失部分婚礼录像资料的行为而给林某涛、林某琴造成的精神创伤。精神损害的赔偿数额应根据蒙娜丽莎婚纱摄影中心的过错程度，侵害的手段、场合、行为方式，侵权行为所造成的后果，蒙娜丽莎婚纱摄影中心的获利情况、承担责任的经济能

---

① 参见《民法典》（总则编）第一百八十六条。
② 同上。
③ 参见《民法典》（侵权责任编）第一千一百八十三条。

力，以及本地平均生活水平等因素确定，本院酌定为7000元。林某涛、林某琴请求蒙娜丽莎婚纱摄影中心支付精神损害抚慰金20000元，金额过高，对其不合理的诉讼请求予以驳回。蒙娜丽莎婚纱摄影中心关于不承担精神损害抚慰金的抗辩理由不能成立，不予采纳。

依照《侵权责任法》第二十二条、《合同法》第一百二十二条、《民法总则》第一百八十六条、《最高人民法院关于确定民事侵权精神损害赔偿责任若干问题的解释》第四条和第十条之规定，判决如下：仙游县鲤城蒙娜丽莎婚纱摄影中心在本判决生效之日起十日内支付给林某涛、林某琴精神损害抚慰金7000元；驳回林某涛、林某琴的其他诉讼请求。

【争议焦点】

本案的争议焦点在于服务合同中约定的摄影项目是指酒店婚宴当日"迎宾"和"婚宴"两场还是"迎接亲及婚宴现场"两场，以及原告方是否可以主张精神损害赔偿。

【法理评析】

具有人格象征意义的特定纪念物品的精神损害赔偿

（一）侵害具有人格象征意义的特定纪念物品的精神损害赔偿

《最高人民法院关于确定民事侵权精神损害赔偿责任若干问题的解释》第四条规定，具有人格象征意义的特定纪念物品，因侵权行为而永久性灭失或者毁损，物品所有人以侵权为由，向人民法院起诉请求赔偿精神损害的，人民法院应当依法予以受理。本案属于侵权责任与违约责任竞合的纠纷，系争物品为婚庆影像资料。结婚属人生大事，婚礼当天的影像资料是对结婚喜庆氛围的记录和夫妻双方感情的见证，也是新人日后回忆幸福时光、增进夫妻感情的具有人格象征意义的特定纪念物品。本案中原告就婚礼当天的影像资料享有精神利益，可就该影像资料的永久性灭失主张精神损害赔偿。

精神利益的存在以人的精神需要为出发点，其目的是满足人的精神需要。当精神利益受到他人侵害且受到侵害后导致受害人的精神痛苦不可忽略时，特定物上精神利益损失就有了被赔偿的必要性和可能性。承载具有可赔偿性的精神利益的物是区别于普通物的，即"特定物"。所有权人对于自己的所有物，或多或少都享有一定精神利益，某一物品的毁损或者灭失是否能够获得精神损害赔偿要依具体情况而定。对于同一个物品的毁损或者灭失，不同的人对其享有的精神利益是不同的，是否能够主张精神损害赔偿以及精神损害赔偿的范围也是不一样的。判断具有精神利益的物可以从事实和法律两个方面来考虑。从事实层面看，手工制作的和商店购买的物所承载的精神利益的大小就不同。从法律层面上看，精神损害赔偿制度所要保护的精神活动的范畴不能过于宽泛，否则易造成"动辄得咎"的局面，过分限制人的自由行为，不利于社会的进步与发展。

我国法律对于具有可赔偿性精神利益的特定物没有一个明确的范围，它至少包括以下几类：（1）具有人格象征意义的物。这类物品已经明确被纳入法律保护的范围。像本案中的婚礼影像资料，具有纪念意义的人的物品、具有珍藏意义的照片、涉及隐私的日记或者其他具有纪念意义的物品，均具有人格象征意义。（2）寄托特定人情感的物。一类是与人类生活密切相关的动物，比如耕牛、饲养的宠物。这类物品在判断它对于人的精神利益时要考虑它与人类的互动程度。还有一类是已故的亲人的遗物。这类物品在判断它对于人的精神利益时要考虑当事人与已故亲人之间的关系亲疏、亲密程度以及该物品的可修复程度。（3）源于特定人身体的物，如冷冻精子、卵子、脐带血、尸体、骨灰等。

（二）关于精神损害赔偿的具体数额

本案中两位原告主张20000元赔偿，法院最后判了7000元，这其中法官运用了自由裁量权。法院综合考虑了蒙娜丽莎婚纱摄影中心的过错程度，侵害的手段、场合、行为方式，侵权行为所造成的后果，蒙娜丽莎婚纱摄影中心的获利情况、承担责任的经济能力，以及本地平均生活水平等因素。

【法条指引】

《中华人民共和国民法典》

第一百八十六条 因当事人一方的违约行为,损害对方人身权益、财产权益的,受损害方有权选择请求其承担违约责任或者侵权责任。

第一千一百八十三条 侵害自然人人身权益造成严重精神损害的,被侵权人有权请求精神损害赔偿。

因故意或者重大过失侵害自然人具有人身意义的特定物造成严重精神损害的,被侵权人有权请求精神损害赔偿。

《最高人民法院关于确定民事侵权精神损害赔偿责任若干问题的解释》

第四条 具有人格象征意义的特定纪念物品,因侵权行为而永久性灭失或者毁损,物品所有人以侵权为由,向人民法院起诉请求赔偿精神损害的,人民法院应当依法予以受理。

第十条 精神损害的赔偿数额根据以下因素确定:

(一)侵权人的过错程度,法律另有规定的除外;

(二)侵害的手段、场合、行为方式等具体情节;

(三)侵权行为所造成的后果;

(四)侵权人的获利情况;

(五)侵权人承担责任的经济能力;

(六)受诉法院所在地平均生活水平。

法律、行政法规对残疾赔偿金、死亡赔偿金等有明确规定的,适用法律、行政法规的规定。

第六节 个人信息保护

■■■ 刘某某诉中国工商银行股份有限公司上海市分行侵犯个人信息案

【要点提示】

自然人的个人信息依法受法律保护，侵犯自然人个人信息的应当依法承担侵权责任。在审理个人信息侵权案件中，法院应严格遵循《民法典》（侵权责任编）的过错责任原则和实际损害原则进行裁判。

【案例索引】

一审：上海市浦东新区人民法院（2014）浦民一（民）初字第31800号。

二审：上海市第一中级人民法院（2015）沪一中民六（商）终字第107号。

【基本案情】

原告：刘某某。

被告：中国工商银行上海市分行（以下简称"工行上海分行"）。

2011年6月3日，原告刘某某填写申请表向被告工行上海分行申领牡丹畅通卡一张。2013年6月起，被告工行上海分行使用"95588"短号码向原告刘某某发送诸如"长安马自达指定车型信用卡分期活动""歌诗达大西洋游轮6天5晚釜山游"等内容的多条商业短信。2013年10月起，原告刘某某三次向"95588"发送短信，要求其停止发送。被告回复，要求陆先生拨打服务热线或者前往营业网点进行反映。2014年7月，原告刘某某将被告工行上海分行诉至浦东区法院，要求其停止发送商业信息，赔礼道歉；赔偿原告公证费1000元、律师费1万元、损失5万元。在收到原告刘某某诉状之后，被告立即停止向原告刘某某发送商业信息。

原告诉称：根据《全国人民代表大会常务委员会关于加强网络信息保护的决定》（以下简称《关于加强网络信息保护的决定》）以及《消费者权益保护法》《中华人民共和国广告法》的相关规定，发送人发送商业信息必须事前得到接收人的同意；在接收人要求停止时，发送人必须停止。在原告刘某某已三次短信通知工行上海分行停止向其发送相关短信的情况下，被告继续发送的行为显然违法。同时，垃圾短信占用了原告手机空间，原告需要阅读、辨别并删除。垃圾短信给原告造成了生活中的烦恼和不便，其需要通过电话、网点投诉进行处理。因此，被告的行为侵犯了原告的个人信息权和相关财产权利，应当承担损害赔偿责任。

被告辩称：被告既未违反《消费者权益保护法》和双方合同约定的对原告个人信息的保密义务，也未违背合同约定向原告发送与银行业务无关的商业性信息，而原告也未提供任何证据证明被告因提供增值服务而导致其产生了任何财产性和非财产性损害，故应驳回原告的诉讼请求。

【法院审判】

上海市浦东新区人民法院审理认为：（1）双方虽约定被告工行上海分行可通过短信或电子邮件方式向持卡人发送与牡丹信用卡有关的信息，但对于该条款中"与牡丹信用卡有关的信息"存在两种解释：既可狭义地理解为只包括身份确认、余额变动、消费提醒、转款到账等金融信息，也可广义地理解为包括所有涉及信用卡的信息，即包括本案中涉及的商业性信息。该条款系被告工行上海分行提供的格式条款，根据法律规定，在格式条款具有两种以上的理解时，应当作出不利于提供格式条款一方的解释，即在本案中宜将上述格式条款解释为被告工行上海分行只可发送有关身份确认、余额变动、消费提醒、转款到账等有关银行卡交易情况的服务短信，而不包括商业性信息。因此，《领用合约》和信用卡章程并未赋予被告工行上海分行向持卡客户发送商业性信息的权利。（2）被告工行上海分行在合法获取刘某某的手机号码后，有义务妥善保管该信息，并在合理限度内适当地利用其所获取的个人信息。未经持卡人明示同意或者请求，工行上海分行不得利用其所掌握的手机号码向持卡人发送商业性短信息，发送信息后如持卡人明确表示拒绝接收该类信息的，即应当立即停止向其发送。因专用服务号码的专有性及用途特殊性，即便持卡人同意接收信息，金融机构也不得滥用持卡人对专用服务号码的高度信赖而使用该号码向用户发送商业性信息。在原告通过短信方式明确表示拒绝接收该类信息后，被告工行上海分行应停止向刘某某发送商业性信息。但工行上海分行并未停止发送信息，亦未向刘某某提供便捷的退订方式，而是以需要核实身份为由要求刘某某拨打"95588"客服电话或至银行柜台办理相关手续，人为设置了退订商业性短信息的障碍。被告工行上海分行单方面制订的退订方式不合理地限制了刘某某的权利，加重了刘某某的义务。因此，被告工行上海分行超出合理限度利用其掌握的原告手机号码向其发送商业性信息，因查看及删除上述信息，原告的个人生活安宁受到打扰，被告工行上海分行的行为侵犯了原告刘某某个人信息受保护的权利，应承担侵犯一般人格权的法律责任。综上，一审判决认定被告工行上海分行应停止向刘某某发送商业性短信息、向刘某某书面赔礼道歉、赔偿刘某某公证费1000元；驳回刘某某的其余诉讼请求。一审案件受理费1325元，减半收取计662.5元，由刘某某、工行上海分行各半负担。

　　双方当事人均不服一审法院上述民事判决，向上海市第一中级人民法院提起上诉。二审法院审理认为：（1）认定工行上海分行发送电子信息的行为是否构成侵权，应以此种行为是否具有过错并侵害刘某某民事权益为依据。本案所涉电子信息内容均为与系争银行卡有关的将来商业信息，虽与涉案信用卡已实际发生的交易行为并无直接关联，但显然亦属与系争银行卡有关的信息,故工行上海分行发送系争电子信息具有相应合同依据。当然,工行上海分行作为专业金融机构,在其拟定的格式合同中未对相应概念予以明确并由此引发争议,有所不当,但此种瑕疵并不足以否定电子信息的法律属性,亦不能据此认定工行上海分行存在相应过错。(2)上述《领用合约》实际履行过程中,刘某某在收到电子信息后,并未立即表示异议,而是在四个月之后方提出相关主张,刘某某此种不作为足以使工行上海分行认为其同意接收系争电子信息,属以默示方式表达其意思表示。故即使缔约时刘某某对系争《领用合约》中的信息概念尚不清晰,依照其之后的默示行为,亦应认定刘某某与工行上海分行已达成相应合意,工行上海分行发送系争电子信息并无不当。此后刘某某虽又明确表示拒绝接收此类信息,但刘某某的拒绝行为属对合同约定的变更,鉴于刘某某未依照工行上海分行的指示办理相应手续,则其变更合同的意思表示尚未送达工行上海分行,相应变更行为并未完成,故工行上海分行之后继续发送系争电子信息亦无过错。工行上海分行作为专业金融机构,就是否接收电子信息一节未向合同相对方提供快捷的合同变更方式,确有所不当,但工行上海分行此举系为维护合同安全性,并无相关恶意,故此种不当行为亦不足以构成侵权法框架内的过错。(3)本院认为电子信息均为简短之文字,占用移动设备的空间极小,对刘某某所有移动设备及其存储空间不构成价值上的贬损,且刘某某可自行采取技术手段对其移动设备恢复原状,认定工行上海分行此种极微且极易自行消除的行为构成对财产性权利的侵害,既无金额上的计算依据,亦缺乏实际必要,故难以认定工行上海分行对刘某某的财产性权利造成了侵害后果。(4)上诉人刘某某每月所收到电子信息不过2、3条,相应电子信息的内容亦无违反法律或公序良俗之嫌,以此种频率接收内容合法的信息尚不足以使民事主体产生精神上的痛苦,亦不可能产生要求工行上海分行承担精神损害赔偿责任的事实基础。此种行为虽对刘某某的隐私空间及个人信息受保护的权利造成一定影响,但其影响方式及频率亦属低微,相应对刘某某上述权利的损害程度亦极微弱,并未达到对刘某某其他非财产性权利构成侵害的程度,故亦难以认定工行上海分行侵害了刘某某的非财产性权利。综上，二审法院认为工行上海分行的行为既无过错，亦未侵害刘某某的民事权益，则工行上海分行发送电子信息的行为不构成刘某某主张的侵权，工行上海分行无须对此承担相应民事责任。刘某某的相关诉讼请求缺乏事实与法律依据，不应予以支持，其为本案诉讼支付的相应费用亦应由其自行承担。原审法院对此认定有误，本院予以纠正。

【争议焦点】

本案争议焦点在于工行上海分行发送电子信息的行为是否构成侵权。

【法理评析】

个人信息的侵权法救济

随着科学技术尤其是网络技术的发展，现代社会信息传播速度快、影响力大、覆盖面广，保证个人信息的隐秘、安全和正当合理使用已经成为维护个人生活领域安宁、保持个人良好生活环境的重要手段，因此自然人的个人信息应当受到法律保护。但是现实社会中使用自然人个人信息的情况庞杂，并非所有不当使用个人信息的行为都构成民事领域的侵权行为。如何恰当地适用侵权责任的构成要件来认定侵犯自然人个人信息权的行为，面临着理论和实践中的障碍。2012年12月28日，第十一届全国人大常委会第三十次会议通过了《关于加强网络信息保护的决定》，该决定对于加强保护自然人个人信息，特别是关于制裁侵害自然人个人信息的侵权行为具有重要的指导性意义。《民法典》第一百一十一条规定："自然人的个人信息受法律保护。任何组织或者个人需要获取他人个人信息的，应当依法取得并确保信息安全，不得非法收集、使用、加工、传输他人个人信息，不得非法买卖、提供或者公开他人个人信息。"下文拟根据《关于加强网络信息保护的决定》和《民法典》等相关法律法规的规定，结合上述案例，探讨个人信息侵权责任的构成要件和法律责任承担。

(一) 侵犯个人信息案件可适用《民法典》(侵权责任编) 予以救济

个人信息指的是与特定自然人有关的,能够单独或者通过与其他信息的结合识别特定自然人的数据。个人信息首要的特征就是可识别性,即通过直接或者间接的方式可以识别出个人身份的信息数据。《关于加强网络信息保护的决定》第一条规定,"国家保护能够识别公民个人身份和涉及公民个人隐私的电子信息。"根据该条款的规定,凡是可以通过其识别个人身份的信息均属于个人信息的范畴,例如个人的身份证件号码、电话号码、家庭住址等,随着网络技术的发展,个人信息的范围也逐渐扩大到个人的社交账号等电子数据。另外,根据《关于加强网络信息保护的决定》的规定,涉及自然人隐私的电子信息也被纳入网络信息保护的范畴。

根据《民法典》第九百九十条和第一千一百六十四条的规定,民事主体不仅享有生命权、身体权、健康权、姓名权、名称权、肖像权、名誉权、荣誉权、隐私权等权利,还享有基于人身自由、人格尊严产生的其他人格权益,而侵害民事权益产生的民事关系由侵权责任编调整。依据上文可知,个人信息关涉自然人的民事权益,当然属于《民法典》(侵权责任编) 调整的范围。另外,学界对于个人信息权的界定也多采隐私权和独立人格权说,个人信息权与隐私权、名誉权存在交叉关系,司法实践中法院要么将个人信息权纳入隐私权进行保护,要么将其与隐私权并列保护。但是无论采用何种保护方式,可以明确的是侵犯自然人个人信息的行为构成《民法典》意义上的侵权行为,可适用《民法典》予以救济。

(二) 个人信息侵权责任的判断应严格遵循《民法典》的规定

在分析个人信息侵权案件之前,首先应当明确的问题是个人信息侵权案件是否属于《民法典》规定的特殊侵权案件的类型。应当可以认定的是个人信息侵权案件并不属于《民法典》(侵权责任编) 规定的特殊侵权案件,因此在认定个人信息侵权责任的构成要件和法律责任时,应当依据《民法典》的一般过错归责原则和相关规定。而《关于加强网络信息保护的决定》中之所以将个人信息侵权案件进行特殊规范,一方面是基于个人信息保护之紧迫需要,另一方面是基于个人信息侵权行为之特殊性,并非为个人信息侵权责任设置特殊归责原则。因此，判断民事主体的行为是否构成个人信息侵权，一般应当在严格遵循《民法典》的一般规定的基础上进行判断，而不能脱离一般规定为个人信息侵权责任设立特殊标准，否则将会对法律正义以及民事主体个人权益造成侵害。

但根据《民法典》的规定，侵犯个人信息案件也存在适用无过错责任原则的例外情形，一是医疗机构泄露患者隐私或者未经同意公开患者的个人病历资料等导致个人信息受到侵害的，应当承担无过错责任；二是网络服务提供者明知网络用户侵犯个人信息或者接到通知后未及时采取必要措施防止损害后果扩大的，应当承担无过错的连带责任。同时，有学者主张在个人信息网络侵权案件中，考虑到民事行为的环境、特点和民事主体的经济实力和所在行业的性质，应当按照侵权主体的不同设定不同的归责原则：对于国家机关、法律法规授权的组织侵权的应当采用无过错责任原则，适用国家赔偿法免责事由仅限于不可抗力；对于自然人、法人和其他组织的侵权责任应当采用过错推定责任，承担停止损害、消除影响和损害赔偿的民事责任。但在立法修改之前，目前司法裁判中应当依据我国《民法典》的现行规定进行审理。

本案中，二审法院在审理过程中采用过错责任原则来判定工行上海分行是否构成侵权，符合《民法典》的基本规定。根据上述案情可知，工行上海分行向原告发送的电子信息应当属于与信用卡有关的电子信息，因此其发送信息的行为系双方事先约定，但发送信息的范围，在"与牡丹信用卡有关的信息"这一约定的范围上存在两种以上的解释，而工行上海分行的解释显然超出了一般人对该条款的文意理解，且也超出了原告的可接受范围。

至于被告主张"刘某某未依照工行上海分行的指示办理相应手续，则其变更合同的意思表示尚未送达工行上海分行，相应变更行为并未完成"，这一抗辩也难以令人接受。首先，双方并未约定合同变更的送达方式；其次，原被告均接受了短信方式将自己的意思表示送达对方，那么，原告将自己的意思表示以短信的方式送达被告，并未违反双方的约定，被告上下级权限管理的内部制约机制,在无合同明确约定的前提下,并不能自动适用于原告。

被告利用其履行合同的机会了解到的原告个人信息,扩张使用至非业务需要的商业信息发布上,且在原告明确拒绝接受的前提下,仍未停止使用的行为,明显存在侵权法上的故意。因此,一审法院判决工行上海分行存在侵权法上的过错并无不当,二审法院对此一认定明显存在不当。

而二审法院认为:"刘某某在收到电子信息后,并未立即表示异议,而是在四个月之后方提出相关主张,刘某某此种不作为足以使工行上海分行认为其同意接收系争电子信息,属以默示方式表达其意思表示。故即使缔约时刘某某对系争《领用合约》中的信息概念尚不清晰,依照其之后的默示行为,亦应认定刘某某与工行上海分行已达成相应合意,工行上海分行发送系争电子信息并无不当。"法院未能查明该四个月内,是否已有商业信息被发送,径行认定工行上海分行的行为"并无不当",该认定结论也不妥当。民事主体处分自己的权益需以明确的意思表示的方式作出,刘某某同意工行上海分行在合同范围外使用自己的个人信息,系一种对自己个人信息的处分行为,当然需要其以明确的意思表示作出。况且,刘某某在四个月内的沉默,也只能认定其未在四个月向工行上海分行主张权利,并不表示其已放弃了追究被告侵权行为的诉讼权利,更未超过法定的诉讼时效。正如在一般侵权案件中,被告侵害了原告的人身权后,原告未在第一时间提起诉讼的,并不能推定其已放弃了索赔的权利一样。

二审法院改判的另一理由是损害显著轻微,甚至并无实际损害可言。此一理由显然也不能成立。侵权法上的损害包括有形损害与无形损害。对于《民法典》第一千一百八十三条规定的"严重精神损害",严重与不严重的界限并非以对原告本人的精神打击程度、造成精神痛苦的程度作为区分标准。在民事主体的人格权益受到侵害时,同样刺激强度与频率下的侵权行为作用于不同的民事主体,会因其存在个人观念、内稳态(遗传因素对内稳态的差异性起着决定性的作用)、社会支持系统上的差异性而导致个体情感体验上的显著差异性。例如,同样被他人侮辱性地恶意造谣作风不好，不同受害人的应激反应会存在明显的差异性。法律不能因为存在此种差异性而区别对待。否则，不能归咎于被告的脆弱的人、善于伪装的人将会因此而获得更多的精神损害赔偿。此外，区分精神损害严重与不严重的界限，从而确定精神损害是否具有可赔偿性，需要以被告的行为是否为当时当地一般人对该行为的可容忍性作为区分标准。例如：老南京人说话喜欢带口头禅，外地来宁人员可能会认为该行为无法容忍，认为已侮辱了其人格，于是诉至法院，但一般南京人的观念上，认为被告的行为在可容忍的范围之内。此时，人民法院并非应当根据原告的个体情感体验来确定原告的精神损害是否具有可赔偿性，而应依据被告的行为在当时当地一般人的观念中，是否在可容忍的范围之内，从而确定是否支持原告的精神损害赔偿请求，以及支持的程度。本案中，被告的行为显然已超出了一般人的可容忍程度，原告的精神损害具有可赔偿性。

此外，《民法典》第一千一百八十三条规定的精神损害赔偿的目的并非只具有填补性，同时也应从惩罚的角度加以考虑：被告应当付出多大的代价才能达到遏制类似侵权行为的目的，这就需要从被告的主观恶意程度、获利情况、逃避追责的概率等角度加以考虑。因而一审法院虽判决被告承担 1000 元的精神损害赔偿，但并未对其数额形成的理由加以阐释，显然也难以令原告服判。

侵权案件的审理中，人民法院对被告行为肯定或否定的判决，对社会成员具有指引作用。这就要求法官在裁判侵权案件时，不仅要考虑个案的公正处理，还要考虑个案判决对社会的影响。当前社会中，类似本案中所发生的发送骚扰信息的行为屡见不鲜，人人痛恨，但二审法院的判决似乎给出了错误的信号。

【法条指引】

《中华人民共和国民法典》

第四百九十八条　对格式条款的理解发生争议的，应当按照通常理解予以解释。对格式条款有两种以上解释的，应当作出不利于提供格式条款一方的解释。格式条款和非格式条款不一致的，应当采用非格式条款。

第五百四十三条　当事人协商一致，可以变更合同。

第一千一百六十五条　行为人因过错侵害他人民事权益造成损害的，应当承担侵权责任。

依照法律规定推定行为人有过错，其不能证明自己没有过错的，应当承担侵权责任。

第一千一百八十三条　侵害自然人人身权益造成严重精神损害的，被侵权人有权请求精神损害赔偿。

因故意或者重大过失侵害自然人具有人身意义的特定物造成严重精神损害的，被侵权人有权请求精神损害赔偿。

《中华人民共和国消费者权益保护法》

第二十九条　经营者收集、使用消费者个人信息，应当遵循合法、正当、必要的原则，明示收集、使用信息的目的、方式和范围，并经消费者同意。经营者收集、使用消费者个人信息，应当公开其收集、使用规则，不得违反法律、法规的规定和双方的约定收集、使用信息。

经营者及其工作人员对收集的消费者个人信息必须严格保密，不得泄露、出售或者非法向他人提供。经营者应当采取技术措施和其他必要措施，确保信息安全，防止消费者个人信息泄露、丢失。在发生或者可能发生信息泄露、丢失的情况时，应当立即采取补救措施。

经营者未经消费者同意或者请求，或者消费者明确表示拒绝的，不得向其发送商业性信息。

《全国人民代表大会常务委员会关于加强网络信息保护的决定》

第七条　任何组织和个人未经电子信息接收者同意或者请求，或者电子信息接收者明确表示拒绝的，不得向其固定电话、移动电话或者个人电子邮箱发送商业性电子信息。

《最高人民法院关于确定民事侵权精神损害赔偿责任若干问题的解释》

第一条　自然人因下列人格权利遭受非法侵害，向人民法院起诉请求赔偿精神损害的，人民法院应当依法予以受理：

（一）生命权、健康权、身体权；

（二）姓名权、肖像权、名誉权、荣誉权；

（三）人格尊严权、人身自由权。

违反社会公共利益、社会公德侵害他人隐私或者其他人格利益，受害人以侵权为由向人民法院起诉请求赔偿精神损害的，人民法院应当依法予以受理。

第八条　因侵权致人精神损害，但未造成严重后果，受害人请求赔偿精神损害的，一般不予支持，人民法院可以根据情形判令侵权人停止侵害、恢复名誉、消除影响、赔礼道歉。

因侵权致人精神损害，造成严重后果的，人民法院除判令侵权人承担停止侵害、恢复名誉、消除影响、赔礼道歉等民事责任外，可以根据受害人一方的请求判令其赔偿相应的精神损害抚慰金。

第五章 婚姻家庭法与继承法

第一节 夫妻共同财产

■■■ 裘某某诉叶某某夫妻共同财产纠纷案

【要点提示】

关于婚姻关系存续期间能否分割夫妻共同财产，司法实践中争议很大。2011年颁布并施行的《最高人民法院关于适用〈中华人民共和国婚姻法〉若干问题的解释（三）》（以下简称《婚姻法司法解释（三）》）使该争议告一段落。那么，究竟在何种情况下可以适用该条款在不解除婚姻关系的前提下分割夫妻共同财产，同时，该条款在司法实践中的具体适用情况又是如何呢？

【案例索引】

一审：上海市徐汇区人民法院（2014）徐民一（民）初字第1030号。
二审：上海市第一中级人民法院（2014）沪一中民一（民）终字第2035号。

【基本案情】

原告：裘某某。

被告：叶某某。

上诉人叶某某因其他婚姻家庭纠纷一案，不服上海市徐汇区人民法院（2014）徐民一（民）初字第1030号民事判决，向上海市第一中级人民法院提起上诉。

原审法院查明，裘某某、叶某某于2000年4月18日登记结婚，双方均系再婚。裘某某于2012年7月30日至同年8月10日因患病住院手术治疗，出院后与其外甥女共同生活至8月底，后裘某某、叶某某继续共同生活。裘某某、叶某某自2012年12月起开始分居至今。叶某某曾于2013年9月向法院起诉要求与裘某某离婚，但未获准许。

叶某某于双方婚后开立有B股账户。2012年8月17日至8月23日，叶某某将其名下B股账户内的股票陆续抛售，并于8月20日自该账户向其名下交通银行账号为6222××××××××××××××的账户（美元分账号为310××××96，以下简称"310××××96账户"）转入30000美元，8月22日转入30000美元，8月24日转入146889.79美元。同年8月22日，叶某某自其名下310××××96账户向其女儿张某某名下交通银行账号为62226×××××××××××02的账户（以下简称"62226×××××××××××02账户"）转入30000美元。8月24日、8月25日，张某某代理叶某某自叶某某名下310××××96账户分两笔转入张某某名下62226×××××××××××02账户50000美元，共计10万美元。8月27日、9月3日，叶某某女儿叶某代理叶某某自叶某某名下310××××96账户分两笔转入张某某名下62226×××××××××××02账户50000美元、26889.79美元，共计76889.79美元。2013年6月26日，张某某自其名下交通银行账号为62226×××××××××××02的账户向叶某某名下交通银行账号为310××××96的账户转入31万美元。

叶某某于1992年开立有A股账户。2013年1月6日至4月9日，叶某某陆续将其名下A股账户内的股票抛售，并将所得钱款人民币84000元转入自己名下310××××96账户，2013年5月1日叶某某自该账户提现人民币45000元,5月2日叶某某自该账户分七笔共计提现人民币13000元,其余钱款叶某某用于消费。

原审审理过程中,叶某某向法院提交录音一份,证明裘某某曾自认叶某某名下B股账户内的钱款全是张某某的;裘某某对该录音不予认可,认为该录音系在其不知情的情况下录制的,是叶某某以话套裘某某,叶某某告诉裘某某B股账户内的钱是张某某的。裘某某出于对叶某某的信任所以认为钱是张某某的,但后来裘某某发现该账户内的钱是叶某某的。

裘某某认为叶某某存在转移夫妻共同财产的行为,遂起诉要求取得叶某某转移的206889.79美元及人民币58000元的一半。

原审法院认为,双方争议焦点为:第一,叶某某名下B股账户内的财产是否为裘某某、叶某某的夫妻共同财产;第二,裘某某是否有权在婚姻关系存续期间要求分割夫妻共同财产。对于第一个争议焦点,叶某某虽称其女儿张某某向其陆续交付20余万美元现金委托其炒股,但叶某某提交的录音不足以证明其主张,法院不予采信。叶某某名下B股账户在其与裘某某婚姻关系存续期间开户,在叶某某未能提交相反证据的情况下,该账户内的财产应系裘某某、叶某某的夫妻共同财产。对于第二个争议焦点,叶某某在其与裘某某共同生活期间,将其名下B股账户内的股票全部抛售,并将所得钱款20余万美元全部转入其女儿张某某名下账户,叶某某的行为确有不妥之处,损害了裘某某所享有的夫妻共同财产利益,尽管张某某向叶某某名下账户转回31万美元,但张某某之后的行为不能否认叶某某之前行为的性质,故裘某某要求分割叶某某自其名下B股账户转出的20余万美元的诉讼请求,法院予以支持。对于裘某某要求分割叶某某自其名下A股账户提取的人民币58000元的诉讼请求,因该账户系叶某某婚前开立,不能排除该账户内有叶某某的婚前财产的可能,且叶某某称上述钱款尚在叶某某名下账户中,故裘某某认为叶某某的行为侵犯其共有财产权的理由尚不充分,裘某某要求分割上述钱款的条件尚未成就,对裘某某的该诉讼请求,法院不予支持。据此,原审法院判决:叶某某于判决生效之日起十日内给付裘某某103444美元。案件受理费人民币20300元,减半收取计人民币 10150 元，由裘某某、叶某某各负担人民币 5075 元。

叶某某不服原判，上诉请求撤销原判，发回重审，将本案与双方当事人间另案诉讼的离婚纠纷案合并审理。上诉人称：被上诉人一方面在初审中称夫妻感情未破裂不同意离婚，另一方面又在上诉人等待法定六个月再次起诉离婚的期间以婚内财产分割为由向法院起诉，显然是恶意诉讼。原审法院选择性地认定事实，上诉人名下 B 股账户内的钱都是女儿张某某的，对此被上诉人在录音中也曾承认。该账户本是上诉人的，现在上诉人自行掌管账户何来转移财产一说？本案不具备分割婚内财产的法定要件，上诉人的行为并非严重损害夫妻共同财产利益的行为。因此，请求二审法院能判如所请。

被上诉人裘某某辩称：被上诉人早于上诉人第一次起诉离婚前即已向法院提起本案诉讼，而非恶意诉讼。上诉人提供的录音真实性无法确认，而且也没有提供其他证明张某某汇款的证据，因而原审法院没有采信上诉人的抗辩主张完全正确。要求维持原判。

【法院审判】

一审法院认为，叶某某虽然称其女儿张某某向其陆续交付 20 余万美元现金委托炒股，但叶某某提交的录音不足以证明其主张，故法院认定叶某某名下 B 股账户系裘某某、叶某某的夫妻共同财产。同时，叶某某在其与裘某某共同生活期间，将其名下 B 股账户内的股票全部抛售，并将所得钱款 20 余万美元全部转入其女儿张某某名下账户，叶某某的行为的确损害了裘某某的夫妻共同财产利益，故裘某某要求分割叶某某自其名下 B 股账户转出的 20 余万美元的诉讼请求，法院予以支持。对于裘某某要求分割叶某某自其名下 A 股账户提取的人民币 58000 元的诉讼请求，因该账户系叶某某婚前开立，不能排除该账户内有叶某某的婚前财产的可能性，且叶某某称上述钱款尚在叶某某名下账户中，故裘某某要求分割上述钱款的条件尚未成就，对裘某某的该诉讼请求，法院不予支持。

经审理查明，原审法院认定事实无误，法院予以确认。

二审法院认为，当事人对自己提出的诉讼请求所依据的事实或者反驳对方诉讼请求所依据的事实有责任提供证据加以证明。没有证据或者证据不足以证明当事人的事实主张的，由负有举证责任的当事人承担不利后果。上诉人叶某某主张其名下B股账户中款项来源于案外人张某某，但没有提供直接、有效的证据加以证明。在案录音内容欠缺完整性，在被上诉人予以否认的情形下，上诉人亦无其他证据可予印证，因此，上诉人名下B股账户中的款项应作为夫妻共同财产认定。上诉人在被上诉人裘某某术后短短一个月内，大量抛售B股股票并转出相应美元，其行为已构成转移财产，严重侵害了被上诉人应享有的夫妻共同财产权益，故原审法院判决支持被上诉人婚内财产分割的请求，于法有据，应予维持。上诉人叶某某请求将本案与离婚诉讼一并审理，缺乏法律依据，本院不予采纳。综上，依照《民事诉讼法》第一百七十条第一款第（一）项之规定，判决如下：驳回上诉，维持原判。二审案件受理费人民币10150元，由上诉人叶某某负担。

【争议焦点】

本案的争议焦点在于：第一，法院依据《婚姻法司法解释（三）》第四条①受理案件的范围；第二，关于婚内分割夫妻共同财产的具体适用。

【法理评析】

婚姻关系存续期间夫妻共同财产分割的相关问题

（一）《婚姻法司法解释（三）》第四条适用条件

婚姻关系存续期间夫妻共同财产分割（简称"婚内财产分割"），是伴随《婚姻法司法解释（三）》出台而产生的新热点词语。随着社会经济迅

---

① 参见《民法典》（婚姻家庭编）第一千零六十六条。

速发展，夫妻财产日益增多、婚姻关系复杂多变，婚内财产分割已经成为解决家庭矛盾纠纷、维护夫妻财产权利不可或缺的一部分，具有十分重要的现实意义。

法院能够依据《婚姻法司法解释（三）》受理的婚内财产分割诉请，主要包括以下五个基本特征。

（1）时间特定性。婚内财产分割必须发生在婚姻关系的存续期间。一般认为，是指合法缔结婚姻到婚姻关系依法解除，也即从男女双方结婚登记之日起至夫妻离婚之日止。它与夫妻离婚时分割财产最大的不同就在于分割的时间段不一样，在夫妻一方或双方提起离婚诉讼，法院没有判决前，及夫妻双方分居期间，虽然夫妻感情破裂，仍属于婚姻关系存续期间。

（2）情形法定性。婚内财产分割不是在任何情形下都可以适用，只有发生了法律规定的特殊情形，才能对婚内财产进行分割。《婚姻法司法解释（三）》颁布后，明确规定了转移、隐匿、毁损等不当处置共同财产及医疗排斥救治两种具体理由。

（3）权利侵权性。只有在夫妻一方严重损害对方财产权利，给对方造成非常重大的影响时才能进行婚内财产分割。这里必须强调权利侵权性，而且强调后果的严重性，要求夫妻一方在客观上确实实施了侵害或妨碍其配偶共同财产权的行为。

（4）程序特定性。婚内财产分割的提起、生效以及失效都需要严格按照法定程序进行，否则不产生法律效力。例如婚内财产分割的请求权人必须向法院提起诉讼，才能维护自身的合法权益，即使夫妻双方发生了可以分割婚内夫妻财产的情形，但没有通过诉讼程序，而是双方自己协商解决，那么不发生婚内财产分割的法律效力。

（5）财产共同性。婚内财产分割的物质基础是夫妻双方在婚姻关系存续期间存在共同财产。没有夫妻共同财产或者夫妻双方约定婚内财产归各自所有的情形不能发生婚内财产分割。共同财产是指依照法律规定，应当由夫妻双方共同所有的财产。我国《民法典》（婚姻家庭编）及相关司法解释以列举的方式明确列出夫妻共同财产的具体类型，但排除了以书面形式的约定财产、指定赠与、只能归一方的特定财产、婚前财产以及个人专属财产。

(二)《婚姻法司法解释(三)》关于婚内分割夫妻共同财产的具体适用

1. 隐藏、转移行为

就通常情况来说,法条中所表达"隐藏共同财产"的行为是指夫妻中的一方,通过一定手段刻意地去隐瞒共同存款的数量、购置的不动产金额、买卖的期货股票债券等,以及私藏古玩字画、奢侈品等值钱之物,从而让对方对于共同财产的总价值不得而知的行为。

"转移"最为常见的就是将共同存款进行转移。夫妻一方通过一次或者数次将共同共有的婚后财产通过银行转账、支付宝转账等方式,从双方存放共同财产的账户汇转到另一方不知晓的私人账户里,达到使部分钱财排斥另一方的支配,减少对方能够使用的共同财产的额度的目的,侵害对方权益。第二种常见转移、隐藏财产的方式是虚假过户。在与第三方不存在真实可查的交易基础的情况下,夫妻一方与其恶意串通,虚构出财产赠与、买卖合同等关系,将夫妻共有的名贵物品交于他人所有,看似夫妻双方都丧失了对该物的所有权,但实际上一方却是该财产真正的支配者,损害的是不知实情的另一方的权益。

有一点值得关注,就是夫妻一方有正当理由,为了实施必要的自我救助行为,对部分共有财产进行的处分不属于转移隐藏行为。现实生活中确实存在着夫妻一方需要用钱治疗或自救,实际控制财产的另一方却采取了消极或抵触的情绪,这时候受困方通过其他手段获得了必要的共同财款实施了自我救助,虽然没有取得对方的同意,但是于情于理都是正当的行为。

2. 变卖、毁损

通常说来,变卖是指以低于正常的价款将财物出售的行为。变卖夫妻共同财产则是一方将夫妻共有财物以低于合理的价格卖给第三人,并私吞交易款项,使另一方可支配的共同财产减少。此处的变卖行为不同于一般的交易,一方面是出售财物的价格低于市场价,一般是因为急于出手,将实物换钱;另一方面是变卖财产的款项并不纳入夫妻共有财产之中,而是一方将有价值的夫妻共有实物低价套现的行为,导致夫妻可支配财产的数额减少。着重提出的是,这里的变卖行为不同于上述转移隐匿财产行为中的虚假过户,此处的买卖应是确实存在的,购买的人主观是善意的,并没有事先与卖方进行通气,只是卖方单方面有不良想法。

毁损行为,指对于实体物给予物理上的毁灭或损坏,如打、砸、摔、破等非常规的对待手段,使财物发生物理变化而全部或者部分丧失该物品内在的价值。

3. 挥霍行为

挥霍,顾名思义就是不根据夫妻实际经济情况进行消费,贪图享乐,不切实际地从事高消费的项目、不经对方同意将贵重财物赠与第三方等严重减少共有财产数量、破坏婚姻家庭稳定的行为。

4. 医疗排斥救治

医疗排斥救治是指一方患重大疾病需要医治,负有法定扶养义务的另一方不同意支付相关医疗费的情形。

【法条指引】

《中华人民共和国民法典》

第三百零三条 共有人约定不得分割共有的不动产或者动产,以维持共有关系的,应当按照约定,但是共有人有重大理由需要分割的,可以请求分割;没有约定或者约定不明确的,按份共有人可以随时请求分割,共同共有人在共有的基础丧失或者有重大理由需要分割时可以请求分割。因分割造成其他共有人损害的,应当给予赔偿。

第一千零六十六条 婚姻关系存续期间,有下列情形之一的,夫妻一方可以向人民法院请求分割共同财产:

(一)一方有隐藏、转移、变卖、毁损、挥霍夫妻共同财产或者伪造夫妻共同债务等严重损害夫妻共同财产利益的行为;

（二）一方负有法定扶养义务的人患重大疾病需要医治，另一方不同意支付相关医疗费用。

第二节　离婚协议的效力

■■■ 张某某诉黄某某离婚后财产分割案

【要点提示】

根据我国法律的规定，协议离婚中财产分割约定对男女双方具有法律约束力。根据我国《民法典》（婚姻家庭编）及相关司法解释，离婚协议一旦签订，任何一方当事人都不能轻易反悔，除非能证明离婚协议存在"欺诈、胁迫"的情形。根据最高人民法院的司法解释，离婚协议签订并办理离婚登记后，任何一方当事人就财产分割的条款反悔的，可以向法院起诉要求变更或撤销财产分割协议。

【案例索引】

一审：湖南省道县人民法院（2014）道法民初字第186号。

二审：湖南省永州市中级人民法院（2014）永中法民一终字第168号。

【基本案情】

原告：张某某。

被告：黄某某。

原、被告于1999年10月开始同居，并于2000年开始开设酒店创业。2001年5月30日，原、被告登记结婚。从2008年起双方因家庭琐事等原因产生矛盾，夫妻感情出现裂痕，原告殴打被告，沾染赌博恶习，且与一唐姓女子有不正当关系。2010年3月19日至2012年2月9日期间，原告张某某陆续从被告黄某某处拿走10万元、3万元、8万元用于偿还赌债，并书面表明愿意在今后离婚时以夫妻共同财产抵扣。2011年4月27日，原、被告以原告张某某名义向道县城南信用社借款30万元，因为经营不善等原因，出现亏损。此后，原告张某某继续赌博，且与第三者唐某某同居生活。2012年5月8日黄某某遂以"夫妻感情完全破裂"为由，向法院起诉离婚，要求分割夫妻共同财产。2012年8月14日，双方经法院调解和好。2013年5月15日，原、被告达成书面共同承诺："此次离婚纯属假离婚，两个月后不和唐某某来往再复婚，婚前财产永远属于两人共同共有，为了防止节外生枝，假戏真做，特立下此承诺，如一方违约，后果由违约方负责。此承诺双方签字即生法律效力。"2013年5月16日，原、被告双方共同到道县民政局办理了离婚手续。并在《离婚协议》中约定"位于某中校园路的房产归女方所有，牌照湘××××××别克新君威小轿车归女方所有，房屋内的家用电器及家具等等，归女方所有"。原、被告离婚后，被告黄某某于2013年6月14日、6月30日偿还了以张某某名义向道县城南信用社所借贷款30万元而产生的利息2万元，并经协商于2013年10月25日将30万元借款转至自己名下，由自己负责偿还。

原告张某某诉称，双方假离婚，并达成了"假离婚承诺书"，双方私下写明"离婚是假装的形式"，不是双方的真实意思，之所以将财产归置在被告名下，目的是防止第三者以找原告麻烦为由破坏夫妻共有财产。因此原告要求按照合同法规定撤销原、被告之间在道县民政局签订的《离婚协议》，对夫妻共同财产重新进行分割。原告还提出，被告用假离婚故意设局让原告放弃财产，构成了对原告的欺诈。即使不存在欺诈，原告十五年多创造的财富，一文未得净身出门，对原告来说，也属于显失公平。

被告黄某某辩称，原告有赌博恶习，夫妻共同财产被原告输得差不多了，原告还有家庭暴力，并与唐姓女子保持同居关系，严重破坏了双方的婚姻关系，所以财产分割情况并没有对原告不公平的地方，请求人民法院驳回原告的诉讼请求。

【法院审判】

一审法院认为，本案系离婚后财产纠纷。财产所有权的取得不得违反法律的规定。原告张某某与被告黄某某于 2013 年 5 月 15 日达成的共同承诺中约定，关于财产部分处理中的"婚前"是"离婚前"还是"结婚前"，双方约定不明，视为没有约定。因此原、被告双方的承诺书中关于财产的约定对双方没有约束力。且 2013 年 5 月 16 日，原、被告到道县民政局登记离婚时，原、被告就财产的分割约定系双方的真实意思表示，内容不违反法律规定，且经过了婚姻登记机关确认，具有法律效力，对双方均有约束力。根据我国婚姻法及相关司法解释，离婚协议一旦签订，任何一方当事人都不能轻易反悔，除非能证明离婚协议存在"欺诈、胁迫"的情形。根据最高人民法院的司法解释，离婚协议签订并办理离婚登记后，任何一方当事人就财产分割的条款反悔的，可以向法院起诉要求变更或撤销财产分割协议。本案中，原告没有向法庭提交原、被告双方在道县民政局订立财产分割协议时被告存在欺诈、胁迫等情形的相关证据。原告张某某不珍惜夫妻感情，不珍惜被告黄某某给予改正错误的机会，与他人同居生活、有赌博恶习，且有家庭暴力，是引起原、被告夫妻感情破裂和离婚的主要原因。因此，原告应承担离婚主要过错责任。同时，原、被告在离婚时并没有对夫妻共同债务如何偿还进行约定和处理。被告黄某某离婚后偿还 30 万元贷款以及产生的贷款利息。被告负责偿还的债务与其分得的财产价值基本相当，且原告张某某在从被告黄某某处支款用于偿还赌债时，也多次表示愿意在以后离婚时予以抵扣。

依照《婚姻法》第十七条、第十八条、第十九条①，《民法通则》第七十二条②，《最高人民法院关于适用〈中华人民共和国婚姻法〉若干问题的

---

① 参见《民法典》（婚姻家庭编）第一千零六十二条、第一千零六十三条、第一千零六十五条。

② 参见《民法典》（总则编）第一百一十三条。

解释（二）》第九条和《最高人民法院关于民事诉讼证据的若干规定》第二条①之规定，判决如下：驳回原告张某某的诉讼请求。案件受理费13800元，由原告张某某负担。

张某某不服一审判决提起上诉，二审法院认定一审事实清楚，实体处理恰当，上诉人的上诉理由与事实和法律以及上诉人的诉讼请求不符，不予采纳。据此，依照《民事诉讼法》第一百七十条第一款第（一）项之规定，判决如下：驳回上诉，维持原判。二审案件诉讼费6900元，由上诉人张某某负担。

【争议焦点】

本案的争议焦点是：第一，协议离婚中财产分割协议的性质和效力的认定；第二，"假离婚"的法律效力与法律适用。

【法理评析】

协议离婚中财产分割协议的相关问题

本案中原告诉请撤销双方达成的离婚协议，重新分割夫妻共同财产，依据是双方实为"假离婚"，意思表示不真实，同时夫妻共同财产均归被告所有显失公平。被告辩称原告有家庭暴力、与婚外第三人同居的过错，且将夫妻共同财产用于赌博，因此财产分配并无不合理之处。本案焦点为基于已经达成的协议离婚中的财产分割协议，能否根据当事人的主张进行变更、撤销，以及"假离婚"在案件审理中的法律适用问题。根据司法相关数据统计，近年来法院受理的登记离婚后财产纠纷案件数量呈明显上升趋势，此案的正确审理具有重要的社会意义。

（一）协议离婚中财产分割协议的性质和效力

1. 协议离婚中财产分割协议的性质

协议离婚中的财产分割协议是指夫妻双方在离婚协议中附加达成的关

---

① 参见《最高人民法院关于适用〈中华人民共和国民事诉讼法〉的解释》第九十条。

于财产分割的条款或者因协议离婚而就财产问题单独达成的协议。这就表示，主体必须是依法办理了离婚登记的合法夫妻，并且是双方基于自由平等的意思表示，以离婚为目的协商一致达成的协议，内容上是有关财产关系的协议。

因此，协议离婚中财产分割协议的性质可以归纳为以下几点：

第一，订立协议离婚中财产分割协议的双方都是基于真实意思表示，双方在平等自由的前提下达成协商一致。

第二，协议离婚中的财产分割协议是离婚协议这种复合协议的一个组成部分，该协议的生效以当事人办理离婚登记为前提。① 同时，当事人虽已离婚，但涉及财产分割的条款或协议仍然可能被变更、撤销，甚至被法院判决无效。

第三，协议离婚中的财产分割协议不同于夫妻财产约定。夫妻财产约定是指双方于婚前或婚内，就婚姻存续期间的财产制度及分配方式所达成的协议。② 协议离婚中的财产分割协议与夫妻财产约定最大的区别在于，前者是为了解决婚姻关系解除后的财产分配问题，而后者是为了明确婚姻关系中的财产分配问题。③

2. 协议离婚中财产分割协议的效力

协议离婚是民事法律行为，当事人达成的离婚协议也是一种法律行为。法律行为最根本的是效力问题，即意思表示能否产生预期法律效果。④ 具体到离婚，便是离婚协议具体条款在法律上所发生的作用和产生的后果。⑤

第一，协议离婚中的财产分割协议对夫妻双方具有法律约束力。如前

---

① 参见史尚宽：《亲属法论》，中国政法大学出版社2000年版，第8—14页。
② 参见余延满：《亲属法原论》，法律出版社2007年版，第287—288页。
③ 参见涂敏：《论我国诉前离婚协议的性质和效力》，华中科技大学2011年硕士学位论文。
④ 参见姚秋英：《婚姻效力研究》，中国政法大学出版社2013年版，序言第1页。
⑤ 参见巫昌祯、夏吟兰主编：《婚姻家庭法学》，中国政法大学出版社2007年版，第206页。

所述，协议离婚时签订财产分割协议的行为属于民事法律行为。《民法典》第一百三十六条规定："民事法律行为自成立时生效，但是法律另有规定或者当事人另有约定的除外。行为人非依法律规定或者未经对方同意，不得擅自变更或者解除民事法律行为。"《最高人民法院关于适用〈中华人民共和国婚姻法〉若干问题的解释（二）》（以下简称《婚姻法司法解释（二）》）第八条规定："离婚协议中关于财产分割的条款或者当事人因离婚就财产分割达成的协议，对男女双方具有法律约束力。当事人因履行上述财产分割协议发生纠纷提起诉讼的，人民法院应当受理。"综上可得，协议离婚中的财产分割协议一经签署即对双方当事人具有法律约束力，任何一方不得随意反悔，不得单方面变更、撤销或者解除。同时这就意味着，一旦财产分割协议合法生效，双方当事人均应全面积极地履行协议约定的内容。

第二，协议约定共同财产归属另一方的条款的变更和撤销。根据现行法律规定，离婚财产分割协议可撤销、可变更的情形主要为欺诈、胁迫而签订离婚财产分割协议的情形。由于现实生活中很多夫妻在拟定离婚协议时追求自我利益最大化，采用不正当手段欺诈或者胁迫另一方签订该份财产分割协议，因此《婚姻法司法解释（二）》第九条规定："男女双方协议离婚后一年内就财产分割问题反悔，请求变更或者撤销财产分割协议的，人民法院应当受理。人民法院审理后，未发现订立财产分割协议时存在欺诈、胁迫等情形的，应当依法驳回当事人的诉讼请求。"需注意的是，可撤销与变更的仅为财产分割部分，对有关身份关系变动及子女抚养问题则不在变更范围内。

然而，《婚姻法司法解释（二）》第九条规定中的措辞为"欺诈、胁迫等情形的"，一个"等"字为法官预留了自由裁量的空间。参考《民法典》第一百四十七条至第一百五十条中关于民事法律行为的规定，主要包括重大误解、显失公平及欺诈、胁迫、乘人之危而不涉及国家、公共利益的情形。当然司法实践中以乘人之危与显失公平起诉法院要求撤销原财产分割协议的情形，法院往往不予支持。以本案为例，最后法院判决驳回原告诉讼请求，理由是双方签订的离婚财产分割协议不属于司法解释规定的欺诈、胁迫情形，双方意思表示真实，因此协议合法生效，不存在法定撤销情形。

（二）当事人主张协议离婚为"假离婚"

1."假离婚"的法律效力

从法律上讲，离婚不存在真假，一旦协议达成，民政局工作人员在离婚证书上盖上公章，该离婚协议即具有了法律效力，意味着夫妻双方交互的权利义务关系终止。在司法实务中，司法人员对于这类案子的处理也一般是这么认定的。法院在审理"假离婚"案件时要求当事人进行举证证明假离婚这个事实。但往往双方当事人在商定"假离婚"之时是达成了一致合意的，关于"假离婚"所带来的其他条件也没有认真地进行讨论和证据保留，所以无论是证明原来的离婚是假离婚还是证明原来的离婚协议存在欺诈等行为对于当事人来说都是很困难的。

在现实生活中，往往存在更多争议的是当"假离婚"变成真离婚之时，一方当事人不想再恢复先前的婚姻人身关系，只对夫妻财产进行重新分割提起诉讼，就如同本案中的张某某和黄某某。法院现行做法是，原告能够证明当初"假离婚"时所达成的离婚协议是违背当事人的真实意思表示，是因为欺诈、胁迫等情形签订的，则认定该离婚协议无效，对夫妻关系存续期间的财产进行重新分割。

2.本案审理中具体法律适用

在本案审理中，法官正确适用法律，判决结果正确，做到了一审即案结事了。针对原告诉求重新分割财产，法官依据《婚姻法司法解释（二）》第九条"男女双方协议离婚后一年内就财产分割问题反悔，请求变更或者撤销财产分割协议的，人民法院应当受理。人民法院审理后，未发现订立财产分割协议时存在欺诈、胁迫等情形的，应当依法驳回当事人的诉讼请求"之规定，对双方签订的财产分割协议进行了审查，并未发现欺诈、胁迫等情形，原告也没有提出有效的证据支撑"假离婚"、欺诈等主张，因此该协议合法有效，驳回了原告的诉讼请求。

(三)针对协议离婚中财产分割协议争议案件的审理价值取向

1. 尊重当事人意思自治的私法精神

私法的重要价值取向就是尊重当事人的个体权利，尊重当事人的意思自治。协议离婚是建立在双方自愿平等的前提下，协商一致达成的。只要内容程序不违反法律法规的强制性规定，不损害社会公共利益和他人的合法权益，就是合法有效的，对双方都具有法律约束力，是当事人对个人财产权利的自由处分，国家公权力对此不能强加干涉。本案中双方当事人都具有完全民事行为能力，对于自己的行为所产生的法律后果都具有清晰的判断能力，因此都应对自己的行为负责。法院在审判过程中，如果没有足够的证据证明存在欺诈、胁迫等法定事由，则只能尊重双方当事人达成的协议，不能主动干涉，这正是尊重当事人意思自治的私法精神的充分体现。

2. 谨慎行使法官的自由裁量权

《婚姻法司法解释（二）》第九条规定中的措辞为"欺诈、胁迫等情形的"，一个"等"字说明欺诈、胁迫两种情形不是法院支持当事人诉讼请求的唯一条件，意味着该条中存在着弹性条款，这就赋予了法官一定的自由裁量权。法律追求的最高价值就是正义，而正义的重要目标之一就是要维护各方当事人的利益平衡。本案中审判人员在总揽全局的基础上，综合分析了双方当事人在婚姻关系存续期间的收入、支出、债务等各方面情况，充分考虑了原告在婚姻关系中的过错，以及被告对于债务的清偿等综合因素，作出了不认为财产分割协议显失公平的认定，这完全符合利益均衡原则的要求，也是在自由裁量权这一关上守住了坚持的底线。协议离婚中的财产分割协议与当事人的特定身份紧密结合，而婚姻关系又建立在情感基础上，并不以等价有偿为原则。当事人之间利益不均衡如果是由当事人自愿形成的，或因急于离婚而作出大幅财产补偿承诺换取对方同意离婚，人民法院也不会以显失公平为由撤销协议，从而防止当事人动辄就以对离婚财产分割协议反悔为由而提起诉讼，达到维护社会关系稳定和谐的最终目标。

【法条指引】

《中华人民共和国民法典》

第一千零六十二条 夫妻在婚姻关系存续期间所得的下列财产，为夫妻的共同财产，归夫妻共同所有：

（一）工资、奖金、劳务报酬；

（二）生产、经营、投资的收益；

（三）知识产权的收益；

（四）继承或者受赠的财产，但是本法第一千零六十三条第三项规定的除外；

（五）其他应当归共同所有的财产。

夫妻对共同财产，有平等的处理权。

第一千零六十三条 下列财产为夫妻一方的个人财产：

（一）一方的婚前财产；

（二）一方因受到人身损害获得的赔偿或者补偿；

（三）遗嘱或者赠与合同中确定只归一方的财产；

（四）一方专用的生活用品；

（五）其他应当归一方的财产。

第一千零六十五条 男女双方可以约定婚姻关系存续期间所得的财产以及婚前财产归各自所有、共同所有或者部分各自所有、部分共同所有。约定应当采用书面形式。没有约定或者约定不明确的，适用本法第一千零六十二条、第一千零六十三条的规定。

夫妻对婚姻关系存续期间所得的财产以及婚前财产的约定，对双方具有法律约束力。

夫妻对婚姻关系存续期间所得的财产约定归各自所有，夫或者妻一方对外所负的债务，相对人知道该约定的，以夫或者妻一方的个人财产清偿。

《中华人民共和国民事诉讼法》

第六十四条　当事人对自己提出的主张，有责任提供证据。

当事人及其诉讼代理人因客观原因不能自行收集的证据，或者人民法院认为审理案件需要的证据，人民法院应当调查收集。

人民法院应当按照法定程序，全面地、客观地审查核实证据。

《最高人民法院关于适用〈中华人民共和国民事诉讼法〉的解释》

第九十条　当事人对自己提出的诉讼请求所依据的事实或者反驳对方诉讼请求所依据的事实，应当提供证据加以证明，但法律另有规定的除外。

在作出判决前，当事人未能提供证据或者证据不足以证明其事实主张的，由负有举证证明责任的当事人承担不利的后果。

第三节　遗产继承

■■■ 戴某甲诉钱某红、钱某甲、钱某乙、戴某乙遗产继承案

【要点提示】

根据我国法律的规定，自然人可以通过遗嘱形式自由分配个人的财产，法律应当充分尊重和保护自然人个人的真实意愿，同时，遗嘱人也享有变更、撤销所立遗嘱的权利。但在夫妻共同遗嘱的情况中，夫妻任意一方无权擅自变更、撤销对方的遗嘱，也不得随意处分属于对方份额的财产权益。

第五章　婚姻家庭法与继承法

【案例索引】

一审：南京市建邺区人民法院（2009）建民初字第 2017 号。

二审：江苏省南京市中级人民法院（2014）宁民监字第 20 号。

再审：江苏省南京市中级人民法院（2015）宁民再终字第 38 号。

【基本案情】

原告：戴某甲。

被告：钱某红、钱某甲、钱某乙、戴某乙。

2009 年 9 月 11 日，原一审原告徐某兰向南京市建邺区人民法院提起诉讼，要求确认本市大光路×××号 103 室、105 室（以下简称"103 室""105 室"）房屋归其所有。本案诉讼中，徐某兰于 2010 年 12 月 19 日因病死亡，戴某甲以遗嘱继承人身份，于 2011 年 1 月 13 日申请作为原告参加诉讼。

一审法院查明，徐某兰与戴某海系夫妻关系，戴云香、戴某乙分别系徐某兰、戴某海之女、养子，钱某乙系戴云香之夫，钱某甲、钱某红系钱某乙、戴云香之子、女，戴某甲系戴某乙之子。坐落于南京市尚书巷×-×号房屋系戴某海、徐某兰夫妻共同财产。1994 年 10 月 7 日，戴某海、徐某兰立公证遗嘱，遗嘱内容为："我们两人先去世一方将自己部分房产留给对方继承。我们二人全部去世后，房产由戴云香一人继承。"1995 年 7 月尚书巷×-×号房屋拆迁，同年 8 月 16 日戴某海去世。之后，通过产权调换方式安置 103 室、105 室房屋。2008 年 10 月 9 日戴云香去世。2009 年 4 月 3 日徐某兰立公证遗嘱，将 103 室、105 室房屋属于其的房产份额指定戴某甲继承。之后，徐某兰、戴某乙与钱某乙、钱某甲、钱某红为 103 室、105 室房产继承产生纠纷。

原告戴某甲诉称，原告系徐某兰之孙，徐某兰生前立有公证遗嘱，将 105 室及 103 室属于徐某兰的产权份额指定由原告继承，故请求判令 105

室和 103 室房屋归原告所有。

被告钱某乙、钱某红、钱某甲辩称，徐某兰对 105 室、103 室房屋只享有二分之一房产份额，只能处分自己的房产，不能处分戴某海遗留的房产，按照戴某海的遗愿，其房产由女儿戴云香继承，因戴云香于 2008 年已去世，故戴某海房产应由戴云香的继承人继承。

被告戴某乙辩称，同意戴某甲的意见。

【法院审判】

法院经审理认为：

关于徐某兰对属于戴某海的房产有无继承权的问题。1994 年 10 月 7 日，戴某海和徐某兰设立了共同遗嘱，从遗嘱的形式看，该遗嘱为公证遗嘱，合法、有效；从遗嘱的内容看，两部分内容具有关联性，是将两次遗产利益的转移统一于一次遗嘱继承之中，结合公证处对戴某海所作的谈话笔录，表明戴某海考虑到徐某兰无工作而将其遗留的房产作为徐某兰生前的生活保障，而最终由戴云香获得遗产是遗嘱人戴某海的真实意思表示。徐某兰在戴某海去世后，其在享有受益权等权利的同时，应按法律的要求和遗嘱人戴某海的意愿，妥善管理和保护戴某海遗产，并按照遗嘱内容将戴某海遗产最终转移给遗嘱继承人戴云香，而不能随意改变戴某海的遗嘱内容。

关于戴云香法定继承人是否对属于戴某海的房产享有继承权的问题。依据法律规定，继承开始后，继承人没有表示放弃继承，并于遗产分割前死亡的，其继承遗产的权利转移给其合法继承人。本案中，遗嘱人戴某海于 1995 年 8 月去世，其所作的意思表示已经生效，继承开始。遗嘱继承人戴云香于 2008 年 10 月 9 日死亡，其生前没有表示放弃继承，故钱某乙、钱某甲、钱某红作为其合法继承人依法享有继承戴某海遗产的权利。

关于戴某甲对 103 室、105 室房屋属于徐某兰的房产有无继承权的问题。法院认为，遗嘱人可以撤销、变更自己所立的遗嘱，立有数份遗嘱，内容相抵触的，以最后的遗嘱为准。徐某兰立有两份公证遗嘱处分103室、105室中属于自己的房产，内容相异，鉴于其最后的公证遗嘱指定其房产由戴某甲继承，故戴某甲有权继承103室、105室中属于徐某兰的房产。

综上，103室、105室属徐某兰、戴某海共同财产，属于徐某兰的房产，应由戴某甲继承，属于戴某海的房产应由钱某乙、钱某甲、钱某红、徐某兰继承。依照《继承法》第十条、第十三条、第十六条、第二十条、第二十五条①和《民事诉讼法》第一百四十四条、第一百七十条第一款第（二）项、第二百零七条的规定，判决如下：南京市大光路×××号103室、105室由戴某甲继承八分之五，钱某乙、钱某甲、钱某红各继承八分之一；驳回戴某甲的其他诉讼请求。一审案件受理费9100元，由原告戴某甲负担5687.5元，其余3412.5元由被告钱某乙、钱某甲、钱某红各负担三分之一；公告费600元由钱某甲负担。

后当事人就房屋分割面积认定有误提起上诉、再审，但二审、再审对于遗产分割份额的判决并未改变，在此不予另外讨论。

【争议焦点】

本案争议焦点是：第一，徐某兰对属于戴某海的房产有无继承权；第二，戴云香先于徐某兰去世，其法定继承人是否对属于戴某海的房产享有继承权；第三，戴某甲对103室、105室房屋属于徐某兰的房产有无继承权。

【法理评析】

关于夫妻共同遗嘱效力的相关问题

本案中原告主张对夫妻共同遗嘱中涉及的共同共有的房屋的所有权，

---

① 参见《民法典》（继承编）第一千一百二十七条、第一千一百三十条、第一千一百三十三条、第一千一百二十四条。

依据是在夫一方去世后，妻一方在共同遗嘱的基础上继承了争讼房屋的全部份额，随即变更了共同遗嘱，应以变更后的遗嘱为依据执行财产的继承。被告辩称由妻一方继承全部房屋财产份额违背了夫一方的真实意愿，妻一方不得随意变更共同遗嘱，更不得处分归属于夫一方份额的财产。本案焦点为对于合法生效的夫妻共同财产，其中一方能否进行变更、撤销，以及相关的法律适用问题。

随着国民生活水平的普遍提高、自然人财产权利意识的明显增强，且我国向来有夫妻共同订立遗嘱的习惯和事实，现实生活中的夫妻共同遗嘱并不鲜见，相关的问题日益凸显。[①] 我国立法尚未作出明文规定，因此对此重视和探讨具有现实意义。

(一) 共同遗嘱的性质及在我国的现状

1. 共同遗嘱的性质

共同遗嘱，又称"合立遗嘱"，指两个或两个以上的遗嘱人达成合意，共同订立一份遗嘱，并在遗嘱中对各自或共有的财产作出处分安排。[②] 该制度源自欧洲中世纪的习惯法，主要适用于夫妻之间。[③] 目前英美法系国家以及大陆法系的德国、奥地利等国法律承认共同遗嘱。

共同遗嘱变现为形式意义上的共同遗嘱和实质意义上的共同遗嘱两大类。

形式意义上的共同遗嘱是指当事人将多个各自独立的遗嘱记载于同一文件中，而不作出相互有关联的处分。这种共同遗嘱只是拥有形式上的同一，在内容上各遗嘱人均可以基于自己的独立意思表示产生独立的法力效果，彼此之间不存在制约和影响，任何一方均可通过新设遗嘱变更、撤销处分。

[①] 参见吴国平：《夫妻共同遗嘱的效力及其立法建议》，载《福建江夏学院学报》2011年第2期。

[②] 参见吴英姿：《论共同遗嘱》，载《南京大学法律评论》1996年第1期。

[③] 《德国民法典》第2265条规定，只有配偶双方才能设立共同遗嘱；订婚者、以婚姻名义共同生活者、共同生活的兄弟姐妹等所订立的共同遗嘱无效。

实质意义上的共同遗嘱是指多个遗嘱人通过一致的意思表示共同作出的、在内容上具有关联性的整体遗嘱。在我国司法实践中，大多数共同遗嘱通过公证达成，当事人的共同遗嘱意愿无须质疑；部分共同遗嘱采取自书遗嘱的形式，由配偶其中一方代书，另一方签名盖章，对此也应认可。两者均属于实质意义上的共同遗嘱。

2. 我国法律对共同遗嘱的态度

由于我国现行法并没有对共同遗嘱作出明文规定，因此理论和实践中对此争议颇多。就应否认可共同遗嘱制度而言，存在三种观点。

（1）肯定说。支持的学者认为应当从立法上确认共同遗嘱的法律效力和地位，提倡夫妻采用共同遗嘱的形式处分共同财产。理由可概括为三点：第一，这与我国财产继承的习惯做法和传统风俗相适应。在民间普遍的做法都是子女待父母双方均去世后才会分割父母的财产。第二，适应我国家庭共同共有财产性质的要求。第三，共同遗嘱有利于保护幼小子女和在世配偶的利益，避免继承人之间为争夺遗产而引起的家庭纠纷。[①]

（2）否定说。反对的学者认为我国法律不承认共同遗嘱的效力，共同遗嘱的原理有悖于遗嘱理论的精神。理由可概括为两点：第一，共同遗嘱有悖于遗嘱自由原则。遗嘱行为是典型的单方法律行为，仅需当事人独立的意思表示就可以产生遗嘱成立、变更、撤销的法律效力；但二人共同作出的共同遗嘱却必然要受制于另一方的意志，且容易引起纠纷。[②] 第二，涉及第三人为最终继承人的共同遗嘱，在实现过程中往往比较困难。这种共同遗嘱往往在双方当事人都死亡后才开始生效，但这种情况并不普遍，在一方死亡后直至遗嘱生效通常需要经过很长一段时间，这期间的情势变更都会对共同遗嘱的最终实现产生很大的影响。如本案中涉及的共同遗嘱一方死亡后另一方欲变更遗嘱的情况，必将考虑到先死亡方的遗愿和保护

---

① 参见麻昌华、曹诗权：《共同遗嘱的认定与建构》，载《法商研究》1999年第1期；王葆莳：《共同遗嘱中"关联性处分"的法律效力》，载《法商研究》2015年第6期。

② 参见张华贵：《利益平衡与立法选择：论立法应当禁止夫妻共同遗嘱》，载《山东女子学院学报》2013年第3期。

被指定的继承人的权益,这之间的关系十分复杂,给审判造成极大的困难。①

(3)限制的肯定说。该学说认为应从两方面对共同遗嘱进行限制。第一,在主体上进行限制。即只承认由夫妻双方达成的共同遗嘱。理由是一方面夫妻双方合意对共同财产进行处分,符合一般夫妻共同财产难以分清的事实。另一方面夫妻间的共同遗嘱有利于保护配偶的继承权,在一方死亡后,可以充分保障另一方的财产稳定,不至于使其生活受到配偶死亡太大的冲击。② 第二,在内容上进行限制。即"共同遗嘱部分有效说",认为共同遗嘱人一方死亡后只对已死亡的遗嘱人份额的财产发生效力,而未死亡的遗嘱人有权保留处分自己份额财产的权利。③

综合以上多方观点,结合我国继承法的发展趋势,我们认为应赋予共同遗嘱以法律效力,但对具体制度设计以及适用操作还须加以必要的限制和规范。首先,在主体上只承认夫妻共同遗嘱,并赋予夫妻共同遗嘱以法律效力,而对其他民事主体的共同遗嘱则一概予以排斥。其次,严格限制共同遗嘱成立的形式,应限定只能采取自书、代书和公证三种形式。最后,对于单方的变更、撤销遗嘱的行为,应列举法定事由,不得随意变更、撤销,但也不能限制当事人的处分权利。

(二)共同遗嘱中单方撤销权的行使

对于共同遗嘱设立后能否变更或撤销,学界一般均认可是可以变更、撤销的,特别是对于夫妻双方达成合意一致认可的变更、撤销,自双方达成合意并完成相关程序之后就此发生法律效力。但存在的争议焦点是,共同遗嘱人之一死亡后,生存的另一方可否变更、撤销已经生效的共同遗嘱?共同遗嘱人之一死亡后,生存一方单方面主张更改或撤销遗嘱,这必然涉及尊重和保护先亡方的遗愿和遗嘱指定的最终继承人的权利,实际关

---

① 参见吴英姿:《论共同遗嘱》,载《南京大学法律评论》1996年第1期。
② 参见郭明瑞、房绍坤编著:《继承法》,法律出版社1996年版,第174页。
③ 参见鲍海涛:《试论共同遗嘱的法律效力》,载《山东法学》1992年第3期。

系将十分复杂,给实践处理带来诸多麻烦。

根据《民法典》第一千一百四十二条、第一千一百五十七条,遗嘱人可以撤销、变更自己所立的遗嘱,有权处分所继承的财产,任何组织或者个人不得干涉。《最高人民法院关于财产共有人立遗嘱处分自己财产部分有效、处分他人财产部分无效的批复》中规定,财产共有人如立遗嘱处分财产,仅限于处分自己的财产部分有效;若处分他人的财产部分,则无效。因此,立遗嘱人完全有权通过真实的意思表示和无效力瑕疵的新的遗嘱,或者通过对财产进行事实处分来撤销先前所立遗嘱,但生存方不得变更或撤销先亡方的遗嘱。

具体分为以下几种情况:

(1) 夫妻相互指定对方为自己遗产继承人。当一方死亡时,共同遗嘱即刻生效,生存一方的遗嘱随之失效,则不存在变更、撤销的问题。

(2) 夫妻相互指定对方为自己遗产的继承人,并约定在夫妻双方均死亡后遗产由第三人继承。当一方死亡时,先亡者所立遗嘱内容生效,其遗产由生存方继承。当生存方死亡时,该遗嘱全部生效,继承人可以依法继承遗嘱中指定的全部遗产。可见,当一方死亡时,生存方有权依法变更、撤销自己原来所立的遗嘱,但死亡一方在共同遗嘱中进行的遗产处分对第三人仍然有效,此时应尊重先亡者对自己财产份额处分的真实意志,第三人有权依照遗嘱继承先亡方的遗产,这也是对于第三人继承权利的保护。

(3) 夫妻共同指定第三人为继承人的共同遗嘱。这种情况下,遗嘱人死亡时间不同的,则先亡者的遗产份额直接由第三人继承,生存方可随时变更、撤销其在共同遗嘱中的意思表示。可见,此类共同遗嘱当事人一方只能就专属于自己份额的财产继承进行变更或撤销,无权处置对方的遗嘱内容。

(三) 对于本案中的判决分析

本案即为一起因共同遗嘱的变更而引发的继承纠纷。徐某兰在戴某海死亡后,经公证成立了新的遗嘱,该遗嘱对于其与戴某海生前共有的房屋的所有权进行了新的处分,这与先前的共同遗嘱内容发生了冲突,对于徐某兰是否有权变更共同遗嘱,原告与其他继承人持不同观点,这也是本案的讼争焦点。

对于遗嘱的撤销和变更,《民法典》第一千一百四十二条规定:"遗嘱人可以撤销、变更自己所立的遗嘱。……立有数份遗嘱,内容相抵触的,以最后的遗嘱为准。"《最高人民法院关于贯彻执行〈中华人民共和国继承法〉若干问题的意见》第三十九条规定:"遗嘱人生前的行为与遗嘱的意思表示相反,而使遗嘱处分的财产在继承开始前灭失,部分灭失或所有权转移、部分转移的,遗嘱视为被撤销或部分被撤销。"根据上述有关遗嘱撤销、变更的法律、司法解释的规定,遗嘱人撤销遗嘱的方式可以是立新遗嘱撤销原遗嘱、书面声明原遗嘱无效,或以具体行为表明撤销的意思,但须遵循新遗嘱取代旧遗嘱的原则,而且,有权撤销遗嘱的是遗嘱人本人,遗嘱人有权撤销的是其自己原先所立遗嘱。上述法律、司法解释条文中"以最后的遗嘱为准""遗嘱人生前的行为"的表述,进一步说明撤销遗嘱须为遗嘱人生前的行为,且撤销须系针对尚未生效的遗嘱。

本案中,戴某海和徐某兰设立了共同遗嘱,从遗嘱的形式看,该遗嘱为公证遗嘱,合法、有效;从遗嘱的内容看,两部分内容具有关联性,是将两次遗产利益的转移统一于一次遗嘱继承之中,结合公证处对戴某海所作的谈话笔录,表明戴某海考虑到徐某兰无工作而将其遗留的房产作为徐某兰生前的生活保障,而最终由戴云香获得遗产是遗嘱人戴某海的真实意思表示。徐某兰在戴某海去世后,其在享有受益权等权利的同时,应按法律的要求和遗嘱人戴某海的意愿,妥善管理和保护戴某海遗产,并按照遗嘱内容将戴某海遗产最终转移给遗嘱继承人戴云香,而不能随意改变戴某海的遗嘱内容。遗嘱人戴某海于 1995 年 8 月去世,其所作的意思表示已经生效,继承开始。遗嘱继承人戴云香于 2008 年 10 月 9 日死亡,其生前没有表示放弃继承,故钱某乙、钱某甲、钱某红作为其合法继承人依法享有继承戴某海遗产的权利。而徐某兰通过新的公证遗嘱对属于自己份额的财产进行了新的变更处分,合法、有效,原告戴某甲可以基于这份新的公证遗嘱取得徐某兰份额的遗产,但是无权就戴某海遗嘱中遗留给戴云香的财产份额主张权利。由此可见，法院对于这一继承纠纷的判决是正确的。

【法条指引】

《中华人民共和国民法典》

第一千一百二十四条　继承开始后，继承人放弃继承的，应当在遗产处理前，以书面形式作出放弃继承的表示；没有表示的，视为接受继承。

受遗赠人应当在知道受遗赠后六十日内，作出接受或者放弃受遗赠的表示；到期没有表示的，视为放弃受遗赠。

第一千一百二十七条　遗产按照下列顺序继承：

（一）第一顺序：配偶、子女、父母；

（二）第二顺序：兄弟姐妹、祖父母、外祖父母。

继承开始后，由第一顺序继承人继承，第二顺序继承人不继承；没有第一顺序继承人继承的，由第二顺序继承人继承。

本编所称子女，包括婚生子女、非婚生子女、养子女和有扶养关系的继子女。

本编所称父母，包括生父母、养父母和有扶养关系的继父母。

本编所称兄弟姐妹，包括同父母的兄弟姐妹、同父异母或者同母异父的兄弟姐妹、养兄弟姐妹、有扶养关系的继兄弟姐妹。

第一千一百三十条　同一顺序继承人继承遗产的份额，一般应当均等。

对生活有特殊困难又缺乏劳动能力的继承人，分配遗产时，应当予以照顾。

对被继承人尽了主要扶养义务或者与被继承人共同生活的继承人，分配遗产时，可以多分。

有扶养能力和有扶养条件的继承人，不尽扶养义务的，分配遗产时，应当不分或者少分。

继承人协商同意的，也可以不均等。

第一千一百三十三条　自然人可以依照本法规定立遗嘱处分个人财产，并可以指定遗嘱执行人。

自然人可以立遗嘱将个人财产指定由法定继承人中的一人或者数人继承。

自然人可以立遗嘱将个人财产赠与国家、集体或者法定继承人以外的组织、个人。

自然人可以依法设立遗嘱信托。

第一千一百四十二条[①]　遗嘱人可以撤回、变更自己所立的遗嘱。

立遗嘱后，遗嘱人实施与遗嘱内容相反的民事法律行为的，视为对遗嘱相关内容的撤回。

立有数份遗嘱，内容相抵触的，以最后的遗嘱为准。

[①] 《继承法》第二十条第三款规定："自书、代书、录音、口头遗嘱，不得撤销、变更公证遗嘱。"《民法典》删除了该项规定。

第六章 侵权责任法

第一节 过错与责任分配

洪某甲、刘某诉简某甲、简某乙、广州市某经济合作社人身损害侵权纠纷案

【要点提示】

过错是侵权责任的归责原则及核心构成要件,这在理论界已得到普遍认可,然而在实务中,当事人双方的过错如何认定?双方责任又是如何分配的呢?这些问题将是本案讨论的重点。

【案例索引】

一审:广州市海珠区人民法院(2013)穗海法少民初字第202号。

二审:广东省广州市中级人民法院(2014)穗中法少民终字第117号。

【基本案情】

原告:洪某甲、刘某。

被告:简某甲、简某乙、广州市某经济合作社。

2013年7月28日,洪某甲、刘某夫妇携儿子洪某乙(2006年7月7日出生)途经广州市海珠区江海街一画房旁时,因附近墙体突然倒塌,洪某甲、刘某一家三人被砸中掩埋并受伤。其子洪某乙经送广东省第二人民医院抢救无效,于当日死亡。

事故发生地是属于广州市某经济合作社的山头。2005年11月1日,广州市某经济合作社(甲方)与简某甲(乙方)签订《承包合同书》。合同约定:甲方将山头岗头坑发包给乙方作果树经营管理,租赁期从2006年1月1日至2026年12月31日止;每年租金1000元,果实收成归乙方;乙方不得大范围改变山地原地貌,不得修建永久性建筑物,如有需要,可修筑环山路;如乙方将该山头部分另作其他用途,须经甲方同意。2006年12月,简某甲与简某乙签订《承包转让协议书》,约定简某甲将上述山头岗头坑转包给简某乙经营。

事故发生后,广州市海珠区建设工程质量安全监督站于2013年7月29日对事故作出调查情况报告,主要内容是:"一、基本情况:倒塌墙体……间距约7米设有22厘米×22厘米的砖柱,砖柱没有按规范砌筑,未设腰梁和压顶,围墙内外填土高差最大约1米,现场可见排水口堵塞;二、原因初步分析:系因近日连续暴雨,旧墙体内覆土排水不畅通、积水,导致地基土软化膨胀,同时旧墙体侧向土压力增大,导致旧墙体底部向外被推出约0.4米,由于旧墙体整体性较差、抗倾覆能力较弱,造成倒塌。"

另广州市公安局海珠区分局江海派出所于2013年7月29日向简某乙做的询问笔录中,关于"这堵墙是怎么来的",简某乙陈述"因台冲村的山头经常发生火灾,所以我自己出钱,建了那堵墙"。于2013年9月2日向洪某甲做的询问笔录中,关于"那条小路的情况",洪某甲陈述"那条小路长约15米,宽约2米,本来就不是路,是人走多了才走成一条泥泞小路,那条路的周边也没有安全告示"。

洪某甲、刘某起诉称:(1)简某甲、简某乙未办理任何报建手续,未按规范砌筑围墙,并且案发前,围墙因被途经的钩机猛烈碰撞而存在裂缝，简某甲、简某乙对此未采取任何防护措施或设置任何危险警示，对涉案事故的发生持放任态度，存在过错。广州市某经济合作社系涉案山头的所有人和出租人，其不仅放任简某甲、简某乙违规砌筑围墙，而且在当时连日暴雨的情况下，其本应预见涉案山头可能发生山泥倾泻而致发生伤害之危险，而未尽巡查、督导、防护的义务，明显存在过错。（2）洪某甲、刘某对事故的发生不存在任何过错。洪某甲、刘某携子洪某乙在案发当时是在涉案围墙之外的小路通行，而并非在禁止外人进入的果园内通行。该小路系附近居民多年习惯通行的道路，广州市某经济合作社对于该处成为居民通行的道路从未提出任何异议，也未设置任何警示标志，因而对于倒塌的围墙，洪某甲、刘某及其他居民有理由相信其属合法、合格的构筑物，且有理由相信该围墙能够对其通行起安全保障的作用。

简某甲、简某乙、广州市某经济合作社抗辩称：（1）围墙倒塌系连日连场大雨致山体滑坡所造成的，围墙倒塌是天灾，是不可抗力的原因所导致，简某甲、简某乙对此无过错。（2）洪某甲、刘某在连日连场大雨的情况下，携子洪某乙冒雨走进本不是道路的私人承包的果园边沿，适逢山体滑坡致围墙倒塌造成洪某乙死亡，洪某甲、刘某的责任不应少于50%。

【法院审判】

一审法院认为，首先，案涉墙体未按规范砌筑，存在安全隐患，且案发前连日暴雨，围墙坍塌风险增加，简某乙作为该围墙的施工人及所在果园的经营管理者，未对围墙尽妥善管理义务，对此，简某乙存在过错，理应承担赔偿责任。其次，洪某甲明确知道案发地段非常规道路，且建有围墙，加之当天大雨，洪某甲与其妻子作为洪某乙的监护人并未履行谨慎注意义务，导致洪某乙被倒塌围墙砸中掩埋致死，洪某甲、刘某对此也应承担相应责任。据此判决由简某乙承担80%的赔偿责任。简某甲将涉案果园发包给简某乙，作为转包人，应对简某乙的赔偿承担补充清偿责任。广州市某经济合作社是果园的出租人和收益人，存在一定的疏忽管理责任，故应在简某乙承担的责任范围内，承担10%的补充赔偿责任。

二审法院认为，作为该围墙的施工人及所在果园的经营管理者，简某乙应对包括围墙的结构安全尽妥善管理义务，如果发现险情出现应及时排除。简某乙所砌围墙经鉴定不符合安全规范，且其在事发前未对围墙内排水不畅等安全隐患予以排除，最终导致围墙倒塌，简某乙对本案事故的发生，存在较大的过错，应承担主要赔偿责任。简某甲、简某乙主张本案事故系因天灾导致山体滑坡的不可抗力所致，与现场情况不符，不予采纳。本案事发前已连日暴雨，事发地点在果园小山头的边沿，洪某甲、刘某携带儿子洪某乙在不属于常规道路及建筑有围墙的地方通行，理应谨慎注意周围情况并保障本人及儿子的通行安全，洪某甲、刘某对本案事故的发生也存在一定的过错，也应承担相应责任。简某甲将涉案果园发包给简某乙，作为转包人，应对简某乙的赔偿承担补充赔偿责任，广州市某经济合作社是果园的出租人和收益人，存在一定的疏忽管理责任，应在简某乙承担的责任范围内，承担一定的补充赔偿责任而非连带赔偿责任。一审判决认定事实清楚，适用法律正确，应予以维持。

【争议焦点】

本案的争议焦点，一是建筑物倒塌致害案件中的责任认定，二是各方当事人的责任分配。

本案系由于被告简某乙所砌围墙倒塌，致原告洪某甲、刘某受伤，原告之子洪某乙死亡，其法律性质应属于建筑物倒塌致人损害的侵权案件。第一，关于本案的责任认定，《民法典》第一千二百五十二条第一款规定："建筑物、构筑物或者其他设施倒塌、塌陷造成他人损害的，由建设单位与施工单位承担连带责任，但是建设单位与施工单位能够证明不存在质量缺陷的除外。建设单位、施工单位赔偿后，有其他责任人的，有权向其他责任人追偿。"可见，在建筑物倒塌致人损害的侵权责任认定中，对建设单位、施工单位系采用无过错责任原则，而对建设单位、施工单位以外的责任人，系采用过错责任原则；第二，关于本案的责任分配，《民法典》第一千一百七十三条规定："被侵权人对同一损害的发生或者扩大有过错的，可以减轻侵权人的责任。"本案原告是否存在过错是法院迫切需要解决的问题，另外，原告的过错程度也将决定被告可以在多大程度上减轻责任。

【法理评析】

建筑物倒塌致害案件中的归责原则及责任

（一）建筑物倒塌致害案件中的归责原则

在责任认定阶段，第一，依照《民法典》第一千二百五十二条第一款的规定，对建设单位、施工单位，即本案中的简乙，系采用无过错责任原则。《民法典》第一千一百六十五条、第一千一百六十六条规定了侵权责任认定的归责原则，即以过错原则为一般原则，以无过错原则和过错推定原则为例外。具体而言，一般情形下，侵权行为人需对其过错行为承担责任，无过错则无责任，但法律有特殊规定的情形下，侵权行为人不能证明自己无过错的，或即使侵权行为人没有过错，也需要承担侵权责任。

《民法典》（侵权责任编）规定的过错推定责任情形主要包括动物园动物致人损害、建筑物搁置、悬挂物坠落致人损害、不明抛掷物、坠落物致人损害、堆放物倒塌致人损害以及林木折断致人损害等；该法规定的无过错责任情形主要包括用人单位或雇主责任、生产者的产品责任、医疗机构的医疗产品责任、环境污染责任、动物饲养人责任、建筑物倒塌致损中的建筑单位、施工单位责任以及公共道路上放置障碍物或公共道路、公共场所施工未设标志或措施致损的行为人责任等。

据此，本案被告简某乙作为围墙建筑人和施工人，应当承担围墙倒塌致人损害的侵权责任。

第二，依照《民法典》第一千二百五十二条第二款规定："因所有人、管理人、使用人或者第三人的原因，建筑物、构筑物或者其他设施倒塌、塌陷造成他人损害的，由所有人、管理人、使用人或者第三人承担侵权责任。"第一千二百五十二条第一款和第二款都有对"其他责任人"责任的描述，这两个"其他责任人"是否指代同一责任主体呢？答案是否定的，这两个"其他责任人"指代不同的对象，需要区别对待。第一款中的"其他责任人"是指在建筑物建造过程中，实际参与施工过程的，除建设单位、施工单位外的主体，如勘察、设计、监理人，他们与建设单位、施工单位一起实际参与了建筑物的砌筑，正是由于其在砌筑过程中的过错导致建筑物存在质量问题，进而导致倒塌；第二款主要针对的是建筑物非因本身的质量问题，而是疏于管理或人为故意破坏而坍塌并致人损害的情形，因此，第二款中的"其他责任人"是指疏于管理的管理人或故意破坏建筑物的行为人。

由此可见，疏于管理的管理人需要承担侵权责任，本案被告简某甲、广州市某经济合作社分别作为涉案山头的转包人和所有人，对涉案山头负有管理职责，对实际承包人简某乙及其建筑围墙的行为负有监督义务。然而事实上，上述二被告对简某乙未经审批、违反规范砌筑围墙的行为视若无睹，采取放任态度，加之案发前连日大雨，涉案山头极易发生泥石滑坡、墙体松动等情形，二者却未及时实施检查，也未督促简某乙采取相应措施。另外，案发小路并非正常道路，但上述二被告长期默许附近居民通行而未设任何警示标志，造成居民误解该道路具有通行的安全性。综上，可以认定上述二被告存在管理过失。

综上所述，本案三被告均需承担侵权责任。

（二）责任分配

在责任分配阶段，首先，应考虑原告的参与过失。原告的参与过失是指原告过错与被告的侵权行为相结合，共同造成损害结果发生的情形。我国法律将原告参与过失导致的赔偿责任减免的法律后果称为"过失相抵"，并在法律、司法解释中均有明文规定，例如，《民法典》第一千一百七十三条规定，被侵权人对同一损害的发生或者扩大有过错的，可以减轻侵权人的责任；又如，《最高人民法院关于审理人身损害赔偿案件适用法律若干问题的解释》第二条第一款规定，受害人对同一损害的发生或者扩大有故意、过失的，可以减轻或者免除赔偿义务人的赔偿责任。

此外，我国法律还规定了适用参与过失原则的限制，例如，《最高人民法院关于审理人身损害赔偿案件适用法律若干问题的解释》第二条还规定，侵权人因故意或者重大过失致人损害，受害人只有一般过失的，不减轻赔偿义务人的赔偿责任；在无过错责任情形下，受害人有重大过失的，可以减轻赔偿义务人的赔偿责任；又如，《民法典》第一千二百三十九条、第一千二百四十五条规定，在易燃、易爆、剧毒、高放射性、强腐蚀性、高致病性等高度危险物及饲养动物致害案件中，仅受害人对损害有重大过失时，可以减轻或免除被告责任。

本案中，洪某甲、刘某明知事发小路并非正常通行的道路，具有一定危险性，仍携其子洪某乙在该处通行，加之当时连日大雨，事发山头存在泥土松动的风险亦属常人所应知，因此从洪某甲、刘某的行为中可以认定二人主观存在疏忽大意的过失，且该过失与本案中的损害结果构成直接的因果关系。另外，本案三被告并不存在故意或重大过失导致事故发生的情形，据此本案适用参与过失原则。

其次，如何确定原、被告之间的责任比例是一个难题。上述法条虽然规定了适用参与过失原则的情形和条件，但并未规定如何在原、被告之间划分责任比例。划分责任比例的主要依据是双方的过错大小，但过错作为一种主观要素，要评估过错的大小实非易事，要准确地判定过错大小也不能仅仅依据某一项因素就能得出结论，应当对以下因素进行综合考量，方可确定：侵权行为的性质、各方行为的主观恶性、损害结果的可预见性、各方对损害结果的预防能力以及各方行为与损害结果的关联强度等。

结合案情我们可以发现，第一，案发事故系建筑物倒塌致人损害，适用无过错责任，无过错责任原则作为过错责任原则的例外，本就意味着对于侵权人来说，该原则的要求比过错责任原则要严苛得多。而之所以更加严苛，是因为适用无过错原则的侵权类型往往侵害的对象更加广泛、侵害结果更加严重，因而需要采用更加严苛的归责原则在事发前对侵权行为人加以警示和约束。在事发后，倾向于尽可能不让侵权行为人逃脱责任，以实现对受害人的救济和保护。因此，本案就侵权行为性质而言，应偏向于保护原告。第二，简某乙未经审批砌筑围墙，简某甲和广州市某经济合作社对此疏于管理，不加阻拦导致悲剧发生，而原告夫妻仅抱着侥幸心理在非正常道路上行走，三被告的主观恶性显然高于原告。第三，简某乙明知围墙未经审批，建成后更不可能存在验收，加之其理应明知该围墙存在排水不畅及被途经钩机碰撞产生裂缝等问题，但简某乙并未及时采取修缮措施，亦未设置警告标志，对事故发生的主观恶性最大；简某甲与广州市某经济合作社对上述情况疏于管理，主观恶性次之。反观原告，应当预见该小路存在风险而未预见，仅属于一般过失，主观恶性不强。第四，简某乙作为围墙建筑人、使用人，有足够能力修缮该围墙缺陷，至少应设置警示标志或劝阻附近居民在事发路段通行，简某甲和广州市某经济合作社作为围墙管理人，有能力督促简某乙完成上述事宜，而三者均未如此做；反观原告，对事故发生的预防能力较弱。第五，简某乙的行为及原告夫妻的行为与洪某乙死亡构成直接关联，简某甲与广州市某经济合作社的行为与洪某乙死亡构成间接关联。

综上，本案中，三被告应当承担主要责任，原告夫妻应承担次要责任。据此，法院最终认定原告承担20%责任。

最后，应考虑三被告之间的责任分担。依据上文分析，简某乙所砌围墙缺少审批手续，存在安全隐患，在墙体被钩机碰撞后未及时修缮，在连日暴雨的情形下亦未尽检查维护职责，系本次人身伤亡事故的主要责任人，这一点毋庸置疑。问题在于如何确定简某甲与广州市某经济合作社的责任。简某甲与广州市某经济合作社作为涉案山头的转包人与所有人，对涉案围墙负有管理职责，应作为《民法典》第一千二百五十二条第二款中的"其他责任人"对待，承担过错责任。但二者与简某乙之间的责任形式应当是连带责任还是按份责任，或是如该院判决承担补充赔偿责任呢？

"补充赔偿责任"是指有过错的与侵权人或与被侵权人存在某种关联关系的责任人，在受害人无法从侵权人处得到完全赔偿时，向受害人承担的补充赔偿责任。《民法典》（侵权责任编）对此的规定主要有：无民事行为能力人、限制民事行为能力人经人教唆、帮助侵权，监护人未尽监护职责的，应承担补充赔偿责任；派遣职工致他人损害且用人单位不能清偿时，劳务派遣单位有过错的，应承担补充赔偿责任；第三人致他人损害且清偿不能，安全保障义务人未尽安全保障义务的，应承担补充赔偿责任；第三人致他人损害且清偿不能，学校因未尽管理职责的，应承担补充赔偿责任。由此可见，补充赔偿责任不仅需要侵权人与补充赔偿人之间存在监护、劳务派遣等密切关联，同时还需要法律的明文规定。本案简某乙与简某甲、广州市某经济合作社仅存在转包合同关系，不宜适用补充赔偿责任。

《民法典》第一千一百六十八条规定，二人以上共同实施侵权行为，造成他人损害的，应当承担连带责任。第一千一百七十二条规定，二人以上分别实施侵权行为造成同一损害，能够确定责任大小的，各自承担相应的责任；难以确定责任大小的，平均承担责任。第一千一百六十八条系针对多人基于共同故意实施的侵权行为，适用连带责任，不适用于本案；第一千一百七十二条规定的按份责任与本案情形吻合，应当依据本条规定，以一大两小分配三被告责任，我们认为，宜认定简某乙承担60%责任，简某甲与广州市某经济合作社各自承担10%责任。

【法条指引】

《中华人民共和国民法典》

第一千一百六十五条　行为人因过错侵害他人民事权益造成损害的，应当承担侵权责任。

依照法律规定推定行为人有过错，其不能证明自己没有过错的，应当承担侵权责任。

第一千一百六十六条　行为人造成他人民事权益损害，不论行为人有无过错，法律规定应当承担侵权责任的，依照其规定。

第一千一百六十八条　二人以上共同实施侵权行为，造成他人损害的，应当承担连带责任。

第一千一百六十九条　教唆、帮助他人实施侵权行为的，应当与行为人承担连带责任。

教唆、帮助无民事行为能力人、限制民事行为能力人实施侵权行为的，应当承担侵权责任；该无民事行为能力人、限制民事行为能力人的监护人未尽到监护职责的，应当承担相应的责任。

第一千一百七十二条　二人以上分别实施侵权行为造成同一损害，能够确定责任大小的，各自承担相应的责任；难以确定责任大小的，平均承担责任。

第一千一百七十三条　被侵权人对同一损害的发生或者扩大有过错的，可以减轻侵权人的责任。

第一千一百九十一条　用人单位的工作人员因执行工作任务造成他人损害的，由用人单位承担侵权责任。用人单位承担侵权责任后，可以向有故意或者重大过失的工作人员追偿。

劳务派遣期间，被派遣的工作人员因执行工作任务造成他人损害的，由接受劳务派遣的用工单位承担侵权责任；劳务派遣单位有过错的，承担相应的责任。

第一千一百九十二条　个人之间形成劳务关系，提供劳务一方因劳务造成他人损害的，由接受劳务一方承担侵权责任。接受劳务一方承担侵权责任后，可以向有故意或者重大过失的提供劳务一方追偿。提供劳务一方因劳务受到损害的，根据双方各自的过错承担相应的责任。

提供劳务期间，因第三人的行为造成提供劳务一方损害的，提供劳务一方有权请求第三人承担侵权责任，也有权请求接受劳务一方给予补偿。接受劳务一方补偿后，可以向第三人追偿。

第一千二百零二条　因产品存在缺陷造成他人损害的，生产者应当承担侵权责任。

第一千二百二十三条　因药品、消毒产品、医疗器械的缺陷，或者输入不合格的血液造成患者损害的，患者可以向药品上市许可持有人、生产者、血液提供机构请求赔偿，也可以向医疗机构请求赔偿。患者向医疗机构请求赔偿的，医疗机构赔偿后，有权向负有责任的药品上市许可持有人、生产者、血液提供机构追偿。

第一千二百二十九条　因污染环境、破坏生态造成他人损害的，侵权人应当承担侵权责任。

第一千二百四十五条　饲养的动物造成他人损害的，动物饲养人或者管理人应当承担侵权责任；但是，能够证明损害是因被侵权人故意或者重大过失造成的，可以不承担或者减轻责任。

第一千二百四十八条　动物园的动物造成他人损害的，动物园应当承担侵权责任；但是，能够证明尽到管理职责的，不承担侵权责任。

第一千二百五十二条　建筑物、构筑物或者其他设施倒塌、塌陷造成他人损害的，由建设单位与施工单位承担连带责任，但是建设单位与施工单位能够证明不存在质量缺陷的除外。建设单位、施工单位赔偿后，有其他责任人的，有权向其他责任人追偿。

因所有人、管理人、使用人或者第三人的原因，建筑物、构筑物或者其他设施倒塌、塌陷造成他人损害的，由所有人、管理人、使用人或者第三人承担侵权责任。

第一千二百五十四条　禁止从建筑物中抛掷物品。从建筑物中抛掷物品或者从建筑物上坠落的物品造成他人损害的，由侵权人依法承担侵权责任；经调查难以确定具体侵权人的，除能够证明自己不是侵权人的外，由可能加害的建筑物使用人给予补偿。可能加害的建筑物使用人补偿后，有权向侵权人追偿。

物业服务企业等建筑物管理人应当采取必要的安全保障措施防止前款规定情形的发生；未采取必要的安全保障措施的，应当依法承担未履行安全保障义务的侵权责任。

发生本条第一款规定的情形的，公安等机关应当依法及时调查，查清责任人。

第一千二百五十五条 堆放物倒塌、滚落或者滑落造成他人损害，堆放人不能证明自己没有过错的，应当承担侵权责任。

第一千二百五十六条 在公共道路上堆放、倾倒、遗撒妨碍通行的物品造成他人损害的，由行为人承担侵权责任。公共道路管理人不能证明已经尽到清理、防护、警示等义务的，应当承担相应的责任。

第一千二百五十七条 因林木折断、倾倒或者果实坠落等造成他人损害，林木的所有人或者管理人不能证明自己没有过错的，应当承担侵权责任。

第一千二百五十八条 在公共场所或者道路上挖掘、修缮安装地下设施等造成他人损害，施工人不能证明已经设置明显标志和采取安全措施的，应当承担侵权责任。

窨井等地下设施造成他人损害，管理人不能证明尽到管理职责的，应当承担侵权责任。

第二节 过错与因果关系的认定标准

蒋某、曾某甲诉覃某甲、苏某人身损害侵权纠纷案

【要点提示】

主观过错和因果关系一直被认为是构成侵权责任的必要要件，《民法典》第一千一百六十五条也明确规定，行为人因过错侵害他人民事权益造成损害的，应当承担侵权责任，其中包含了过错和因果关系两个因素。然而《民法典》（侵权责任编）并没有关于过错和因果关系的认定方法或者认定标准的规定，这导致了实务中法官和当事人就相关问题存在不同的看法，进而产生争议，这一现象严重影响了裁判结果的公信力。因此，对于过错的认定标准、因果关系的认定方法，有必要予以厘清。

【案例索引】

一审：佛山市南海区人民法院（2015）佛南法丹民一初字第33号。

二审：广东省佛山市中级人民法院（2015）佛中法民一终字第1211号。

【基本案情】

原告：蒋某、曾某甲。

被告：覃某甲、苏某。

2015年1月15日上午，苏某到菜地捡菜时，将几个芭蕉给了覃某甲的孙子覃某乙。覃某甲夫妇看到覃某乙在吃芭蕉，询问并确认芭蕉是苏某给的，覃某甲夫妇并没有提出异议，其后苏某离开。11时许，曾某乙来到覃某甲的菜地找覃某乙一起玩耍，两人每人吃了一根芭蕉。大约14时，覃某乙和曾某乙在菜地边的小路上玩耍，在菜地里装菜的覃某甲突然听到覃某乙大叫，覃某甲夫妇跑到覃某乙和曾某乙身边，发现曾某乙倒地不省人事，两手发抖，面色发青，口吐白沫，地上掉落一根没有吃完的芭蕉。覃某甲呼叫在附近菜地干活的曾某丙（曾某乙爷爷）。曾某丙赶来后发现曾某乙倒地不醒，在知道是吃了芭蕉后，以为是中毒，遂拨打了110及120报警。后曾某丙、覃某甲以及另一名老乡送曾某乙到塱心卫生站进行救治。卫生站接诊医生及随后赶到的佛山市南海区第八人民医院医护人员对曾某乙进行抢救，期间从曾某乙喉咙挖出一块直径约5厘米表面带血的芭蕉，后于15时20分宣布曾某乙死亡，死亡原因是异物吸入窒息。

蒋某、曾某甲是曾某乙的父母，曾某乙于2009年11月8日在佛山市南海区西樵镇出生，跟随父母和爷爷奶奶居住在塱心石龙村菜棚。蒋某、曾某甲均在丹灶镇附近的工厂工作，事发当天蒋某、曾某甲去上班，曾某乙交由爷爷奶奶照看。蒋某、曾某甲遂以覃某甲、苏某为被告诉至法院，要求被告赔偿死亡赔偿金、丧葬费、误工费、交通费、住宿费、精神损害抚慰金等损失。

【法院审判】

　　一审法院认为：(1) 苏某的芭蕉没有毒，符合食用的安全要求。苏某只是将芭蕉分给了覃某甲的孙子覃某乙并且得到了覃某甲的同意，苏某没有将芭蕉交给曾某乙，事发时苏某亦不在现场。苏某不可能预见芭蕉最终会交到曾某乙手上，更不可能预见曾某乙在进食芭蕉时因噎窒息。苏某在事件当中并无过错，其将芭蕉交给覃某乙的行为与曾某乙窒息死亡的事实之间亦不存在因果关系。(2) 芭蕉是苏某征得覃某甲的同意而交给覃某乙，其后芭蕉是由覃某甲管有。曾某乙前来与覃某乙玩耍时进食芭蕉，没有证据显示芭蕉是覃某甲、覃某乙交给曾某乙或是其自行取食。但无论何种情况，覃某乙或覃某甲均非故意侵害曾某乙。而且，曾某乙已经五岁并就读幼儿园，根据普通人的认知，曾某乙的年龄及就学经历足以让其习得对常见食物独自进食的能力。虽然覃某甲当时在场，但其对曾某乙不负有法定的监护职责，而其对曾某乙独自进食芭蕉的行为未加看管，也是基于普通人对事实的合理判断及善意信赖。另外，在发现曾某乙倒地不醒后，覃某甲及时通知其家人并协助送曾某乙前往就医，覃某甲已实施了合理的救助行为。因此，覃某甲没有主观故意或过失作出侵害曾某乙的行为，覃某甲在事件中没有过错。(3) 无论苏某将芭蕉分给覃某乙或者覃某甲、覃某乙将芭蕉分给曾某乙，这都是邻里朋友之间善意的分享行为。这种分享食物的行为本身并不会造成死亡的结果。曾某乙是由于在进食过程中一时咬食过多、吞咽过急的偶发因素致窒息死亡，是无法预见而令人惋惜的意外事件。覃某甲、苏某的行为与曾某乙死亡这个严重的损害后果之间只存在事实的联结，但并不存在法律上的因果关系。覃某甲、苏某没有追求或放任损害结果的发生，均没有法律上的过错或道德上的不当。综上，原告主张覃某甲、苏某对曾某乙的死亡负有责任而要求赔偿，缺乏法律依据，法院不予支持。

一审判决作出后，蒋某、曾某甲不服该判决并提起上诉称：（1）一审判决认定覃某甲无须承担赔偿责任不合理。覃某甲在2015年1月15日17时8分的笔录里清楚表明：曾某乙与覃某乙一起在覃某甲的菜地里玩耍，覃某乙将芭蕉给曾某乙，是经在场的覃某甲同意的，且看到两小孩吃芭蕉，也看到曾某乙晕倒。覃某甲对该证据无异议，据此可证明，致曾某乙死亡的芭蕉由覃某乙直接给曾某乙，覃某甲作为覃某乙的临时监护人，有权利和义务监督覃某乙的行为。（2）一审法院认定苏某无须承担赔偿责任是不合理的。苏某虽未直接将芭蕉给曾某甲，但导致曾某乙窒息死亡的芭蕉确实是由苏某提供，苏某对此无异议。苏某提供的芭蕉是曾某乙窒息死亡的直接原因，若苏某没有提供芭蕉，此悲剧便不会发生。因此，苏某对此事件负有连带赔偿责任。（3）曾某乙是因覃某乙给芭蕉吃致死，三四岁小孩吃水果冻、芭蕉等块状物是一种危险行为，这是基本常识，一审判决却认为这是邻里分享食物的行为，没有分清这种行为的危险性。本案中的吃芭蕉与燃放爆竹同样是危险行为，只不过吃芭蕉行为表面看来是平和、安全的，但对小孩具有同样的危险性。

对此，覃某甲答辩称：（1）一审判决认定事实证据充分，适用法律正确无误，请求二审法院维持原判。法律的价值在于公平、公正。一审判决说理透彻，讲出了令人信服的理由。所有人都对曾某乙的死亡很遗憾，但如果把不幸事故归责于没有任何责任的旁人，这不是法律应有的公平、正义精神。试想一下，如果任何不问原因的意外发生都与旁人有关，那么这个社会将不会有人与人之间的友好关系，更加没有分享等美德。（2）蒋某、曾某甲提出的上诉理由，与事实不符、于法无据，请二审法院驳回其上诉请求。覃某甲在公安机关的调查笔录里并没有陈述过芭蕉是覃某乙经其同意给曾某乙，因为覃某甲当时一直在田地里忙碌，无从注意两个小朋友的细节行为。（3）根据常理，五岁的小朋友足可以进食芭蕉，而曾某乙意外身亡是否是因进食芭蕉导致也无从知晓，由此发生的意外事故也应是监护人的责任，与他人无关。

对此，苏某答辩称：（1）芭蕉没有毒，符合食用的安全要求；（2）死者死因并非食物中毒，而是窒息死亡，这有医院证明可证实死者窒息死亡并非苏某导致，与苏某并无因果关系；（3）芭蕉不是由苏某直接给予死者，而是他人给死者的，而且不止死者一个人吃了芭蕉，但其他人安然无事，由此可见曾某乙的死亡完全是意外。

二审法院支持了一审法院的观点，驳回了蒋某、曾某甲的上诉。

【争议焦点】

本案系邻里之间好意分享食物导致的人身伤亡损害，争议焦点在于二被告对于曾某乙死亡是否具有过错以及分享食物的行为与死亡结果之间是否存在因果关系，如上述两问题的答案是否定的，则被告无须承担责任。

【法理评析】

侵权责任中过错与因果关系相关问题

过错作为侵权责任的归责原则，分为故意和过失，《民法典》第一千一百六十五条第一款规定："行为人因过错侵害他人民事权益造成损害的，应当承担侵权责任。"本条是关于过错责任原则的规定。一般而言，过错包括故意和过失，故意是指行为人以损害他人为目的而实施加害行为，或者明知自己的行为会造成受害人损害仍实施加害行为；行为人因疏忽未预见到自己的行为会对他人造成损害或者虽已预见但由于懈怠未尽合理注意义务的，是为过失。过错的本质属性是一种主观心理状态，但检验过错的标准却有"主观标准说"和"客观标准说"之分。"主观标准说"认为，应当以一定的心理状态作为衡量过错的标准；而"客观标准说"认为，应当以人的行为是否违反注意义务来衡量过错，违反之则有过错，符合之则无过错。认定过错标准的客观化是侵权法理论发展的必然方向，也是实务操作的必然要求，认定过错的标准应采用"客观标准说"。

本案中，被告苏某的行为系将芭蕉赠与覃某乙，被告覃某甲的行为系明知苏某把芭蕉给覃某乙，覃某乙将芭蕉给曾某乙食用未加以阻拦。欲判定苏某、覃某甲是否具有过错，应从二人行为入手。虽然导致曾某乙死亡的芭蕉属于苏某，但苏某乃是基于邻里间的好意分享的心理才将芭蕉给了覃某乙，并非希望他人因食用芭蕉死亡或发生其他风险，且苏某并不知道覃某乙会与曾某乙分该芭蕉，故苏某不存在侵犯曾某乙的故意；覃某甲对于覃某乙将芭蕉分享给曾某乙的事实是知晓且认可的，但同样无法得出覃某甲故意通过芭蕉侵害曾某乙的结论；此外，曾某乙已经五岁并就读幼儿园，根据一般人的认知，曾某乙应当具备独自进食常见食物的能力，苏某、覃某甲基于该认知分享食物属正常的邻里交往活动，不存在疏忽或懈怠的过失。

另外，蒋某、曾某甲在上诉中提到覃某乙将芭蕉给曾某乙是经在场的覃某甲同意的，因此覃某甲作为覃某乙的临时监护人，有权利和义务监督覃某乙的行为。对于覃某甲作为覃某乙的临时监护人，此点并无异议，但要求覃某甲以临时监护人的身份对已年满五岁的曾某乙进食芭蕉的行为实施全程看护实属强人所难，该要求既无法律依据，也无道德依据。因此，覃某甲在作为覃某乙的临时监护人此点上并无过失。

综上所述，被告苏某、覃某甲在本案中均无过错。

本案的另一重点在于苏某、覃某甲的行为与曾某乙死亡之间是否存在因果关系。我国《民法典》（侵权责任编）并未对如何认定因果关系作出规定。大陆法系一直坚持"相当因果关系说"。因果关系系指两个现象之间引起与被引起的关系，而相当因果关系说认为，行为与结果之间除了要具备事实上的引起与被引起的关系外，这种结果的发生还必须具有"相当性"，即由行为所引发的损害应当为最优观察者一般社会观察所预见。这就意味着，行为人的行为导致的结果若超出一般社会观察所能预见范围，则该结果与行为之间的"相当性"就不能成立，即行为与结果之间不存在因果关系。

首先，相当性因果关系说要求原因与结果之间需要具备相当性方能成立因果关系。本案中，苏某赠与覃某乙芭蕉的行为通常不会导致曾某乙因食用该芭蕉噎亡的结果，同样食用该芭蕉的覃某乙未被噎亡即可佐证。其次，从覃某甲是否有加害行为来看，覃某甲虽目睹覃某乙、曾某乙食用芭蕉至曾某乙噎死的全过程，覃某甲是否有阻止曾某乙食用芭蕉的义务，须以社会一般人看五岁的曾某乙食用芭蕉是否具有危险性来作认定。显然，蒋某、曾某甲以曾某乙被噎死来倒推该危险性存在并不符合社会一般人的看法，也不符合覃某甲自己的判断，否则，覃某甲就不会听任自己的孩子覃某乙食用芭蕉而不加以阻止了。因此，即使认定覃某甲的临时监护人身份，也不能据此认定其有阻止曾某乙食用芭蕉的作为义务。无行为即无责任，据此，被告不应承担曾某乙被噎死的侵权责任。

【法条指引】

《中华人民共和国民法典》

第一千一百六十五条第一款　行为人因过错侵害他人民事权益造成损害的，应当承担侵权责任。

第三节　损益相抵规则

珠海万泰投资有限公司诉林某某等劳动争议案

【要点提示】

人身损害赔偿与工伤保险待遇属于不同的法律范畴，因工受伤或死亡的受害人在第三人处获得的侵权损害赔偿金并不能在对用人单位的工伤保险或工亡待遇赔偿中进行扣减，不适用损益相抵原则。

【案例索引】

一审：广东省珠海市横琴新区人民法院（2016）粤 0491 民初

1006号。

【基本案情】

原告：珠海万泰投资有限公司。

被告：林某某、李某某、尹某某。

2014年3月7日，李某被陈某某驾车碰撞受伤经抢救无效死亡。被告林某某是李某的妻子，被告李某某是李某的女儿，被告尹某某是李某的母亲。2015年4月29日，珠海市香洲区人民法院作出（2014）珠香法民一初字第1222号民事判决，判决侵权人赔偿三被告死亡赔偿金、精神损害抚慰金、丧葬费、被扶养人生活费等。

2014年10月20日，珠海市香洲区人民法院作出（2014）珠香法民一初字第1663号民事判决，确认李某与原告自2012年7月9日至2014年3月7日存在劳动关系。原告不服提出上诉，珠海市中级人民法院以（2015）珠中法民一终字第214号民事判决予以维持。李某在职期间，原告未为其购买社保。李某的社保缴费记录显示，其自费缴纳了自2008年5月至2014年5月的基本养老保险和基本医疗保险。

2015年8月21日，珠海市香洲区人力资源和社会保障局作出香人社工决字〔2015〕0803号《工伤认定决定书》，认定李某遭遇车祸死亡属于因工死亡。原告不服申请行政复议，珠海市人民政府于2015年12月18日作出复议决定予以维持。三被告向珠海市香洲区劳动人事争议仲裁委员会申请仲裁，该委员会于2016年11月28日作出珠香劳人仲案字〔2016〕2232号仲裁裁决，裁决原告向三被告支付一次性工亡补助金439320元，原告不服该裁决提起本案诉讼。

原告珠海万泰投资有限公司诉称：（1）死者属于原告聘请的退休后的劳务员工，与原告形成劳务关系而非劳动关系，所以原告没有义务为死者李某购买社保，其因交通事故死亡不属于因工死亡。（2）李某的死亡是第三人侵权所致，并非在从事雇佣活动中死亡，应由第三人赔偿。（3）即使本次事故属于工伤事故，李某入职时明确告知原告其属于内退职工，无须办理社保，故未缴纳社保的原因在于李某，不能享受工伤待遇的损失应由其自行承担。(4) 被告的赔偿请求有悖损益相抵和公平原则，本案只存在一次加害行为，被告已经向交通事故侵权人索赔，又向原告主张权利，属于重复获利行为。因此，原告诉至法院，请求判令原告无须支付一次性工亡补助金 439320 元，以及本案诉讼费由被告负担。

被告林某某、李某某、尹某某共同辩称：(1) 死者与原告之间属于劳动关系、死者属于因工死亡已被生效判决、行政复议决定书所认定；(2) 缴纳社保是用人单位的法定义务，原告未为死者购买社保，导致被告不能从社保基金享受工亡待遇，损失应由原告赔偿；(3) 工亡待遇与交通事故损害赔偿属于不同的法律关系，二者不能相互替代，被告同时主张权利于法不悖。

【法院审判】

广东省珠海市横琴新区人民法院经审理认为，本案被告之一李某某为香港特别行政区居民，根据《最高人民法院关于适用〈中华人民共和国涉外民事关系法律适用法〉若干问题的解释（一）》第一条、第十九条的规定，应参照涉外民事诉讼的相关规定进行审理。本案为劳动争议纠纷，死者李某工作地在内地，故依照《中华人民共和国涉外民事关系法律适用法》第四十三条之规定，本案适用中华人民共和国内地法律。

第一，关于原告与李某之间是否存在劳动关系、李某的死亡是否属于因工死亡的问题。根据本院查明的事实，已经发生法律效力的（2015）珠中法民一终字第 214 号民事判决认定李某与原告自 2012 年 7 月 9 日至 2014 年 3 月 7 日存在劳动关系，依照《最高人民法院关于民事诉讼证据的若干规定》第九条第一款第（四）项之规定，原告并无相反证据推翻该生效判决认定的事实，故本院对该事实予以确认。此外，香人社工决字〔2015〕0803 号《工伤认定决定书》认定李某遭受车祸死亡属于因工死亡，原告不服申请复议后，复议机关维持了该工亡认定结论，原告并未依法提起行政诉讼，该工亡认定结论由国家职权部门依法出具，具备证据效力，本院予以采纳。原告现无相反证据推翻该工伤认定结论，本院对原告的诉讼主张不予采信。因此，原告主张原告与李某之间属于劳务关系、李某的死亡不属于因工死亡理据不足，本院不予采纳。

第二，关于被告向原告主张工亡补助金是否属于重复索赔的问题。根据《最高人民法院关于审理人身损害赔偿案件适用法律若干问题的解释》第十二条"依法应当参加工伤保险统筹的用人单位的劳动者，因工伤事故遭受人身损害，劳动者或者其近亲属向人民法院起诉请求用人单位承担民事赔偿责任的，告知其按《工伤保险条例》的规定处理。因用人单位以外的第三人侵权造成劳动者人身损害，赔偿权利人请求第三人承担民事赔偿责任的，人民法院应予支持"之规定，人身损害赔偿与工伤保险待遇属于不同的法律范畴，被告向第三人主张侵权赔偿的同时要求原告承担工伤保险待遇于法不悖。此外，依照《中华人民共和国劳动法》（以下简称《劳动法》）第七十二条之规定，为劳动者缴纳社会保险费是用人单位的法定义务，不因劳动者一方不要求缴纳而免除，且本案中，原告也无证据证明李某自愿放弃缴纳社会保险，原告的主张更与李某自费缴纳社会保险的事实相左，因此，原告未为李某购买社会保险导致被告未能从社保基金享受工亡待遇，原告依法应承担赔偿责任。原告诉请无须支付被告一次性工亡补助金理据不足，本院不予采纳。

据此，原告的诉讼请求理由不成立，本院不予支持。横琴新区人民法院依照《广东省工伤保险条例》第三十七条规定，于 2017 年 2 月 23 日作出（2016）粤 0491 民初 1006 号民事判决：原告珠海万泰投资有限公司于本判决发生法律效力之日起十日内支付被告林某某、李某某、尹某某一次性工亡补助金 439320 元；驳回原告珠海万泰投资有限公司的诉讼请求。

一审宣判后，双方当事人均未提出上诉，一审判决已发生法律效力。

【争议焦点】

本案的争议焦点，一是原告与李某之间是否存在劳动关系及李某的死亡是否为因公死亡；二是被告向原告主张工亡补助金是否属于重复赔偿，是否应当适用损益相抵原则。根据分析，李某与原告之间确实存在劳动关系，但被告向原告主张工亡补助金不属于重复索赔，亦不适用损益相抵原则。

【法理评析】

损益相抵的适用规则

损益相抵又称为"损益同销"，指赔偿权利人基于损害发生的同一赔偿原因获得利益时，应将所受利益从所受损害中扣除以确定损害赔偿范围的规则。作为损害赔偿法的一项重要规则，我国现行法律并无规定，仅有一些零散的司法解释规定。1991年最高人民法院就"赵正与尹发惠人身损害赔偿案"作出的复函指出，被侵权人"赵正母亲所在单位的补助是对职工的照顾，因此，不能抵销侵权人尹发惠应承担的赔偿金额"。另外，最高人民法院于2009年颁布的《最高人民法院关于当前形势下审理民商事合同纠纷案件若干问题的指导意见》第十条第一句"人民法院在计算和认定可得利益损失时，应当综合运用可预见规则、减损规则、损益相抵规则以及过失相抵规则等，从非违约方主张的可得利益赔偿总额中扣除违约方不可预见的损失、非违约方不当扩大的损失、非违约方因违约获得的利益、非违约方亦有过失所造成的损失以及必要的交易成本"，以及最高人民法院2012年发布的《最高人民法院关于审理买卖合同纠纷案件适用法律问题的解释》第三十一条"买卖合同当事人一方因对方违约而获有利益，违约方主张从损失赔偿额中扣除该部分利益的，人民法院应予支持"均对损益相抵的适用作出了相关规定。作为一项损害赔偿法的共通性规则，损益相抵适用于所有的损害赔偿责任，而不限于违约赔偿责任。本案是受害职工获得的第三人侵权损害赔偿额不能在受害人对用人单位行使的工伤保险赔偿金中予以扣除,两者之间不能适用损益相抵原则的一个典型案例。

(一) 损益相抵的构成要件

1. 须有侵权损害赔偿之债的成立

损益相抵本质上为损害赔偿范围计算上之问题,所以其前提是必须有加害人和受害人之间侵权损害赔偿之债的成立。

2. 须有受害人受有客观上的财产利益

这里的利益既包括积极利益也包括消极利益。积极利益是指受害人现有财产的增加,消极利益是指受害人应予减少而未减少的利益。但需要注意的是这种利益必须是财产利益,精神利益是无法适用损益相抵的。一方面,法律上对精神损害赔偿的适用本就有严格的限制,且精神利益难以确定和计量;另一方面,将精神利益适用损益相抵予以扣除,与人的社会心理相违背,不符合法律的价值判断。

3. 须损害事实与所得利益之间存在着因果关系

如果不符合这一要件,仅仅因为赔偿权利人在损害发生的过程中获得了利益而进行损益相抵,会错误地减轻赔偿义务人的赔偿责任,无法实现损害赔偿法的补偿功能。利益的可扣减性是规则问题,只有那些与损害事件具有因果关系的利益才可以从损失中扣除。所受之利益是第三人之赠与的,不得从损害中扣除,应归由被害人取得。所受之利益是第三人基于特定法律关系所给予的,不得在损害额中扣除。例如,未成年子女被他人不法侵害,父母为其出医药费,加害人的赔偿责任并不因此而减免。本案中,被告因第三人侵权所享有的人身损害赔偿请求权和因工伤事故享有的工伤保险赔偿请求权,二者虽然基于同一损害事实,但存在于两个不同的法律关系中,互不排斥。虽然被告已经向交通事故侵权人索赔,但由于二者截然不同的法律关系,被告能否获得工伤保险赔偿与侵权之债成立与否无关,即使交通事故侵权人已经向被告支付赔偿金,也不能免除原告应当支付给被告工伤保险赔偿金的责任。

4. 须不违反法律的规定

损益相抵的适用须不违反法律的规定，在有些情况下，虽然赔偿权利人基于同一事实而受有利益，但是法律不允许适用损益相抵。本案中，获得工伤保险待遇是国家法律的强制性规定，是社会保障机构或用人单位的法定义务，是受害人基于劳动者的身份依法所应享受的权利。根据《最高人民法院关于审理人身损害赔偿案件适用法律若干问题的解释》第十二条"依法应当参加工伤保险统筹的用人单位的劳动者，因工伤事故遭受人身损害，劳动者或者其近亲属向人民法院起诉请求用人单位承担民事赔偿责任的，告知其按《工伤保险条例》的规定处理。因用人单位以外的第三人侵权造成劳动者人身损害，赔偿权利人请求第三人承担民事赔偿责任的，人民法院应予支持"之规定，受害人因第三人侵权已经从第三人处获得的侵权损害赔偿金，并不能在对用人单位的工伤保险赔偿中进行扣减，不适用损益相抵。

（二）工伤保险金能否适用损益相抵纠纷司法适用的几个问题

1. 用人单位未为职工购买社保，导致职工不能享受工亡待遇的损失承担

依照《劳动法》第七十二条之规定，社会保险基金按照保险类型确定资金来源，逐步实行社会统筹。用人单位和劳动者必须依法参加社会保险，缴纳社会保险费。因此，为劳动者缴纳社会保险是用人单位的法定义务，不因劳动者一方不要求缴纳而免除，且本案中，原告也无证据证明李某自愿放弃缴纳社会保险。李某在职期间，原告未为其购买社保。李某的社保缴费记录显示，其自费缴纳了自2008年5月至2014年5月的基本养老保险和基本医疗保险。原告的主张更与李某自费缴纳社会保险的事实相左，因此，原告未为李某购买社会保险，导致被告未能从社保基金享受工亡待遇，原告依法应承担赔偿责任。

2. 工亡待遇与交通事故损害赔偿二者能否相互替代

《最高人民法院关于审理人身损害赔偿案件适用法律若干问题的解释》第十二条规定："依法应当参加工伤保险统筹的用人单位的劳动者，因工

伤事故遭受人身损害，劳动者或者其近亲属向人民法院起诉请求用人单位承担民事赔偿责任的，告知其按《工伤保险条例》的规定处理。因用人单位以外的第三人侵权造成劳动者人身损害，赔偿权利人请求第三人承担民事赔偿责任的，人民法院应予支持。"根据《工伤保险条例》第三十九条规定，职工因工死亡，其近亲属有权从工伤保险基金领取丧葬补助金、供养亲属抚恤金和一次性工亡补助金。由此可见，获得工亡保险待遇，是国家法律的强制性规定，是社会保障机构或用人单位的法定义务，是受害人基于劳动者的身份依法所享有的权利。因此，即使受害人已经向第三人请求损害赔偿责任，也不能影响受害人根据工亡待遇获得补偿金。本案中，人身损害赔偿与工伤保险待遇属于不同的法律范畴，被告向第三人主张侵权赔偿的同时要求原告承担工伤保险待遇于法不悖。但是，这并非意味着受害人及其近亲属可以照单全收，不加区分地全额双重取得赔偿/补偿，这其中的抢救费、医疗费、丧葬费等财产性支出，被告无权获得双重赔偿。否则，就是被告获得了不当利益。当然，社会保险机构就该部分财产性支出补偿原告后，理当取得法定代位权，向作为最终责任人的侵权人追偿。

为了实现损害赔偿法的补偿功能，损害赔偿法上确立了两项基本原则，一是完全赔偿原则，即在任何产生损害赔偿请求权的场合，不管损害的类型如何、加害人的过错程度如何，均应先确定受害人所遭受的损害，然后由赔偿义务人通过相应的赔偿方法为赔偿权利人提供一定的利益，以求全部填补损害，使受害人回复到倘若未遭受侵害时应处之状态。二是禁止得利原则，也称"禁止获利原则"，它是指受害人不能因损害赔偿而获得超过其损害的利益。倘若赔偿带给受害人的利益超过了应予赔偿的损害之范围，就意味着受害人因侵害行为而获利，这是法律所不允许的。就以补偿为基本功能的损害赔偿法而言，赔偿义务人向赔偿权利人承担赔偿责任后，应使后者处于损害事故如未发生时应处的地位。赔偿权利人不能因该损害之赔偿而处于较损害发生前更不利或更有利的地位。如果是更不利的地位，则违反了完全赔偿原则；如果是更为有利的地位，就不符合禁止获利原则。损益相抵的理论基础就在于上述损害赔偿法的两项基本原则，在司法实践中应正确地适用损益相抵原则，避免对受害人的补偿不足或过度补偿，从而更好地贯彻损害赔偿法的补偿功能，保护受害人的合法权益，实现法律的公平价值。

【法条指引】

《最高人民法院关于适用〈中华人民共和国涉外民事关系法律适用法〉若干问题的解释（一）》

第一条 民事关系具有下列情形之一的，人民法院可以认定为涉外民事关系：

（一）当事人一方或双方是外国公民、外国法人或者其他组织、无国籍人；

（二）当事人一方或双方的经常居所地在中华人民共和国领域外；

（三）标的物在中华人民共和国领域外；

（四）产生、变更或者消灭民事关系的法律事实发生在中华人民共和国领域外；

（五）可以认定为涉外民事关系的其他情形。

第十九条 涉及香港特别行政区、澳门特别行政区的民事关系的法律适用问题，参照适用本规定。

《中华人民共和国涉外民事关系法律适用法》

第四十三条 劳动合同，适用劳动者工作地法律；难以确定劳动者工作地的，适用用人单位主营业地法律。劳务派遣，可以适用劳务派出地法律。

《最高人民法院关于民事诉讼证据的若干规定》

第十条 下列事实，当事人无须举证证明：

（一）自然规律以及定理、定律；

（二）众所周知的事实；

(三) 根据法律规定推定的事实;

(四) 根据已知的事实和日常生活经验法则推定出的另一事实;

(五) 已为仲裁机构的生效裁决所确认的事实;

(六) 已为人民法院发生法律效力的裁判所确认的基本事实;

(七) 已为有效公证文书所证明的事实。

前款第二项至第五项事实,当事人有相反证据足以反驳的除外;第六项、第七项事实,当事人有相反证据足以推翻的除外。

《最高人民法院关于审理人身损害赔偿案件适用法律若干问题的解释》

第十二条 依法应当参加工伤保险统筹的用人单位的劳动者,因工伤事故遭受人身损害,劳动者或者其近亲属向人民法院起诉请求用人单位承担民事赔偿责任的,告知其按《工伤保险条例》的规定处理。

因用人单位以外的第三人侵权造成劳动者人身损害,赔偿权利人请求第三人承担民事赔偿责任的,人民法院应予支持。

《中华人民共和国劳动法》

第七十二条 社会保险基金按照保险类型确定资金来源,逐步实行社会统筹。用人单位和劳动者必须依法参加社会保险,缴纳社会保险费。

《工伤保险条例》

第三十九条 职工因工死亡,其近亲属按照下列规定从工伤保险基金领取丧葬补助金、供养亲属抚恤金和一次性工亡补助金:

(一) 丧葬补助金为6个月的统筹地区上年度职工月平均工资;

(二) 供养亲属抚恤金按照职工本人工资的一定比例发给由因工死亡职工生前提供主要生活来源、无劳动能力的亲属。标准为:配偶每月40%,其他亲属每人每月30%,孤寡老人或者孤儿每人每月在上述标准的基础上增加10%。核定的各供养亲属的抚恤金之和不应高于因工死亡职工生前的工资。供养亲属的具体范围由国务院社会保险行政部门规定;

(三) 一次性工亡补助金标准为上一年度全国城镇居民人均可支配收入的20倍。

伤残职工在停工留薪期内因工伤导致死亡的,其近亲属享受本条第一款规定的待遇。

一级至四级伤残职工在停工留薪期满后死亡的,其近亲属可以享受本条第一款第(一)项、第(二)项规定的待遇。

第四节 饲养动物致害

沈某某诉朱某某饲养动物损害责任纠纷案

【要点提示】

《民法典》第一千二百四十五条就饲养动物致人损害承担无过错责任作出了明确规定,动物饲养人或者管理人不能通过证明其已尽到合理的安全保障与警示义务而减轻或免除侵权责任,但如果能够证明损害是因被侵权人故意或者重大过失造成的,则可以不承担或者减轻责任。

【案例索引】

一审:湖北省五峰土家族自治县人民法院(2016)鄂0529民初289号。

二审:湖北省宜昌市中级人民法院(2016)鄂05民终2434号。

【基本案情】

原告:沈某某。

被告:朱某某。

2015年7月11日18时许,沈某某欲上五峰县城关镇司法局宿舍五楼投放广告,当行至该宿舍楼楼梯四层半位置时,被朱某某饲养的哈士奇宠物狗咬伤左足。朱某某得知后将沈某某送往医院进行伤口清创,注射狂犬疫苗及免疫球蛋白。此期间发生的医疗费、交通费、生活费由朱某某支付。双方因该纠纷曾由五峰镇人民调解委员会调解未果。2016年1月29日,五峰县人民医院法医司法鉴定所对沈某某伤情进行鉴定。鉴定意见为沈某某所受误工损失日为20天,所需护理时间为7天。鉴定费用1200元沈某某未缴纳,沈某某为法医鉴定所出具欠条一份。因该纠纷双方协商未果,沈某某诉至法院,请求处理。

【法院审判】

一审法院经审理认为,沈某某被朱某某饲养的哈士奇宠物狗咬伤造成损害,朱某某作为饲养人和管理人应当承担侵权责任。朱某某辩称沈某某被狗咬伤系其故意行为或重大过失所致,未提交充足证据予以证实,应不予采信。对沈某某被狗咬伤造成的合理损失应予以支持。对于沈某某的损失,一审法院认定如下:(1)误工费。误工20天,参照2016年湖北省道路交通事故损害赔偿标准农业年平均工资收入28305元,应为1551元(28305÷365×20)。(2)护理费。所需护理时间7天。参照2016年湖北省道路交通事故损害赔偿标准服务业年平均工资收入31138元,应为597元(31138÷365×7)。(3)鉴定费1200元,予以支持。(4)医疗费、交通费。沈某某未向一审法院提交票据,考虑到其伤情,有小额用药需求,酌情支持医疗费、交通费共计100元。以上(1)—(4)项损失合计3448元。(5)营养费。无医嘱及鉴定意见确定,不予支持。(6)精神损害抚慰金。考虑沈某某伤情及就医实际,难以支持。沈某某诉请后遗症费用,现难以明确,无法支持。对于其要求朱某某购买终身保险的请求,无法律依据,不予支持。一审法院遂依据《侵权责任法》第十六条、第七十八条[①],《最高人民法院关于民事诉讼证据的若干规定》第二条之规定,判决:朱某某于本判决生效后十日内支付沈某某各项损失3448元;驳回沈某某的其他诉讼请求。如果未按本判决指定的期间履行金钱给付义务,应当依

---

① 参见《民法典》(侵权责任编)第一千一百七十九、第一千二百四十五条。

照《民事诉讼法》第二百五十三条之规定，加倍支付迟延履行期间的债务利息。案件诉讼费218元，减半收取109元，由朱某某负担。

  一审宣判后，朱某某不服，向湖北省宜昌市中级人民法院提起上诉，认为一审法院认定事实错误及适用法律错误。上诉人上诉称，（1）一方面，被上诉人鉴定为单方委托鉴定，上诉人在一审庭审时已提出异议未予认可，在没有共同委托或法院指定委托及双方没有对单方委托予以认可的前提下，一审法院不应将该鉴定结论作为认定损害事实赔偿的依据。另一方面，对鉴定内容的真实性、合法性，上诉人在一审庭审时也提出了异议。此司法鉴定在被上诉人并未提供住院证据及院方医嘱休养时间的证据情况下，对护理、误工时间出具鉴定意见是没有依据的。（2）鉴定费用1200元，上诉人在一审庭审时已提出异议，被上诉人主张的鉴定费用只有一张欠条佐证，也没有合法的票据并经双方质证，无法证明费用的真实性，不应认定为发生费用事实的依据。（3）对于诉讼费的分担，被上诉人虚夸损失的事实，应合理承担诉讼费。（4）一审判决对于上诉人所饲养的狗已经采取安全措施和警示措施的事实未进行查明和认定。上诉人在一审期间已向法庭举证事发现场照片三张，上诉人所饲养的狗被铁链锁着，且已悬挂警示标牌。（5）被上诉人被狗咬伤是因其主动攻击造成的，其自身有重大过错行为。被上诉人未经上诉人同意，私自进入上诉人所住的住宅楼道发放广告，其行为本身就具有过错。且依照常理，如果是上诉人饲养的狗主动攻击了被上诉人，被上诉人受伤的部位应是上身或是腿部，而其足部受伤正好说明了曾有踢踹狗的动作从而引致被狗咬伤的结果。一审判决适用《侵权责任法》第七十八条判决上诉人承担全部责任明显不公。请求撤销一审判决，改判对单方委托出具的鉴定意见不予支持，对被上诉人沈某某的鉴定费用不予支持。

  被上诉人沈某某辩称：上诉人所陈述的事实和理由完全不符合事实。一审法院认定事实清楚、适用法律正确，请二审法院驳回上诉人的上诉请求，维持原判。被上诉人受的伤确实是被朱某某所养的狗咬伤，被上诉人从未有过攻击上诉人所饲养狗的行为，而且被上诉人被咬伤的当天，并未看到楼道里有安全保障及警示标识。

二审法院经审理认为，本案争议焦点在于：（1）沈某某提交的鉴定报告是否应予采信及鉴定费是否应由朱某某负担；（2）沈某某是否有攻击朱某某所饲养动物的行为，即沈某某对于被狗咬伤的结果是否负有过错；（3）朱某某是否已尽到足够的安全保障及警示义务，应否适当减轻或免除责任。本院围绕上述争议焦点分述如下：

第一，关于沈某某提交的鉴定报告是否应作为本案的定案依据的问题。根据《最高人民法院关于民事诉讼证据的若干规定》第二十八条"一方当事人自行委托有关部门作出的鉴定结论，另一方当事人有证据足以反驳并申请重新鉴定的，人民法院应予准许"的规定，本案中，朱某某对沈某某提交的司法鉴定意见书不予认可，根据上述法条及"谁主张，谁举证"的规定，应由朱某某承担举证责任，但其并未提交足以反驳的证据，也未申请重新鉴定，故一审法院采信该鉴定结论并无不妥。

第二，关于鉴定费的负担问题。沈某某一审提交的鉴定结论应作为本案的定案依据，其为鉴定所支付的鉴定费用系实现债权发生的必要费用，沈某某的该项损失应由侵害人朱某某进行赔偿，一审法院支持沈某某关于鉴定费用的诉讼请求符合相关规定。

第三，关于沈某某是否有攻击朱某某所饲养动物的行为，即沈某某对于被狗咬伤的结果是否负有过错。根据《侵权责任法》第七十八条关于"饲养动物造成他人损害的，动物饲养人或者管理人应当承担侵权责任，但能够证明损害是因被侵权人故意或者重大过失造成的，可以不承担或者减轻责任"及《最高人民法院关于民事诉讼证据的若干规定》第四条关于"饲养动物致人损害的侵权诉讼，由动物饲养人或者管理人就受害者有过错或者第三人有过错承担举证责任"之规定，本案中朱某某应就沈某某对被侵害的结果负有故意或重大过失承担举证责任，而朱某某对此仅有主观推论并未提供客观证据，应承担举证不能的法律后果。故朱某某的该项上诉理由不能成立，一审法院的处理并无不当。

第四，关于朱某某是否已尽到足够的安全保障及警示义务，应否适当减轻或免除责任。本院认为动物致人损害侵权系无过错责任，动物饲养人相对于被侵害人免责或减轻责任的情形只有被侵权人故意或具有重大过失，朱某某提出的已对饲养动物施加锁链束缚并在楼道中加装安全警示标牌，证明其已尽到合理的安全保障与警示义务的主张，不能成为减轻或免除侵权责任的理由，且朱某某将大型犬豢养于公共场所，疏于管理，实际对于所饲养动物致害的可能性采取了放任的主观心态，其本身对饲养动物侵权的结果就负有过错，故一审法院认定朱某某作为致害动物的饲养人和管理人应当承担侵权责任合法有据，并无不妥。

第五，关于朱某某要求沈某某负担部分诉讼费的上诉请求。根据《诉讼费用交纳办法》第二十九条关于"诉讼费用由败诉方负担，胜诉方自愿承担的除外。部分胜诉、部分败诉的，人民法院根据案件的具体情况决定当事人各自负担的诉讼费用数额"之规定，诉讼费用由人民法院根据案件裁判结果在当事人间依法分配。本案中朱某某上诉的事实及理由均不能成立，故变更诉讼费的诉请本院不予支持。

综上所述，朱某某的上诉请求不能成立，应予驳回；一审判决认定事实清楚，适用法律正确，应予维持。依照《民事诉讼法》第一百七十条第一款第（一）项规定，于2016年12月2日作出判决如下：驳回上诉，维持原判。

【争议焦点】

本案的争议焦点在于：第一，沈某某提交的鉴定报告是否应予采信及鉴定费用是否应由朱某某负担；第二，沈某某是否有攻击朱某某饲养的动物的行为，即沈某某对于被狗咬伤的结果是否负有过错；第三，朱某某是否已尽到足够的安全保障及警示义务。

【法理评析】

饲养动物致人损害的民事责任

随着人们物质生活的不断改善，豢养宠物之风日渐盛行，除了普通的猫、犬之外，有人还饲养蛇、藏獒、蜥蜴等具有高度危险性的动物。饲养动物致人损害的案件在司法实践中也越来越多。正确地理解我国侵权法上关于饲养动物致人损害的规定，对此类案件中涉及的一些理论和实践问题进行探讨，具有重要理论和实践意义。

（一）饲养动物致人损害的归责原则

根据《民法典》第一千二百四十五条关于饲养动物致人损害的一般规定，动物致人损害属于特殊侵权责任类型，其责任承担不以动物饲养人或者管理人的过错为要件，只要发生了饲养动物致人损害的后果，饲养人就应承担侵权责任，这也就是我们所说的无过错责任原则。在这一原则之下，原告无须证明动物饲养人或管理人存在过错，被告也不能通过主张自己没有过错而要求减轻或免除责任。

此外，《民法典》第一千二百四十八条还规定了动物园的动物致人损害的侵权责任："动物园的动物造成他人损害的，动物园应当承担侵权责任；但是，能够证明尽到管理职责的，不承担侵权责任。"这实际上将动物园动物致人损害的归责原则与普通的饲养动物致人损害区别开来，采用了过错推定原则。即如果发生了动物园饲养的动物致人损害的事实，首先推定动物园具有过失，但如果动物园能够证明其尽到了管理职责，对其饲养的动物造成的损害就可以不承担责任。

（二）饲养动物致人损害责任的构成要件

饲养动物致人损害责任的构成要件的确定，取决于其归责原则。我国区分普通主体的饲养动物与动物园饲养的动物而分别采无过错责任和过错推定责任。与无过错责任原则相适应，动物致害责任的一般构成要件包括三项：饲养的动物危险的实现、受害人的损害、饲养的动物危险的实现与损害之间存在因果关系；与过错推定原则相适应，动物园饲养的动物致人损害的，在以上三项之外还要求动物园未尽到管理职责。

对于损害和因果关系无须多言，需要注意的是对"饲养的动物致人损害"的理解。对这一概念的理解应注意以下两个方面。一是"饲养的动物"的认定，饲养的动物须具备以下四个要件：它为特定的人所有或者占有；饲养者或者管理者对动物具有适当程度的控制力；该动物以其自身的特性有可能对他人的人身或财产造成损害；动物为家禽、家畜、宠物或驯养的野兽、爬行类动物。注意这里的"动物"并不包括微生物，具有高度危险的微生物造成他人损害的，应当适用高度危险物致害责任制度。二是致人损害的行为须是特别的动物危险的实现行为。即为动物自身的特性所造成的危险，最常见的如狗咬人、猫抓人。如果只是把动物作为一种普通的工具，或者是因为动物的大小或重量等因素造成了损害，如拿乌龟砸人，就不能认定为这里的饲养动物致人损害。法律上将动物致害责任作为危险责任之一种，是因为动物作为有生命的活动体，有其自身独立的行为，有别于无生命物。因此，动物危险行为导致损害是动物致害责任的核心构成要件，如果损害不是动物特有危险行为造成的，则不适用动物致害责任，否则有过度限制动物责任主体行动自由之虞。

（三）饲养动物致人损害责任的赔偿义务主体

我国《民法典》（侵权责任编）规定的饲养动物致人损害责任的一般主体是饲养人或者管理人。遗弃、逃逸的动物在遗弃、逃逸期间造成他人损害的，由原动物饲养人或者管理人承担侵权责任。我国学界和实务界通行的见解为：动物饲养人是指享有动物所有权的人，动物管理人是指动物所有权人之外的实际控制和管束动物的保有人。饲养的动物造成他人损害，只有饲养人的，当然由动物饲养人承担赔偿责任，不发生复杂的法律适用问题；饲养的动物造成他人损害，既有动物饲养人又有管理人的，应当承担的责任形态是不真正连带责任。被侵权人可以选择起诉饲养人，也可以选择起诉管理人承担中间责任；如果承担责任的人不是最终责任人，可以行使追偿权实现最终责任。

《民法典》第一千二百四十八条规定了动物园的动物造成他人损害的，动物园应当承担侵权责任。第一千二百五十条规定："因第三人的过错致使动物造成他人损害的，被侵权人可以向动物饲养人或者管理人请求赔偿，也可以向第三人请求赔偿。动物饲养人或者管理人赔偿后，有权向第三人追偿。"这里的第三人的过错致使动物造成他人损害，是指第三人的过错与动物的危险结合，或者第三人的过错行为使动物的危险实现给他人造成损害。第三人的过错包括故意和过失两种形式。需要注意的是这里的第三人过错并非免责事由，当事人仍然可以选择起诉动物的饲养人或者管理人，也可以选择起诉第三人，饲养人或者管理人与第三人承担的是一种不真正连带责任。

（四）饲养动物致人损害的抗辩事由

《民法典》第一千二百四十八条针对动物园的动物致人损害的规定特别提出，如果动物园能够证明其尽到管理职责的，可以不承担责任。如何认定动物园尽到了其管理职责？动物园的管理职责，可以理解为对动物的看管义务。动物园应当充分考虑动物的特点和动物的利用目的等因素，采取一般社会观念所要求的措施，以防止动物危险的发生。具体而言，动物园管理职责的认定要坚持个案认定的原则，具体考虑如下因素综合认定：动物的种类、特性、先前表现、活动场所以及受害人的特点和其他情况。

对于普通的饲养动物致人损害侵权，《民法典》第一千二百四十五条规定："饲养的动物造成他人损害的，动物饲养人或者管理人应当承担侵权责任；但是，能够证明损害是因被侵权人故意或者重大过失造成的，可以不承担或者减轻责任。"只有受害人故意或具有重大过失时才能免除或减轻动物饲养人或管理人的责任，受害人的一般过失不能成为减轻动物致人损害责任的事由。此外《民法典》第一千二百四十六条和第一千二百四十七条还分别规定了两种更为严厉的无过错责任，包括违反管理规定，未对动物采取安全措施造成他人损害的和禁止饲养的烈性犬等危险动物造成他人损害的情形。这两种情形下，即使受害人存在过错，动物的管理人或饲养人仍然需要承担责任；但是，能够证明损害是因被侵权人故意造成的，可以减轻责任。但要适用这两条，原告承担的证明义务也更高，还须证明被告违反管理规定，未对动物采取安全措施或者饲养了禁止饲养的烈性犬等危险动物。也就是说如果被侵权人选择依据第一千二百四十五条提起诉讼，那么动物饲养人或者管理人，可以"损害是因被侵权人故意或者重大过失造成的"为抗辩事由，请求法院免除或者减轻侵权责任。而如果被侵权人选择第一千二百四十六条或第一千二百四十七条起诉，动物饲养人或者管理人不得依据第一千二百四十五条后半句规定的"损害是因被侵权人故意或者重大过失造成的"，或者依据第一千一百七十三条或第一千一百七十四条的一般性规定，请求法院免除或者减轻侵权责任。

本案中，朱某某提出的其已对饲养动物施加锁链束缚并在楼道中加装安全警示标牌，证明其已尽到合理的安全保障与警示义务的主张，应减轻或免除其侵权责任。但本案属于一般的饲养动物致人损害侵权，适用无过错责任原则，仅证明尽到安全保障义务并不能减轻或免除责任。根据《民法典》第一千二百四十五条的规定，动物饲养人相对于被侵害人免责或减轻责任的情形只有被侵权人故意或者有重大过失，对此朱某某并未能提出证据证明，故应承担全部责任。

【法条指引】

《中华人民共和国民法典》

第一千一百七十九条　侵害他人造成人身损害的，应当赔偿医疗费、护理费、交通费、营养费、住院伙食补助费等为治疗和康复支出的合理费用，以及因误工减少的收入。造成残疾的，还应当赔偿辅助器具费和残疾赔偿金；造成死亡的，还应当赔偿丧葬费和死亡赔偿金。

第一千二百四十五条　饲养的动物造成他人损害的，动物饲养人或者管理人应当承担侵权责任；但是，能够证明损害是因被侵权人故意或者重大过失造成的，可以不承担或者减轻责任。

《最高人民法院关于民事诉讼证据的若干规定》

第十条　下列事实，当事人无须举证证明：

（一）自然规律以及定理、定律；

（二）众所周知的事实；

（三）根据法律规定推定的事实；

（四）根据已知的事实和日常生活经验法则推定出的另一事实；

（五）已为仲裁机构的生效裁决所确认的事实；

（六）已为人民法院发生法律效力的裁判所确认的基本事实；

（七）已为有效公证文书所证明的事实。

前款第二项至第五项事实，当事人有相反证据足以反驳的除外；第六项、第七项事实，当事人有相反证据足以推翻的除外。

《最高人民法院关于审理人身损害赔偿案件适用法律若干问题的解释》

第二十四条　营养费根据受害人伤残情况参照医疗机构的意见确定。

第五节　环境污染侵权

■■■ 袁某某诉广州嘉富房地产发展有限公司噪声污染责任纠纷案

【要点提示】

噪声侵权分为"噪声污染侵权"与"噪声干扰侵权"，分别适用《民法典》（侵权责任编）关于环境污染侵权的特殊规定与一般侵权的规定，只有达到污染程度的噪声才能被认定为环境噪声污染，从而适用环境污染责任的特殊构成要件、归责原则等。

【案例索引】

一审：广州市越秀区人民法院（2014）穗越法民一初字第1319号。

二审：广东省广州市中级人民法院（2015）穗中法民一终字第5108号。

执行：广州市越秀区人民法院（2019）粤0104执3573号。

【基本案情】

原告：袁某某。

被告：广州嘉富房地产发展有限公司（以下简称"嘉富公司"）。

嘉富公司是广州市越秀区水荫路嘉富广场三期住宅楼工程的发展商，袁某某是该住宅楼其中一个物业的产权人。2014年2月袁某某委托中国科学院广州化学研究所测试分析中心对居住的上述房屋进行环境质量监测，该中心作出分析编号CZ140221B-01、报告编号为YW140221-11的环境监测报告，监测结果显示袁某某卧室夜间的噪声值超过了《民用建筑隔声设计规范》（GB50118-2010）规定的噪声最高限值标准。

袁某某认为住宅电梯临近其房屋，电梯设备直接设置在与其住房客厅共用墙之上，嘉富公司未进行任何隔音处理，致使电梯存在噪声污染。遂向法院提起诉讼，要求判令嘉富公司承担侵权责任。

嘉富公司称袁某某购买上述住宅后自行拆除了入户花园和门口阳台与客厅之间的墙体，致使原有客厅范围与门外电梯之间原有的两面墙体变成一面墙体，导致房屋隔音效果变差，且袁某某卧室使用瓷片、瓷砖装修，导致传音效果增强。袁某某确认拆除了部分墙体，但并非如嘉富公司所述，而使用瓷片装修的是客厅，并非卧室。

对于袁某某提供的环境监测报告，嘉富公司对该监测报告的真实性、合法性、关联性均不予确认，认为该报告是袁某某单方制作、依据《社会生活噪声排放标准》进行检测得出的结果，而根据《环境保护部关于居民楼内噪声适用问题的复函》第二条，前述排放标准不适用于居民楼内为居民生活设置的设备，因此不具备合法性，且该报告没有考虑袁某某自行拆除墙体、靠近广州大道、卧室内使用硬质瓷砖等因素，因此不具有真实性和客观性。主张案涉电梯质量合格，住宅设计和电梯设计、电梯安装均符合国家规定并经政府部门验收合格，故其不应承担侵权责任。

嘉富公司申请追加物业管理公司和电梯制造、安装公司为本案第三人。

【法院审判】

广州市越秀区人民法院经审理后认为：《民法通则》第一百二十四条①规定，违反国家保护环境防止污染的规定，污染环境造成他人损害的，应当依法承担民事责任。袁某某主张向嘉富公司购买的广州市越秀区水荫路××号××××房屋所在住宅的电梯噪音超标，提供了中国科学院广州化学研究所测试分析中心对上述房屋进行检测的环境监测报告，证实该房屋卧室昼间、夜间的噪声测量均超过《民用建筑隔声设计规范》（GB50118-2010）规定的标准。《侵权责任法》第六十五条②规定，因污染环境造成损害的，污染者应当承担侵权责任。第六十六条③规定，因污染环境发生纠纷，污染者应当就法律规定的不承担责任或者减轻责任的情形及其行为与损害之间不存在因果关系承担举证责任。本案为噪声污染责任产生的纠纷，应适用举证责任倒置的举证规则，即由污染者就法律规定的不承担责任或者减轻责任的情形及其行为与损害之间不存在因果关系承担举证责任。嘉富公司对袁某某提供的环境监测不予确认，称袁某某擅自拆除住宅内墙体及不当使用装修材料，导致房屋隔音减噪效果变差，但并未提供相反证据予以反驳，其提供的证据亦不能充分证明其对涉案房产超标噪音不承担责任或者存在减轻责任的情形，故法院对嘉富公司的辩解不予采信，认定袁某某主张的噪声污染侵权行为成立，嘉富公司有责任对电梯采取有效、可靠的隔声减噪措施，切实改善袁某某住宅的声音环境质量。袁某某因鉴定产生的鉴定费1500元，应由嘉富公司负担。由于噪声的超标，确实对袁某某的正常生活和身体造成一定干扰和影响，故袁某某要求嘉富公司赔偿精神损害抚慰金10000元合情合理，法院予以支持。

---

① 参见《民法典》（侵权责任编）第一千二百二十九条。
② 同上。
③ 参见《民法典》（侵权责任编）第一千二百三十条。

嘉富公司要求追加物业管理公司和电梯制造公司、电梯安装公司为本案第三人，依据不足，法院不予采纳。

综上，广州市越秀区人民法院依照《民法通则》第一百二十四条，《侵权责任法》第六十五条、第六十六条的规定，作出判决：

（1）嘉富公司在该判决发生法律效力之日起六十日内对广州市越秀区水荫路××号住宅电梯采取相应的隔声降噪措施，使袁某某居住的××××房屋的噪声达到《民用建筑隔声设计规范》（GB50118-2010）规定的噪声最高限值以下；逾期未达标准，按每日100元对袁某某进行补偿。

（2）嘉富公司在该判决发生法律效力之日起三日内支付鉴定费1500元给袁某某。

（3）嘉富公司在该判决发生法律效力之日起三日内支付精神损害抚慰金10000元给袁某某。如果未按该判决指定的期间履行给付金钱义务，应按照《民事诉讼法》第二百五十三条之规定，加倍支付迟延履行期间的债务利息。本案一审案件受理费88元由嘉富公司负担。

一审宣判后，嘉富公司不服，向广东省广州市中级人民法院提起上诉称：（1）检测报告是袁某某单方作出的；（2）检测报告所依据的检测标准《社会生活环境噪声排放标准》不适用于居民楼内为本楼居民日常生活提供服务而设置的电梯设备产生噪声的评价，因此检测报告不能作为定案依据；（3）袁某某提供的检测报告是在其拆除了外墙，改变了建筑物结构情况下作出的，其噪音也有可能来自其他噪声源；（4）袁某某并未有证据证明损害结果的发生，袁某某身体并未受到损害；（5）嘉富公司的电梯在设计、建筑、安装、验收时均符合国家相关部门的规定，验收合格才投入使用。涉案电梯也每年依法由物业公司进行检测，均通过国家部门验收，符合国家标准。故请求二审法院：撤销原审判决，驳回袁某某的全部诉讼请求；一、二审诉讼费用由袁某某承担。

袁某某答辩称：同意原审判决，请求驳回上诉，维持原判。

广东省广州市中级人民法院二审审理认为：本案的争议焦点在于嘉富公司安装的电梯是否造成噪声污染。首先，袁某某提供了由中国科学院广州化学研究所测试分析中心的环境监测报告，监测结果显示：涉案房产主卧室的电梯噪声在倍频带声压级的测量条件下，在125Hz、250Hz、500Hz这三个声压级下的夜间噪声测量值分别为46.2dB、57.4dB、59.2dB，该检测结果超过了《民用建筑隔声设计规范》（GB50118-2010）规定的噪声最高限值标准。袁某某对存在噪声污染的侵权行为以及该噪声超标这一侵权损害结果完成了举证责任。虽嘉富公司认为《民用建筑隔声设计规范》（GB50118-2010）是在涉案电梯安装之后发布的规范，根据法不溯及既往的原则，涉案电梯不适用该规则。但《民用建筑隔声设计规范》（GB50118-2010）是对民用建筑隔声设计制定的相关标准，无论涉案电梯安装在该标准出台前还是出台后，都应当接受该标准的调整和约束，在该标准出台前安装的涉案电梯不符合该规范的应当整改至符合该规范规定的标准。

其次，根据《侵权责任法》第六十六条规定，污染者即嘉富公司要对其行为与损害不存在因果关系或者减轻责任的情形承担举证责任。本案中，虽然嘉富公司不认可该检测结果，认为涉案噪声是因为袁某某擅自改变其房屋结构以及房屋外围噪音而引起的，但嘉富公司没有证据证明其主张，因此嘉富公司应当承担举证不能的责任。

最后，虽然嘉富公司在电梯的设计、建筑、安装、验收时都是达标的，但是只能说明电梯安装符合规定，不能说明电梯的噪音是达标的。综上所述，在嘉富公司未能提供证据证明其对涉案电梯噪音超标不承担责任或者存在减轻责任的情形下，原审法院判决嘉富公司承担相应的侵权责任并无不妥。嘉富公司的上诉请求，缺乏事实及法律依据，二审不予支持。

综上所述，二审法院依照《民事诉讼法》第一百七十条第一款第（一）项的规定，于2015年9月14日作出（2015）穗中法民一终字第5108号民事判决如下：驳回上诉，维持原判。

【争议焦点】

本案的争议焦点在于，嘉富公司安装的电梯是否造成噪声污染。

【法理评析】

环境噪声污染的责任认定

随着城市化进程的不断推进，环境噪声问题日益凸显，给人们生活质量的提高和和谐社会的构建造成了影响。近年来，人们的法律意识不断提高，维权意识越来越强，针对环境噪声侵权提起的诉讼案件也越来越多。处理这类案件要区分是"噪声污染侵权"还是"噪声干扰侵权"，这两种侵权分别适用《民法典》（侵权责任编）关于环境污染侵权的特殊规定与一般侵权的规定。本案是一起较为典型的涉及环境噪声污染的侵权案件，此类案件中，关于对噪声污染的认定、归责原则、举证责任的分配是裁判的重点。

（一）关于环境噪声污染的认定

《中华人民共和国环境噪声污染防治法》第二条规定："本法所称环境噪声，是指在工业生产、建筑施工、交通运输和社会生活中所产生的干扰周围生活环境的声音。本法所称环境噪声污染，是指所产生的环境噪声超过国家规定的环境噪声排放标准，并干扰他人正常生活、工作和学习的现象。"虽然两者都带有"环境"字样，但并非所有的噪声侵权都能适用《民法典》（侵权责任编）关于环境侵权的特殊规定。

《民法典》第一千二百二十九条规定："因污染环境、破坏生态造成他人损害的，侵权人应当承担侵权责任。"由此可见，《民法典》所规定的仅仅是环境"污染"侵权。故只有达到"污染"程度的"噪声侵权"才可被认定为"环境侵权"，适用《民法典》关于环境侵权的特殊规定。而对于尚未达到"污染"程度的噪声干扰侵权，仍适用《民法典》关于普通侵权的一般规定。判断噪声的排放是否达到"污染"的程度，关键在于该声音的音量是否超过了国家规定的环境噪声排放标准、是否干扰了周围生活环境、是否危害了人们正常生产及生活。

本案中环境监测报告的结果显示：涉案房产主卧室的电梯噪声超过了《民用建筑隔声设计规范》（GB50118-2010）规定的噪声最高限值标准。且该噪声对袁某某的正常生活和身体造成一定干扰和影响。故应认定为噪声污染侵权，适用《民法典》（侵权责任编）关于环境污染责任的规定。

（二）环境污染责任的归责原则及构成要件

环境污染责任作为一种特殊的侵权责任，其特殊性首先表现在采用了无过错责任的归责原则。根据无过错责任原则，行为人无论是否具有故意或过失，只要符合无过错责任的构成要件，就应当承担赔偿责任。关于无过错责任的构成要件，即只要行为人实施了侵权行为、受害人受有损害以及侵权行为与损害结果之间存在因果关系即可成立，行为人主观上是否存在故意或过失在所不问。

具体到环境污染责任的构成要件为：（1）有污染环境的行为。至于这个行为是否应具备违法性要件，学界有不同的观点。（2）有客观的损害事实。包括由于环境污染造成的人身、财产及精神上的损害。有学者认为还包括环境享受损害。表现在两个方面，一是妨碍他人依法享受适宜环境的权利或正常生活，如排放恶臭气体，使周围居民难以忍受；二是对环境要素造成非财产性损害，降低环境要素的价值或功能，如污染或破坏自然风景区，使其风景减色而降低其观赏娱乐价值，污染疗养胜地，使其失去疗养舒适价值等。需要注意的是，环境噪声污染造成的损害相较于其他侵权行为具有一定的特殊性。噪声造成的损害多数表现为潜在性的损害，受害人可能并不会在短时间内发生明显的人身损害。但不可忽视的是，噪声污染给人的正常学习、生活造成影响并由此带来精神上的痛苦，因此环境噪声污染中的精神损害赔偿就显得相当重要了。根据《最高人民法院关于确定民事侵权精神损害赔偿责任若干问题的解释》中关于精神损害赔偿问题的规定，只要民事侵权行为造成受害人严重精神损害，侵权人就应当赔偿精神损害抚慰金，但法律并没有对严重精神损害作出具体解释。在对环境噪声污染侵权案件的精神损害进行认定时，应充分考虑噪声污染侵权的特殊性，综合考虑噪声污染的来源、持续时间、强度，以及给受害人带来的影响等。（3）污染环境的行为与损害事实之间具有因果关系。即损害必须是由侵权人实施的污染环境的行为所导致的。

（三）环境污染责任的举证责任

通过上述分析可知，环境污染侵权的构成要件相较于普通侵权而言并不要求过错，故只要有污染环境的侵权行为、造成了环境污染的损害结果以及这两者之间的因果关系成立即可构成环境污染侵权。普通侵权案件中，侵权行为的构成要件均适用"谁主张，谁举证"原则，由原告进行举证。而在环境污染案件中，由于案情复杂，技术性强，有的环境污染侵权案件还会涉及一系列的物理、化学、生物、地理和医学等专业知识甚至一些高科技知识，如果在举证责任上对受害人要求过严，则有失公平。因此，法律对环境污染的举证责任作出了不同于一般侵权的规定。《民法典》第一千二百三十条规定："因污染环境、破坏生态发生纠纷，行为人应当就法律规定的不承担责任或者减轻责任的情形及其行为与损害之间不存在因果关系承担举证责任。"采用恰当的因果关系举证，是环境诉讼问题的关键。采用举证责任倒置的方法，其目的在于减轻原告的举证责任。原告只需证明被告实施了污染环境的侵权行为，以及产生了损害结果即可。污染者应当就法律规定的不承担责任或者减轻责任的情形及其行为与损害之间不存在因果关系承担举证责任。

本案中，原告袁某某对存在噪声污染的侵权行为以及该噪声超标这一侵权行为造成的损害结果完成了举证责任，而被告嘉富公司未能提供证据证明袁某某对涉案电梯噪声超标存在过错，更未能证明袁某某拆除外墙、改变了建筑物结构的行为与噪声超标之间存在因果关系，故应推定侵权责任成立，由被告承担相应的侵权责任。

【法条指引】

《中华人民共和国民法典》

第一千一百六十六条　行为人造成他人民事权益损害，不论行为人有无过错，法律规定应当承担侵权责任的，依照其规定。

第一千一百七十九条　侵害他人造成人身损害的，应当赔偿医疗费、护理费、交通费、营养费、住院伙食补助费等为治疗和康复支出的合理费用，以及因误工减少的收入。造成残疾的，还应当赔偿辅助器具费和残疾赔偿金；造成死亡的，还应当赔偿丧葬费和死亡赔偿金。

第一千一百八十二条　侵害他人人身权益造成财产损失的，按照被侵权人因此受到的损失或者侵权人因此获得的利益赔偿；被侵权人因此受到的损失以及侵权人因此获得的利益难以确定，被侵权人和侵权人就赔偿数额协商不一致，向人民法院提起诉讼的，由人民法院根据实际情况确定赔偿数额。

第一千二百二十九条　因污染环境、破坏生态造成他人损害的，侵权人应当承担侵权责任。

《最高人民法院关于民事诉讼证据的若干规定》

第十条　下列事实，当事人无须举证证明：

（一）自然规律以及定理、定律；

（二）众所周知的事实；

（三）根据法律规定推定的事实；

（四）根据已知的事实和日常生活经验法则推定出的另一事实；

（五）已为仲裁机构的生效裁决所确认的事实；

（六）已为人民法院发生法律效力的裁判所确认的基本事实；

（七）已为有效公证文书所证明的事实。

前款第二项至第五项事实，当事人有相反证据足以反驳的除外；第六项、第七项事实，当事人有相反证据足以推翻的除外。

后 记

本教材编写人员分工如下：

第一章：第一节计鑫瑶，第二、三节王茜，第四、五节王曲星；

第二章：第一、二节沈在辉，第三、四节段东升；

第三章：第一、四节薛智元，第二、三节初征；

第四章：第一节赵浩然，第二节赵玉娟，第三节刘志远，第四节陈渐羽，第五节计鑫瑶，第六节徐志萍；

第五章：第一节常宇杰、第二、三节俞希玺；

第六章：第一、二节封海波，第三节曹光芬，第四、五节刘星。

全书由眭鸿明、包俊统稿。